CHENGSHI GUIDAO JIAOTONG LIECHE
WANGLUO KONGZHI JISHU JI YINGYONG

城市轨道交通列车网络控制技术及应用

刘佳　陈晓娟　矫德余 ◎ 著

化学工业出版社

·北京·

内 容 简 介

《城市轨道交通列车网络控制技术及应用》共分为五章，内容层层递进，理论与实践并重。第一章"列车网络控制系统概述"从宏观视角阐述了列车网络控制系统的功能定位与演进历程。第二章"数据通信基础"从通信模型等基本理论出发，深入剖析了差错控制等核心技术的实现原理，为理解列车网络通信奠定了基础。第三章"计算机网络基础"聚焦局域网拓扑结构、介质访问控制方法及 TCP/IP 协议栈，结合 OSI 参考模型与工业场景需求，阐释了网络互联的底层逻辑。第四章"列车通信网络"论述了 MVB、CAN 和工业以太网等主流总线技术的架构特点与应用场景，对比分析其在实时性、可靠性和扩展性等方面的优劣。第五章"列车网络控制系统应用"结合地铁等城市轨道交通列车网络控制系统实际应用的典型案例，从网络拓扑、硬件配置和功能实现等维度详细解析了网络控制系统在各关键子系统中的集成控制方案。

本书适合从事城市轨道交通列车网络系统研发、制造及运维的工程师或技术工人参考学习，同时也可作为高等院校城市轨道交通车辆技术及相关专业的教材。

图书在版编目（CIP）数据

城市轨道交通列车网络控制技术及应用 / 刘佳，陈晓娟，矫德余著. -- 北京：化学工业出版社，2025. 8.
ISBN 978-7-122-48460-4

Ⅰ. U284.48

中国国家版本馆CIP数据核字第2025427JT8号

责任编辑：廉　静　　　　　　　　文字编辑：马雪平　毛亚囡
责任校对：王　静　　　　　　　　装帧设计：王晓宇

出版发行：化学工业出版社（北京市东城区青年湖南街13号　邮政编码100011）
印　　装：大厂回族自治县聚鑫印刷有限责任公司
710mm×1000mm　1/16　印张16¼　字数273千字　2025年9月北京第1版第1次印刷

购书咨询：010-64518888　　　　　　售后服务：010-64518899
网　　址：http://www.cip.com.cn
凡购买本书，如有缺损质量问题，本社销售中心负责调换。

定　　价：78.00元

在"交通强国"战略的引领下，我国正加速构建现代化综合交通运输体系，推动交通基础设施向智能化、绿色化和高效化方向转型升级。城市轨道交通作为城市交通的"主动脉"，不仅是缓解城市拥堵、提升出行效率的关键载体，更是践行"双碳"目标、推动新型城镇化的核心抓手。在这一进程中，以数字化、网络化以及智能化为特征的新质生产力持续赋能轨道交通领域，驱动列车控制技术从传统控制模式向网络化、集成化和智能化方向跨越式发展。

列车网络控制系统（Train Control and Management System，TCMS）作为轨道交通车辆的核心中枢，通过融合数据通信、智能控制与故障诊断技术，实现了列车各子系统的协同运行与全生命周期管理。这一技术革新不仅大幅提升了列车的安全性与可靠性，还通过减少硬件冗余和优化能源效率，为轨道交通的可持续发展提供了新路径。列车网络控制系统的技术突破与规模化应用直接关系到列车运行效率、安全水平和能源管理的全面提升，是新质生产力赋能轨道交通高质量发展的典型范例。

本书立足于国家战略需求，以城市轨道交通列车网络控制技术为核心，系统梳理了其理论基础、关键技术以及工程实践等相关知识，旨在为行业提供兼具学术深度与实践价值的参考。

本书的编写紧密围绕国家战略需求与技术发展趋势，力求体现以下特色。

1. 理论体系化：以通信协议与网络模型为框架，构建从基础理论到工程实践的完整知识链，助力读者掌握技术本质。

2.技术前瞻性：结合 IEC 61375 等国际标准，分析工业以太网、TRDP 等前沿技术的标准化进程，为技术升级提供参考。

3.案例实战化：通过城市轨道交通列车网络控制系统的应用实例，详述了系统设计、控制逻辑、故障诊断与维护策略，强化了工程应用导向。

本书由大连职业技术学院刘佳、陈晓娟以及中车大连电力牵引研发中心有限公司矫德余著，其中，矫德余撰写第一章内容，陈晓娟撰写第二章第一节、第二节以及第三章和第四章内容，刘佳撰写第二章第三节和第五章内容。大连职业技术学院学生李生正、付成、钱德秋以及胡翼鑫参与了本书的校对工作。在本书的编写过程中，参考了国内外有关文献资料以及部分企业的产品资料，在此，向对本书有过贡献的各位专家、同仁一并表示感谢。

城市轨道交通的智能化转型方兴未艾，列车网络控制技术的创新永无止境。我们期待本书的出版能为行业技术进步贡献绵薄之力，同时也清醒地认识到，技术更迭的速度远超预期。由于著者水平有限，书中难免存在疏漏与不足之处，敬请广大读者提出宝贵的意见和建议。

著者

2025 年 3 月 16 日

目 录
CONTENTS

第一章

列车网络控制系统概述

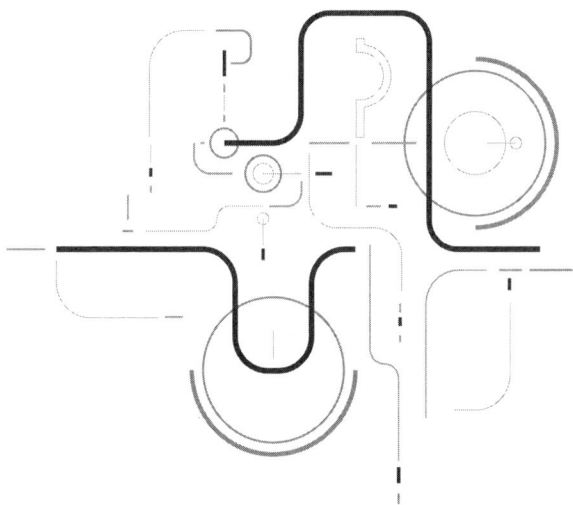

第一节　列车网络控制系统概念

列车通信网络（Train Communication Network，TCN）是专为轨道交通车辆设计的分布式控制网络系统，其核心功能是通过标准化通信协议（如工业以太网等）实现车载设备间的实时数据交互与协同控制。该网络需能够在严苛的物理环境下（包括高强度机械振动、极端温湿度、有限空间布局及复杂电磁干扰）稳定运行。此外，针对特殊运营场景（如沙漠地区的风沙侵蚀或沿海高湿盐雾环境），该网络还需具备环境适应性设计能力。无论应用场景如何，高可靠性与确定性实时响应始终是列车通信网络的核心性能指标。

列车网络控制系统（Train Control and Management System，TCMS）作为轨道交通车辆的"智能中枢"，通过集成数据通信、智能控制与全生命周期管理功能，构建覆盖全车的数字化控制架构。其核心职责包括：

① 网络通信：基于物理传输介质（如双绞线等），按照标准化拓扑（如环形拓扑等）连接牵引系统、制动系统、车门/车窗系统、空调与通风系统和乘客信息系统等车载设备，形成统一的通信链路。

② 协同控制：通过中央控制单元与分布式智能节点的协作，实现多个子系统的指令同步与动态优化。

③ 状态监控与故障诊断：实时采集设备运行参数（如温度等），结合预设阈值与智能算法提前预警潜在故障（如轴承磨损等），并支持远程维护决策。

为便于理解，可将 TCMS 类比为人体神经系统：通信网络如同"神经纤维"，通过标准化的"信号传递规则"（通信协议）连接各"器官"（车载设备）；中央控制单元（CCU）则类似于"大脑"，负责解析指令和协调子系统动作并存储运行逻辑；分布式智能节点相当于"脊髓神经"，在局部执行快速响应，减轻中央控制单元的计算负载。

列车网络控制系统示意图如图 1.1 所示。

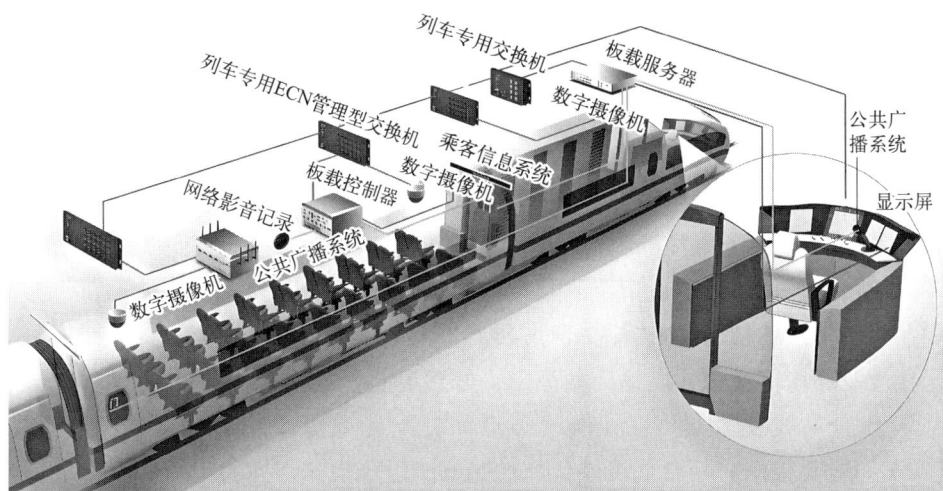

图 1.1 列车网络控制系统示意图

第二节 列车网络控制系统任务

随着城市轨道交通向智能化、高效化方向快速发展，列车网络控制系统已成为现代轨道交通车辆的核心中枢。其核心任务是通过数据通信与智能控制技术的深度融合，实现列车各个子系统的协同运行、状态监控与全生命周期管理，从而提高列车安全性、可靠性及运营效率。本节将从功能定位、技术需求与发展目标三个维度，系统阐述列车网络控制系统的主要任务。

一、功能定位

传统列车控制系统采用"硬线直连"模式，即通过独立线缆直接连接控制单元与执行机构。例如，车门控制需配置独立硬线，牵引、制动等系统也需配置各自专用线路。这种分散式架构导致以下问题：

① 物理空间占用大：大量线缆挤占车体有限空间，增加布线复杂度与维护难度。

② 系统可靠性低：线缆老化、接触不良等问题易引发局部故障，且故障

排查效率低。

③ 信息交互能力弱：单一硬线仅能传输简单开关信号，无法支持多设备协同与复杂逻辑控制。

列车网络控制系统的核心功能在于重构控制架构，通过数字化通信网络替代传统硬线，实现"信息集成化"与"控制集中化"。其具体任务包括：

① 多个子系统协同控制：整合牵引、制动、车门、空调、照明等子系统，基于统一的通信协议实现指令的同步与动态响应。

② 实时数据采集与传输：通过传感器与智能终端实时采集设备状态、运行参数及环境信息，并高速传输至中央处理单元。

③ 分布式决策支持：在网络节点间分配计算资源，支持局部自主决策（如车门防夹控制）与全局协调优化（如节能运行模式切换）。

二、技术需求

为满足现代轨道交通对实时性、安全性与扩展性的严苛要求，列车网络控制系统需完成以下关键技术任务：

① 高实时性通信保障：列车控制指令（如紧急制动）需在毫秒级内完成传输与响应。系统需采用确定性通信协议（如 TRDP），结合优先级调度机制，确保关键指令的传输时延可控。

② 冗余设计与容错机制：为提高系统可靠性，需构建多层次冗余架构（如硬件冗余、网络冗余）和软件容错机制。

③ 标准化与开放性：为兼容不同厂商的设备并支持技术升级，系统需遵循国际标准（如 IEC 61375）与行业规范，同时采用模块化设计。例如，工业以太网凭借其高带宽与协议开放性，逐步替代多功能车辆总线（Multifunction Vehicle Bus，MVB）和控制器局域网（Controller Area Network，CAN）总线，成为新一代列车网络的主流选择。

④ 安全防护体系构建：针对网络攻击与数据篡改风险，系统需集成多层次安全机制，如物理隔离、加密认证和入侵检测。

三、发展目标

列车网络控制系统的未来任务是通过技术创新推动轨道交通向更高层次

的智能化与绿色化方向发展。其可以预见的未来任务包括但不限于以下几点：

① 支持智能运维。

② 提升乘客服务水平。

③ 优化能源效率。

④ 支撑车-路-云协同生态。

第三节　列车网络控制技术的发展

自 1814 年世界首台蒸汽机车问世以来，经过多年的发展，轨道交通车辆在设计与制造方面已经取得了长足的进步。列车网络控制系统作为轨道交通车辆的核心系统，伴随着整车制造技术的发展，实现了从简单到复杂、从机械到智能的跨越。

真正意义上的网络控制系统起源可追溯至 20 世纪 70 年代后期，伴随着微处理器技术的发展，计算机逐步应用到人们生产生活的方方面面，其中就包括在轨道交通车辆上的应用尝试。车载微机的雏形分别在西门子公司和 ABB 公司出现。最初，仅仅应用于传动装置的控制，随着控制服务对象的增多，人们将层次划分的思想引入到列车控制系统中，开发了基于串行通信的、用于较为独立的车载控制设备或层次间信息交换的总线与企业标准。

ABB 公司的微机自动化系统 MICAS-S2 在列车层采用了 FSK 列车总线，该总线后来衍化为多功能车辆总线，沿用至今。

最初，列车通信网络与列车网络控制系统是相对独立的，前者负责收集列车状态等数据，而后者则主要负责传输命令指令。需要强调的是，命令指令是通过硬线传递出去的，并不经过通信网络（那时的通信网络对整车而言并不是必不可少的）。

随着通信技术的发展，列车通信网络的可靠性不断增强、功能不断强大，车辆工程师们不再满足于以往仅用列车通信网络收集和监视状态信息，控制信息逐步向各执行机构下达执行指令，各车载设备通过通信网络实时反馈自身动作结果等。

如此一来，大量的硬线被通信网络的少量通信线所取代，为列车节省了大量宝贵的空间，大幅减轻列车整车重量。此外，基于通信网络的控制信号的统一调度使车辆对各部件的控制更加精确合理，提高了整车的控制监视水平。

20 世纪 90 年代初期，为了满足列车间的重联控制需求，欧美各大铁路公司相继推出了各自的总线产品，如德国 Siemens 公司的 DIN 43322 列车总线、美国 Echelon 的 LonWorks 总线、日本的 ARCNET 等。至此，一套覆盖牵引制动、照明供电、信息显示、车辆故障监视与诊断的列车网络控制系统的体系逐步形成了。列车网络控制技术愈加成熟，世界上各大轨道交通巨头都在致力于将本公司标准推向国际标准。

列车网络控制系统逐步成形，并在实践中不断完善。20 世纪 90 年代末期，基于现场总线的列车网络控制系统已基本趋于成熟。1999 年 6 月，国际电工委员会将列车通信网络标准确立为国际标准，即 IEC 61375。目前，TCN 标准在国际上得到了广泛的应用。

如今，随着社会的发展和技术的进步，现代轨道交通车辆更加注重智能化、舒适化、高速化和综合化发展，越来越多的智能化设备逐步被安装于车辆上。乘客对乘车期间的视听需求有了更高的要求，列车网络控制系统迫切需要以更加开放包容的姿态与外部系统相融合，拓展列车通信网络的衍生功能。然而，传统的列车通信网络受制于可拓展性、吞吐能力、传输速度等因素，已无法满足未来列车通信网络的发展需求。

相比之下，工业以太网具有通信带宽高、组网灵活性好、传输速度快及实时性与可靠性高等特点，在轨道交通车辆网络通信领域应用潜力巨大，被定义为新一代列车网络技术。国内外各大厂商都在致力于基于工业以太网的新一代列车网络控制系统的研发。2011 年，国际电工委员会制定了以太网标准列车总线 IEC 61375-2-5 及车辆总线 IEC 61375-3-4，推动了工业以太网技术在列车网络控制领域的全面应用。工业以太网逐渐成为新一代列车网络的核心载体，其标准化进程为高带宽、低时延的通信架构奠定了基础。

未来，列车网络控制技术将围绕开放性、智能化与可持续性三大核心方向持续演进，技术发展将聚焦以下领域：

① 深度融合边缘计算与人工智能（AI）：通过车载边缘计算节点实时处理传感器数据，结合 AI 算法实现故障预诊断、能耗优化与自主决策。

② 构建多层次网络安全体系：随着列车网络控制系统与外部系统（如乘客 Wi-Fi）的互联互通，受攻击面显著扩大。未来，系统需构建多层次网络安全体系，实现端到端的数据防护。

③ 拓展车 - 路 - 云协同生态：依托 5G/6G 与卫星通信技术，列车将深度融入智慧城市交通网络。通过实时上传运行数据至云端平台，地面中心可远程动态优化调度策略、预测线网拥堵并远程修复软件故障等。

④ 推动绿色低碳技术创新：网络控制系统将强化能源精细化管理，如通过再生制动能量实时分配算法，提升回馈效率。

可以预见，列车网络控制技术将突破传统"车端局限"，向"云 - 边 - 端"协同的全局智能迈进。工业以太网、AI 与绿色技术的融合，不仅将重塑列车的控制逻辑，更将推动城市轨道交通成为智慧城市的核心节点，为高效、安全、可持续的出行生态提供底层支撑。

第二章

数据通信基础

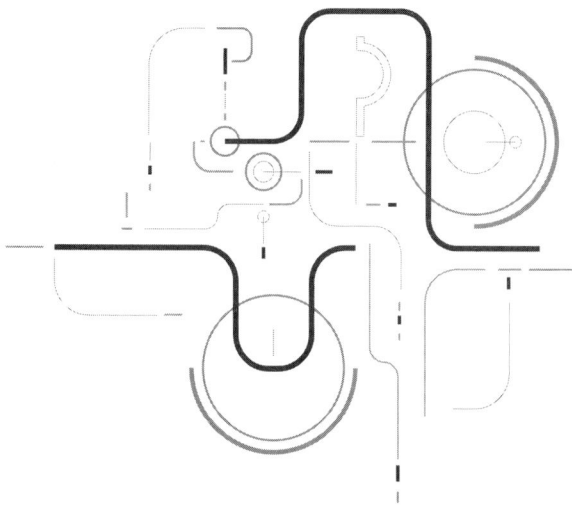

第一节　数据通信概述

数据通信是通信技术和计算机技术相结合而产生的一种新的通信方式。计算机网络采用该方式传输数据。数据通信主要对计算机中的二进制传输、交换和处理的理论方法以及技术实现进行研究。

一、数据通信的基本概念

通信的目的就是传递信息。数据是用于传递信息的载体。信息的传递过程可用图 2.1 所示模型描述。

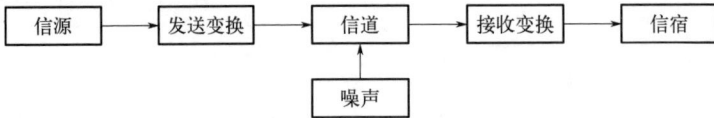

图 2.1　信息传递模型

① 信源：通信过程中产生和发送信息的一端为信源。

② 信宿：通信过程中接收信息的一端为信宿。

③ 信道：信源和信宿之间的通信线路为信道。信道最直观的理解就是传输媒介，如天线、电缆和光纤等，它是信息传递的必经之路。

实际上，信号从信源到信宿要经过一定的处理。因此，又可将信道进行进一步划分，其细分模型如图 2.2 所示。

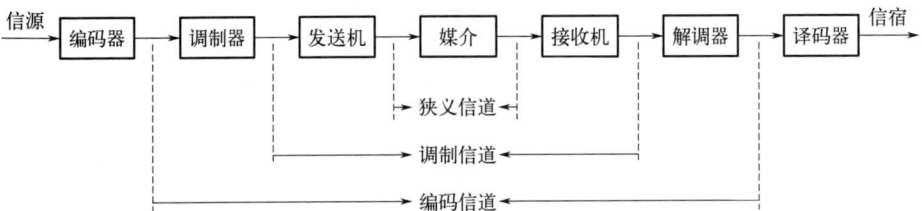

图 2.2　细分信息传递模型

在进入信道时，信息要变换为适合信道传输的形式；在进入信宿时，又要变换为适合信宿接收的形式。信道的物理性质不同，对通信速度和传输质量的影响也不同。在传输过程中，信息有可能会受到外界干扰（噪声），不同的物理信道受干扰的影响不同，比如电信号就容易受到外界磁场的干扰，这种干扰会不同程度地影响到传输质量，所以有必要采取一定的应对措施，以减少干扰对信息传输质量的影响，尽量保证信宿接收到的信息不失真。

二、数据的分类

（一）信息与数据

1. 信息

信息在不同领域内有不同的定义。信息是人们对客观世界的认识和反映，无论是什么形式的通信，都是以传递信息为目的的。

2. 数据

数据是信息的表示形式，也是信息的物理表现。所有的信息都以某种形式的数据表示和传播，比如人们想传递"书"这个信息，可以用文字或声音，也可以用图片乃至视频进行传递。

（二）信号

信号是特定通信方式中数据的物理表现。信号有具体的物理描述，如古代的信号弹和现代的电磁波都是表示数据的物理信号。

在现代电子通信方式中，主要有模拟信号和数字信号两种形式，其具体表现形式如图 2.3 和图 2.4 所示。数据与信号分类示意图见图 2.5。

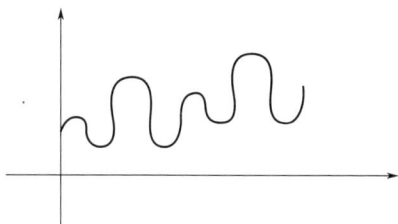

图 2.3　模拟信号示意图　　　　　　图 2.4　数字信号示意图

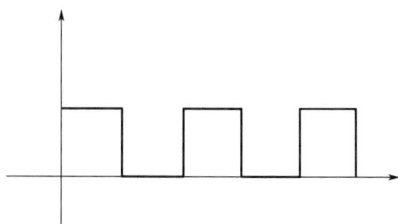

图 2.5　数据与信号分类示意图

1. 模拟信号

模拟信号是一个连续变化的物理量，拨打电话时的语音信号就是生活中比较常见的模拟信号之一。

模拟信号中一般包含的频率成分较少，比如，在语音信号中，频率范围一般在 $300 \sim 3400Hz$ 之间。

模拟信号的抗干扰能力较差，在通信中，易受到外界干扰从而导致失真。

模拟信号转化为数字信号需要经过四个步骤，即采样、保持、量化和编码。具体过程在后续章节中有具体分析。

2. 数字信号

数字信号是离散的物理量，如二进制中的"1"和"0"。

在数据通信中，可以将信息的状态用"1"和"0"来表示，如有电流表示为"1"，反之表示为"0"。

数字信号可以再生。再生是指在信号的传输过程中，如果原始信号因干扰而失真，通过信号的判决，可以再度恢复到原始状态。

总之，信源产生的信号可以是模拟信号，也可以是数字信号。数据在进入信道之前，要变成适合传输的电磁信号，这些信号可以是模拟信号，也可以是数字信号。

比如在 20 世纪 90 年代，我国许多家庭的电视机是需要外接天线的，这就是典型的模拟电视。它偶尔会出现屏幕全是雪花，即信号消失的情况。后来，我国部分地区普及数字电视，电视天线换成了数字机顶盒。这种电视不仅可以接收电视节目，还可以点播节目，这是模拟电视做不到的。

数据传输通信方式示意图见图 2.6。

在模拟传输方式中，数据进入信道之前要经过调制，变换为模拟的调制信号。模拟信号在传输过程中会衰减，还会受到噪声的干扰，如果用放大器将信号放大，混入的噪声也被放大了，这是模拟传输的缺点。

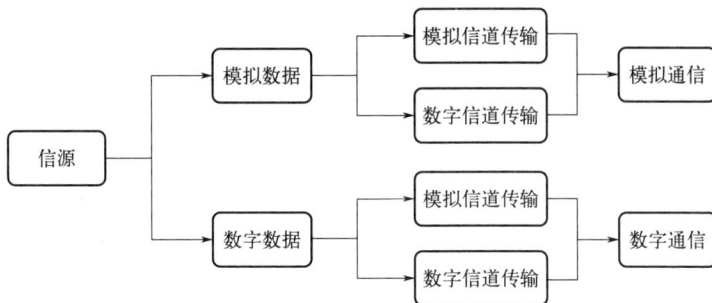

图 2.6 数据传输通信方式示意图

在数字传输方式中，可以直接传输二进制数据或经过二进制编码的数据，也可以传输数字化的模拟信号。因为数字信号只取有限个离散值，在传输过程中即使受到了噪声的干扰，只要没有畸变到不可辨认的程度，就可以用信号再生的方法进行恢复。同时，对于差错也可以用差错控制技术加以消除。数字传输对信号不失真地传送是非常有好处的。

注：数据通信专指信源和信宿中的数据形式是数字的，在信道中传输时可以根据需要采用模拟传输方式或数字传输方式。

三、数据通信模型

数据终端设备通过数据电路与计算机系统相连。数据通信模型示意图见图 2.7。

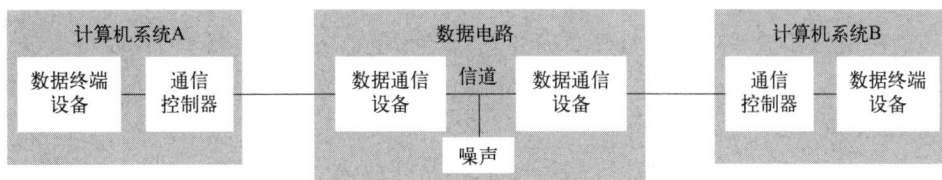

图 2.7 数据通信模型示意图

数据通信是计算机与计算机之间的通信，由于没有人的直接参与，因此通信双方必须遵守相应的通信协议，以确保通信是可靠且有效的。通信控制器便是一块被设计用来在计算机网络上进行通信的物理硬件，具体作用包括通信线路的连接、收发、同步、异常检测与修复等。

第二节　数据通信的性能指标

一、信道带宽

根据适合传输的信号类型，信道可以分为模拟信道和数字信道；根据所使用的传输介质，信道可以分为有线信道和无线信道。信道带宽是指信道中传输信号所包含的频率范围。为了保证信号传输质量较好，信道要有足够的带宽。

（一）模拟信道带宽

模拟信道带宽的计算方法为

$$带宽 = f_{\max} - f_{\min} \tag{2.1}$$

式中，$f_{\max}$ 为信道通过的最高频率；$f_{\min}$ 为信道通过的最低频率。二者均由信道的物理特性所决定，当组成信道的电路确定了，信道的带宽也就随之确定了。

（二）数字信道带宽

数字信道的带宽一般用信道容量表示。

信道容量是信道的最大数据传输速率，单位为 b/s、bit/s（比特 / 秒）。

数据传输速率又称比特率，指每秒能传输的二进制码元的有效位数。

例如，一个数字通信系统每秒能够传输 600 个二进制码元，则比特率为 600b/s。

码元是对网络中传送的二进制数字中每一位的通称，也常称作"位"或"b"，它是数字信道中承载信息的基本信号单位。

例如，若一组二进制信号为 1110000，则这组信号一共含有 7 个码元。

码元速率的单位为波特（Baud），所以码元速率也叫波特率，它表示单位时间内信号波形的变换次数，即单位时间内通过信道传输的码元个数。

数字信道是一种离散信道，它只能传送离散值的数字信号，数字信号可以用数字脉冲来表示，一个数字脉冲即为一个码元。码元示意图如图 2.8

所示。

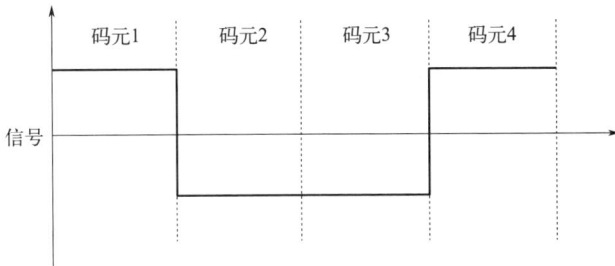

图 2.8　码元示意图

二、奈奎斯特定理

对于理想低通信道（没有噪声、带宽有限），信道的极限码元传输速率等于信道带宽的两倍，这个速率被称为奈奎斯特极限速率，其公式表述为

$$B = 2W \qquad (2.2)$$

式中，B 是最大码元速率；W 是信道的带宽。这个公式说明了在理想情况下，信道的带宽决定了其能够支持的最大数据传输速率。在实际应用中，由于存在噪声和其他因素，实际的传输速率会低于这个理论极限。

超过奈奎斯特极限传送脉冲信号是不可能的，所以要想进一步提高波特率就必须改善信道带宽。

码元携带的信息量由码元所取的离散值个数决定，一个码元携带的信息量 n 与码元的种类数 M 有如下关系，即

$$n = \log_2 M \qquad (2.3)$$

数据传输速率 R（比特率）和码元速率 B（波特率）的关系为

$$R = B \log_2 M \qquad (2.4)$$

由此可以看出，在波特率一定的情况下，用一个码元表示更多的位数是提高数据传输速率的有效途径。

对于一个用二进制表示的信号而言，每个码元包含了一位比特信息，其数据传输速率与码元速率相等。而对于一个用四进制表示的信号而言，每个码元包含了两位比特信息，其数据传输速率是码元速率的两倍，即数据传输速率提高了一倍。不同进制下码元与比特个数关系示意图见图 2.9。

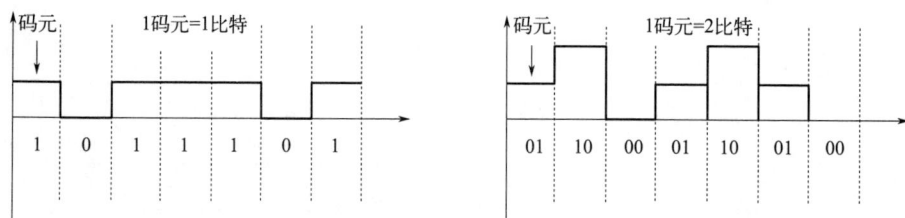

图 2.9　不同进制下码元与比特个数关系示意图

数字信道的带宽决定了信道能不失真地传输的脉冲序列最高速率。

三、可靠性指标

（一）误码率

在有噪声的信道中，数据传输速率的增加意味着传输中出现差错的概率增加。误码率是衡量数据通信系统在正常工作情况下传输可靠性的指标，可用下式表示，即

$$P_e = \frac{N_e}{N} \tag{2.5}$$

式中，N_e 代表错误比特数；N 代表传输总比特数。

（二）　时间延迟

信号在信道中传输，从源端到达宿端需要一定的时间，这个时间由两部分组成，即

发送数据总时间 = 线路延迟 + 调制延迟

信道（线路）延迟 = 传输距离 / 传输速率

调制延迟 = 数据帧大小 / 数据传输速率

四、传输介质

计算机网络中可以使用各种传输介质来组成物理信道，不同的传输介质的信道特性不同，因而使用的网络技术和应用场合也不同。

如同车必须在公路上行驶，公路的质量会影响到行车的安全性及舒适性。

同样，网络传输介质的质量好坏也会影响数据传输的质量，如数据传输速率以及数据丢失等。常见的网络传输介质可以分为两大类。

一类是有线的，如双绞线、同轴电缆及光纤等。

另一类是无线的，如无线电、激光和红外线等。

（一）有线信道

1.双绞线

双绞线由粗约1mm的互相绝缘的一对铜导线绞扭在一起组成，对称均匀地绞扭可以减少线对之间的电磁干扰。双绞线又细分为非屏蔽双绞线（图2.10）和屏蔽双绞线（图2.11），常用的非屏蔽双绞线电缆由橙、绿、蓝、棕4对双绞线组成，屏蔽双绞线电缆的外层由铝箔包裹着，价格相对高一些，传输速率比相应的非屏蔽双绞线高。

图 2.10　非屏蔽双绞线　　　　图 2.11　屏蔽双绞线

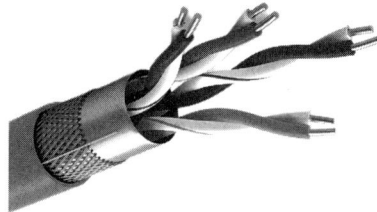

美国电子工业协会（EIA）定义了双绞线电缆各种不同的型号，常见的计算机综合布线使用的双绞线如表2.1所示。

表 2.1　双绞线的类别

类别	带宽	速率
一类	750kHz	
二类	1MHz	4Mb/s
三类	16MHz	10Mb/s
四类	20MHz	16Mb/s
五类	100MHz	100Mb/s
超五类	100MHz	1Gb/s
六类	250MHz	10Gb/s

五类线：外皮会标注"CAT 5"字样，已被超五类线替代。

超五类线：超五类具有衰减小，串扰少，并且具有更高的衰减串扰比和信噪比、更小的时延误差，性能得到了很大提高。超五类线主要用于千兆位以太网（1000Mb/s）。

六类线：六类线外皮标注"CAT 6"字样，主要应用在千兆网络中。该类电缆的传输频率为250MHz，相较于五类线，六类线提供了两倍的带宽。六类线的传输性能远远高于超五类标准，最适用于传输速率高于1Gb/s的应用。

2. 同轴电缆

同轴电缆的芯线是一根铜导线，外包层为绝缘材料，再外面是由细铜丝组成的网状外导体，最外面加一层绝缘塑料保护层，如图2.12所示。

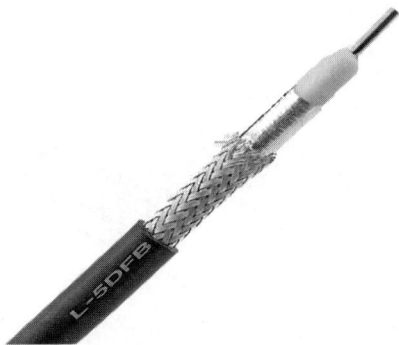

图2.12　同轴电缆

局域网中最常用的同轴电缆有两种：一种是阻抗为50Ω的同轴电缆，又称基带同轴电缆，用于传输数字信号；另一种是阻抗为5Ω的CATV电缆，又称宽带同轴电缆，用于传输模拟信号。

3. 光纤

光纤由能传送光波的超细玻璃纤维制成，外包一层比玻璃折射率低的材料。进入光纤的光波在两种材料的界面上形成全反射，从而不断地向前传输。其传输原理如图2.13所示。光纤具体可细分为单模光纤和多模光纤。

单模光纤（图2.14）：光在其中无反射地沿直线传输，纤芯内径更小，传输距离更远，传输速率较高。

多模光纤：光在其中以多种模式传输，多模光纤的直径较大，传输距离较短，传输速率较低。

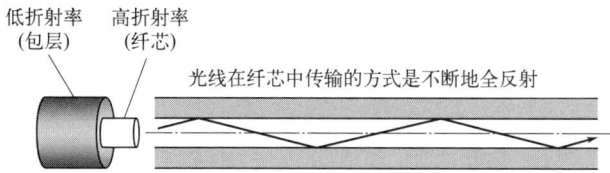

图 2.13　光纤传输原理

图 2.14　单模光纤

（二）无线信道

　　通过空间传输信号的信道称为无线信道，主要有无线电波和红外光波等几种形式，每种形式都有各自的传输特点，它们广泛应用于人类生产生活的方方面面，如家中的电视遥控器应用的就是红外光波传输，移动通信应用的就是无线电波传输，连接 Wi-Fi 浏览网页应用的也是无线电波传输等。常见的无线信道分类如表 2.2 所示。

表 2.2　常见的无线信道分类

无线电波			红外光波	远红外线
	长波			
	中波			
	短波			中红外线
	超短波			
	微波	地面		近红外线
		卫星		

第三节　编码与调制技术

一、数据编码分类及数据传输形式

（一）数据编码分类

数据是信息的载体，计算机中的数据是以离散的"0"和"1"二进制比特序列方式表示的，称为数字数据。数字数据在不同的信道中传输需采用不同的编码方式。为了正确地传输数字数据，就必须对原始数据进行编码，用一个编码符号代表一条信息或一串数据就是数据编码。而数据编码类型取决于通信子网的信道所支持的数据通信类型。在模拟信道中传输时，应把计算机中的数字信号转换为模拟信道能够识别的模拟信号，反之，则将其转化为数字信道能够识别的数字信号。

根据数据通信类型的不同，通信信道分为模拟信道和数字信道两类。相应地，数据编码的方法也分为模拟数据编码和数字数据编码两大类。根据承载数据时的信号不同，还可以进一步将其划分为 4 种具体的编码方式，即模拟数据的模拟信号编码、模拟数据的数字信号编码、数字数据的模拟信号编码、数字数据的数字信号编码，如图 2.15 所示。

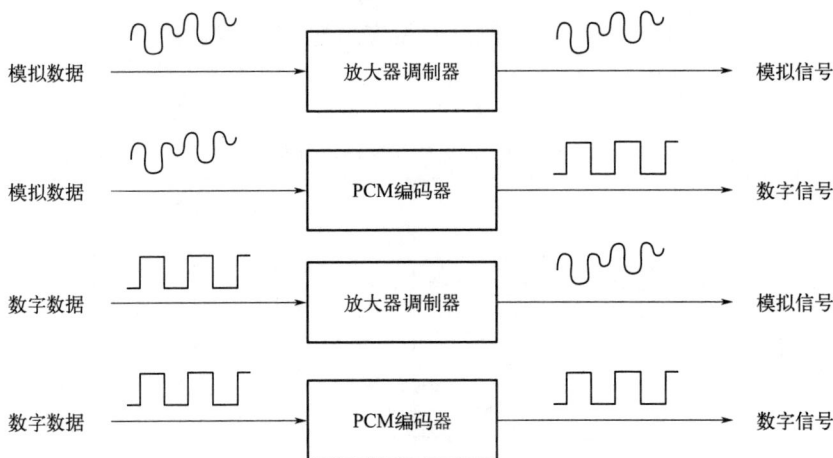

图 2.15　编码方式示意图

（二）数据传输形式

按照技术的不同，数据传输形式可分为基带传输、频带传输及宽带传输。

1. 基带传输

在数据通信中，传输的都是二进制编码数据，终端设备把数据转换成数字脉冲信号，数字脉冲信号所固有的频带称为基本频带，简称基带。在数字通信过程中，通过信道直接传输基带信号的方式称为基带传输。基带传输可以理解为直接传输数字信号，基带传输系统一般比较简单，其传输速率较高，信号带宽较大，适合短距离传输场合，多用于局域网。

2. 频带传输

为了利用模拟信道长距离传输数字信号，就需要把基带数字信号利用某一频率正弦波（这个正弦波称为载波）的参量表示出来。这种利用载波参量传输数字信号的方法称为频带传输。在发送端将数字信号用载波信号表示的过程称为调制。在接收端将数字信号从载波信号中分离的过程称为解调。能够实现信号调制和解调的设备称为调制解调器。例如，用一个正弦曲线的上半周代表数字信号"1"，下半周代表数字信号"0"，那么就实现了一个简单的频带传输，如图 2.16 所示。

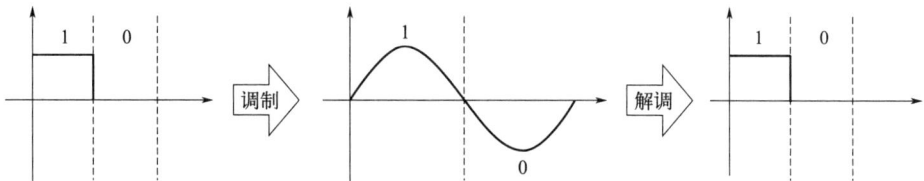

图 2.16　频带传输示意图

3. 宽带传输

宽带传输将信道分为多条子信道，分别传送音频、视频和数字信号。系统设计时将此频带分隔成几个子频带，采用"多路复用"技术。它是一种传输介质的频带宽度较宽的信息传输技术，通常在 300 ～ 400MHz。

一般来说，宽带传输与基带传输相比有几点优点：能在一条信道中传输声音、图像和数据信息，使系统具有多种用途；一条宽带信道能划分为多条逻辑基带信道，实现"多路复用"，因此信道的容量大大增加；宽带传输的距离比基带远,因为基带传输直接传送数字信号,传输的速度愈高,能够传输的距离愈短。

二、数字数据编码

在基带传输系统中,直接传输由数据终端设备产生的数字信号,但为了正确无误地传输数字数据,一般需在 DCE 中对数据进行编码。数据编码的方式有多种,如不归零编码、曼彻斯特编码、差分曼彻斯特编码以及单极性、双极性和 4B/5B 编码等。各种编码的特性不尽相同,本节将挑选几种常用的编码技术进行详细讲解。

(一)极性编码

极性编码示意图如图 2.17 所示。

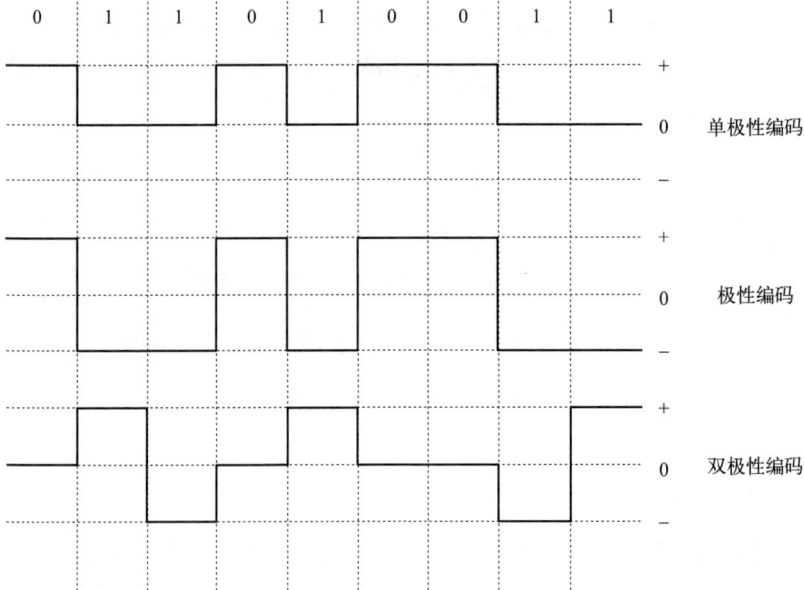

图 2.17 极性编码示意图

1. 极性编码

极性编码分别用正电压和负电压表示二进制数"0"和"1"。这种编码优点是电平差比单极性编码大,因此抗干扰特性好,但也需要时钟同步。

2. 单极性编码

单极性编码只用正或负的电压表示数据。这种编码需要单独的时钟信号配合定时，否则，当传送一长串"0"或"1"时，发送机和接收机时钟将难以定时，抗噪声特性一般。

3. 双极性编码

信号在 3 个电平（正、负、零）之间变化。在数据流中遇到"1"时使电平在正和负之间交替翻转，而遇到"0"时则保持零电平。双极性编码是一种三进制信号编码方法，自带同步，抗干扰特性好。

（二）归零性编码

归零性编码示意图如图 2.18 所示。

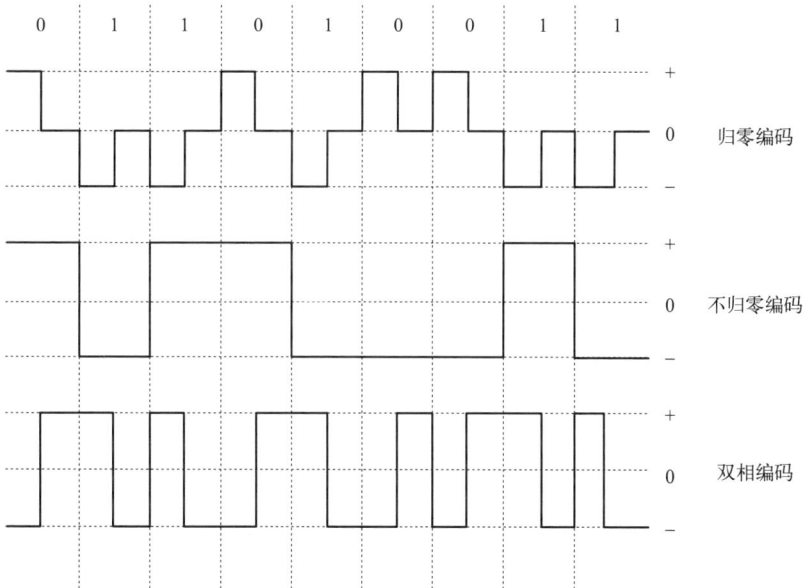

图 2.18　归零性编码示意图

1. 不归零编码

不归零编码的规律是当"1"出现时电平翻转，当"0"出现时电平不翻转。因此，数据"1"和"0"的区别不是高低电平，而是电平是否翻转。这种编码方式实现起来较为简单且费用低，但是同步困难，应用场合较少。

2. 归零编码

在归零编码中，码元中间的信号回归到零电平，因此，任意两个码元之间被零电平隔开，使用电平转换边来判断"0"和"1"信号。这种编码方式抑制噪声效果较好，自同步，但由于每个码元都有一半的时间在归零，因此编码效率较低。

3. 双相编码

双相编码要求每一位中都要有一个电平转换。这种编码方式自同步，同时具备错误检测功能，如果某位中间缺少了电平翻转，则被认为是违例编码。

曼彻斯特编码与差分曼彻斯特编码均属于双相编码，调制速率均是码元速率的两倍，具有良好的抗噪能力和同步特性。其示意图如图 2.19 所示。

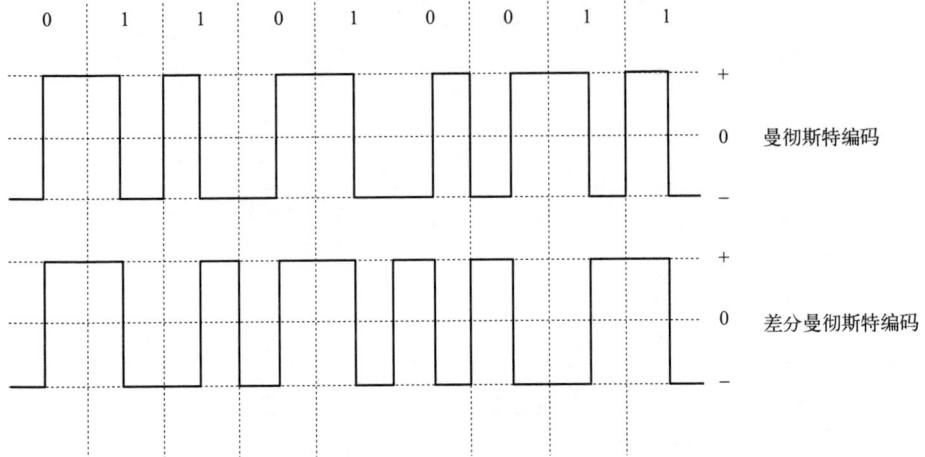

图 2.19　曼彻斯特编码与差分曼彻斯特编码示意图

（1）曼彻斯特编码　曼彻斯特编码将每个码元分成两个相等的时间间隔，高电平到低电平的转换边表示"0"，即其前半个码元的电平为高电平，后半个码元的电平为低电平；低电平到高电平的转换边表示"1"，即其前半个码元电平为低电平，后半个码元的电平为高电平。

这种编码的优点是保证每一个码元的正中间出现一次电平的跳变。另外，可以从位中间的跳变点获取时钟信号，两个跳变点之间为一个信号周期，所以在曼彻斯特编码中不需要同步时钟信号，信号编码中自带同步时钟信号。该编码方式多用于以太网。

（2）差分曼彻斯特编码　差分曼彻斯特编码是在曼彻斯特编码基础上的改进。与曼彻斯特编码不同之处是，码元中间的电平转换边只作为定时信号，不表示数据。数据的表示在于每一位开始处是否有电平转换，有电平转换表示"0"，无电平转换则表示"1"。该编码方式多用于局域网。

三、模拟数据编码

如果将计算机中的数字数据在网络中用模拟信号表示，那么就需要进行调制和频谱变换，将数字信号的频谱变换成适合于在模拟信道中传输的频谱。数字数据不仅可以用方波脉冲传输，还可以用模拟信号传输，将数字数据调制成模拟信号的过程叫作数字调制。

实际上，数字信号的调制过程就是利用数字信号控制载波信号的参量变化过程。通过调制模拟载波信号的 3 个参数（振幅、频移和相移）来表示数字数据。最基本的调制方法有 3 种，分别是调幅（AM）、调频（FM）和调相（PM）。在实际应用中，通常将以上 3 种调制技术结合起来使用。

正弦载波信号的数学函数表达式为

$$F(t) = A\sin(\omega t + \theta) \tag{2.6}$$

式中，A 表示振幅；ω 表示频率；θ 表示初相位。

（一）调幅

调幅（AM）又称"幅度键控（ASK）"。调幅即载波的振幅随着基带数字信号而变化，例如，数字信号"1"表示有载波输出，数字信号"0"表示无载波输出。

按照这种调制方式，载波的振幅受到数字数据的调制而取不同的值，例如，对应二进制"0"的载波振幅为"0"，对应二进制"1"的载波振幅为"1"。振幅调制编码是使用数字信号控制载波的振幅，通过载波振幅的变化来表示二进制数字"0"或"1"。调幅示意图见图 2.20。

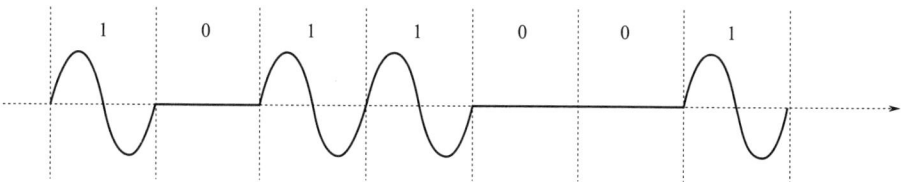

图 2.20　调幅示意图

特点：信号容易实现，技术简单，但抗干扰能力差。

（二）调频

调频（FM）又称"频移键控（FSK）"。频率调制编码是使用数字信号控制载波的频率，通过载波频率的变化来表示二进制数字"0"或"1"。调频示意图见图2.21。

例如，对应二进制"0"的载波频率为 f_1，对应二进制"1"的载波频率为 f_2。

特点：信号容易实现，技术简单，抗干扰能力强，但占用带宽较多。

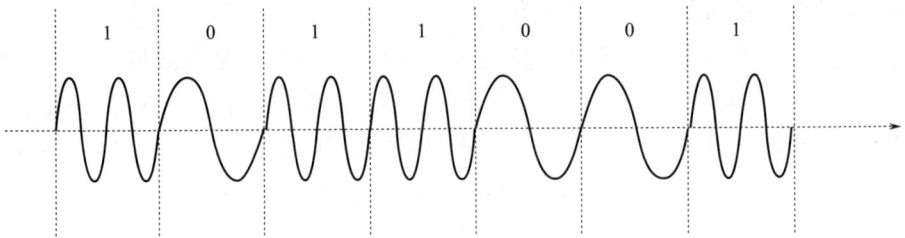

图 2.21　调频示意图

（三）调相

调相（PM）又称"相移键控（PSK）"。相位调制编码是使用数字信号控制载波的初相位，通过载波相位的变化来表示二进制数字"0"或"1"。例如，初相位为0°的载波信号表示二进制数字"0"，初相位为180°的载波信号表示二进制数字"1"，这种方法称为两相调制。若 θ 可为0°、90°、180°、270°，分别表示二进制数字"00""01""10"和"11"，则这种方法称为四相调制。调相示意图见图2.22。

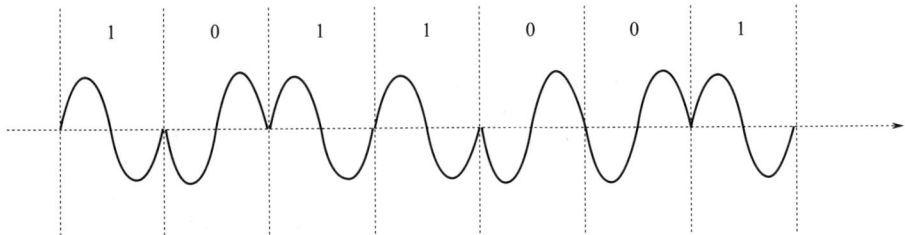

图 2.22　调相示意图

特点：相位调制编码实现较为困难，但具有信道带宽小、占用信道带宽少、抗干扰能力强等优点，该方法是在数据通信中应用最多的调制编码技术。

四、脉冲编码调制

模拟数据通过数字信道传输时效率高、失真小，而且可以开发新的通信业务。例如，在数字电话系统中可以提供语音信箱功能。将模拟数据转化成数字信号的过程需通过编码解码器（Codec）实现。这种设备的作用与调制解调器的作用相反，它是把模拟数据（如声音、图像等）变换成数字信号，经传输到达接收端再解码还原为模拟数据。用编码解码器把模拟数据变换为数字信号的过程称为模拟数据的数字化。常用的数字化技术就是脉冲编码调制（Pulse Code Modulation, PCM）技术，简称脉码调制。脉冲编码调制过程见图 2.23。

```
┌──────┐      ┌──────┐      ┌──────┐
│ 取样 │ ───▶ │ 量化 │ ───▶ │ 编码 │
└──────┘      └──────┘      └──────┘
```

图 2.23　脉冲编码调制过程

（一）取样（采样）

每隔一定的时间取模拟信号的当前值为样本，该样本代表了模拟信号在某一时刻的瞬时值。一系列连续的样本可用来代表模拟信号在某一区间随时间变化的值。由奈奎斯特定理可知，当取样频率大于模拟信号最高频率的两倍时，可以用得到的样本空间恢复原来的模拟信号，即

$$f = \frac{1}{T} > 2f_{\max} \tag{2.7}$$

式中，f 为取样频率；T 为取样周期；$f_{\max}$ 为模拟信号的最高频率。

（二）量化

取样后得到的样本是连续值，这些样本必须量化为离散值，离散值的个数决定了量化的精确度。

例如，把量化的等级分为 8 级，即用 000 ～ 111 这 8 个二进制数分别代表 0 ～ 7 这 8 个不同的电平幅度。模拟信号量化过程示意图 1 和 2 分别见图 2.24、

图 2.25。

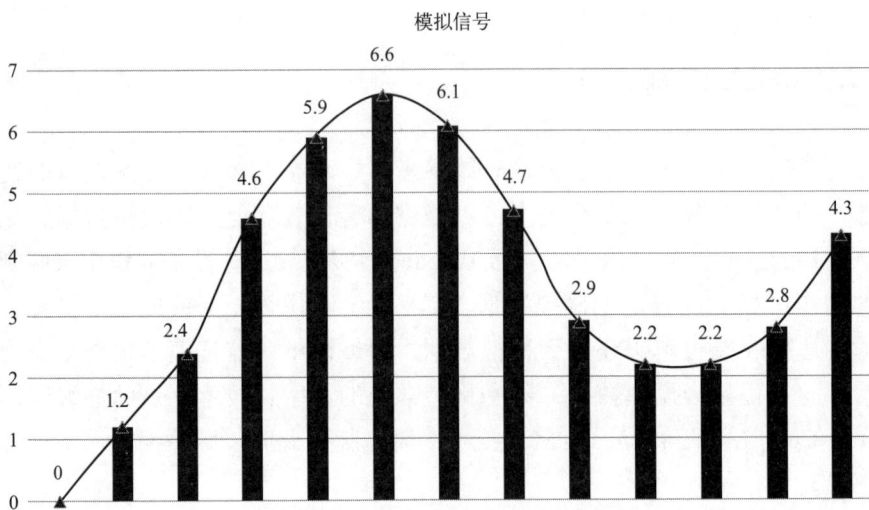

图 2.24　模拟信号量化过程示意图 1

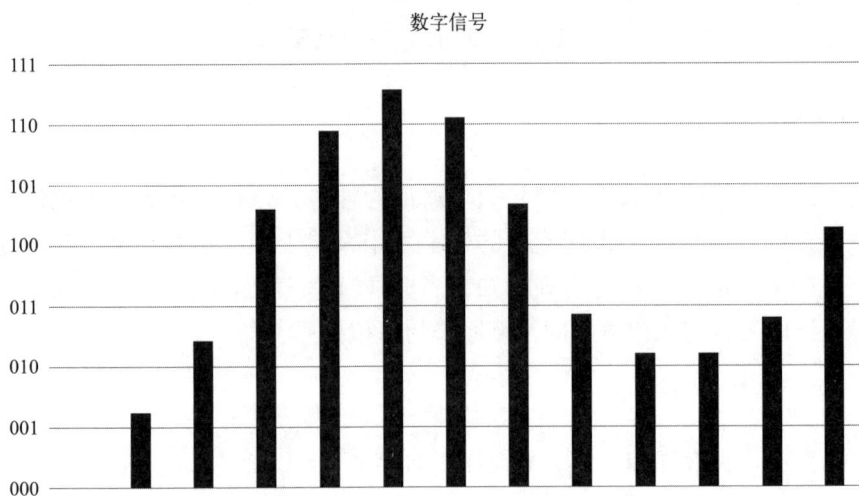

图 2.25　模拟信号量化过程示意图 2

（三）编码

将量化后的样本值变为相应的二进制代码，进而得到相应的二进制代码序列，其中每个二进制代码都可用一个脉冲序列（4 位）来表示，这 4 位一组的脉冲序列代表了经 PCM 编码的模拟信号。

综上可知，对声音信号数字化的时候，由于话音的最高频率是 4kHz，因此取样频率是 8kHz。对话音样本量化用 128 个等级，因而每个样本用 7 位二进制数字来表示。在数字信道上传输这种数字化的话音信号的速率是 56kb/s。

五、数据通信方式

（一）信道通信的工作方式

1.单工通信

在信道上，信息只能往一个方向传送，发送方不能接收，接收方不能发送（图 2.26）。信道的全部带宽都用于由发送方到接收方的数据传送，如电视广播和无线电广播。

图 2.26　单工通信示意图

2.半双工通信

在信道上，通信的双方可以交替发送和接收信息，但不能同时接收或发送（图 2.27）。在一段时间内，信道的全部带宽都用于往一个方向传送信息。例如，航空和航海无线电台及无线对讲机都是利用半双工通信方式。

图 2.27　半双工通信示意图

3.全双工通信

在信道上，通信双方可同时进行双向的信息传送（图 2.28）。全双工通信不但要求通信双方都具有发送和接收设备，而且要求信道能提供双向传输的双倍带宽。因此，全双工通信设备（如现代的电话）最为昂贵。

图 2.28　全双工通信示意图

（二）并行传输和串行传输

计算机中的数据有多种表示方式，如位（bit）、字节（B）和字（W）等。在数据通信中，一般是按字节（8bit）传输。

一个字节数据传输到接收方，有并行传输和串行传输两种方法（图 2.29）。

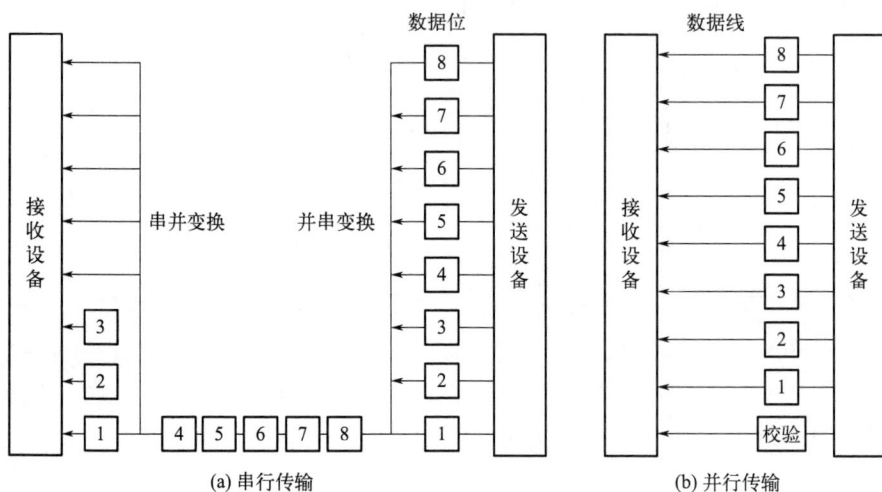

图 2.29　并行传输和串行传输示意图

在并行传输中，每个数据位使用一根单独的数据线（地线共用）。在串行传输中，则仅用一根数据线和一根地线，让数据位分时通过传输线路。

并行传输在一个传输周期内可以将 8 位二进制数据同时传送到接收方，而串行传输则需要 8 个信号周期。

当传输一个字（即 8bit）数据时，并行传输方式至少需要 9 根信号线，而串行传输方式只需要两根信号线。因此，在远距离通信中，为了降低成本，通常选用串行传输方式，如作为广域网的计算机网络一般采用的通信方式就是串行传输方式。相较于串行传输，并行传输只适合在系统内部或短距离的系统之间使用，如计算机各个组件（CPU、内存、显卡等）之间的通信通常通过并行传输实现。

（三）同步传输和异步传输

在串行传输过程中，数据是一位一位依次传输的，而每位数据的发送和接收均需要时钟脉冲的控制。发送方通过发送时钟确定数据位的起始和结束，而接收方为了正确识别数据，则需要以适当的时间间隔在适当的时刻对数据流进行采样。接收方和发送方必须保持步调一致，否则会出现漂移现象，最终导致数据传输出现错误。然而，要严格保证每个独立的时钟同步并不容易。目前，经常采用两种方法（同步传输和异步传输）来解决这个问题。

1. 同步传输

同步传输是一种按照预定的时间间隔或时钟信号进行数据传输的方法。在同步传输中，发送方和接收方必须通过某种形式的同步机制来保持步调一致。

在串行同步传输中，数据以比特流的形式传输，发送方和接收方通过共享的时钟信号来同步传输（图2.30）。在每个时钟周期中，发送方将一个比特发送给接收方，并且接收方根据时钟信号确定何时读取传输的比特。

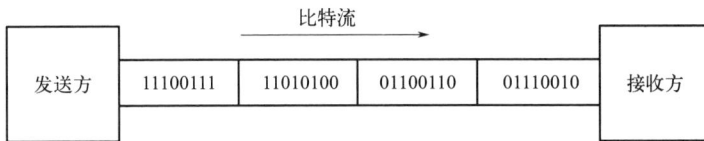

图 2.30　同步传输示意图

当同步传输时，数据之间没有间隙。当传输大量数据时，同步传输比异步传输更高效、更可靠。生活中常见的视频会议采用的就是同步传输。

2. 异步传输

异步传输中的数据是以字节或字符的形式发送的。在这种传输中，需要给数据添加起始位和停止位，使接收方能够识别，进而进行数据处理（图2.31）。它不需要同步信号。生活中常见的电子邮件采用的就是异步传输。

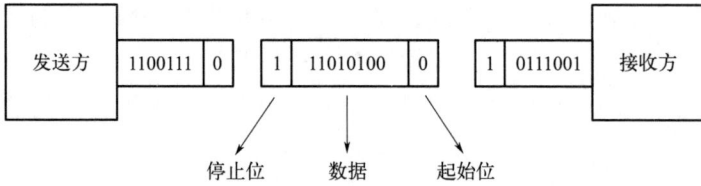

| 发送方 | 1100111 | 0 | 1 | 11010100 | 0 | 1 | 0111001 | 接收方 |

停止位　　　数据　　　起始位

图 2.31　异步传输示意图

同步传输和异步传输之间的主要区别在于：第一，在同步传输时，用户必须等到传输完成才能从服务器获取响应，而在异步传输时，用户不必等待传输完成就能从服务器获取响应；第二，同步传输的成本比较高，而异步传输成本相对较低；第三，在同步传输中，数据之间不存在间隙，而在异步传输中，数据之间存在间隙。

六、数据交换方式

数据通信过程是通信的双方通过信道交换数据的过程。在广域网中，数据传输一般需要经过通信交换网络。简单来说，一个通信网络由许多交换节点互联而成。信息在这样的网络中传输就像火车在铁路网络中运行一样，经过一系列的交换节点（车站），从一条线路交换到另一条线路，最后才能到达目的地。交换节点转发信息的方式有电路交换、报文交换和分组交换3种。

（一）电路交换

1. 电路交换原理

在数据通信网络的发展初期，人们根据电话交换原理，发明了电路交换方式。电路交换方式就是把发送方和接收方用一系列链路直接连通。

电话交换系统就是采用这种交换方式。当交换机收到一个呼叫后就在网络中寻找一条临时通路供两端的用户通话，这条临时通路可能要经过若干个交换机的转接，并且一旦建立连接就成为这一对用户之间的临时专用通路，其他用户不能打断，直到通话结束后才能拆除连接（图 2.32）。

2. 电路交换过程

如图 2.33 所示，电路交换与电话交换方式的工作过程类似，电路交换的通信双方在通信前首先要建立一条端到端的交换电路，引导数据从源点到达终点，即当用户要发送信息时，源交换机根据信息要到达的目的地址，把线路接到目的交换机。这个过程被称为线路接续。它是由联络信号经存储转发方式完成的，即根据用户号码或地址（被叫），经局间中继线传送给被叫交换局并转被叫用户。这个过程被称为"建立连接阶段"。

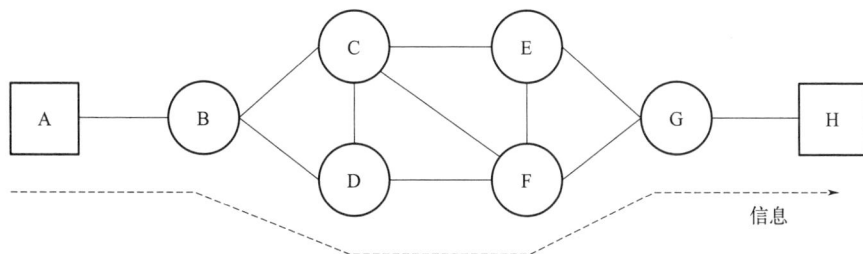

图 2.32　电话交换原理示意图

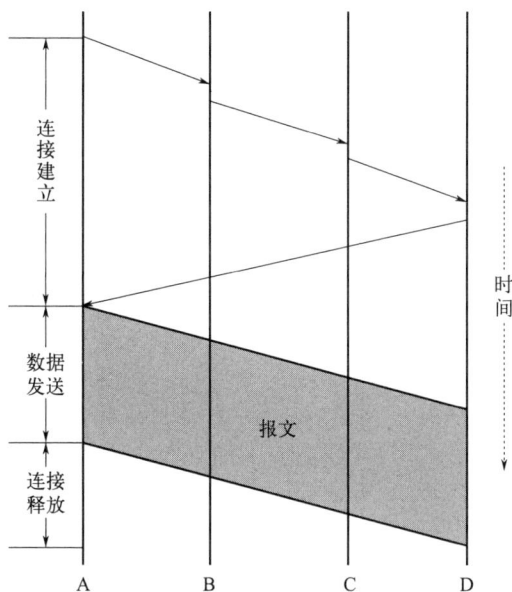

图 2.33　通信过程的三个阶段示意图

　　当线路接通后，就形成了一条端对端（用户终端和被叫用户终端之间）的信息通路，在这条通路上双方即可进行通信。这个过程被称为"数据通信阶段"。

　　当通信完毕，由通信双方的某一方向自己所属的交换机发出拆除线路的要求，交换机收到此信号后就将此线路拆除，供别的用户呼叫使用。这个过程被称为"拆除连接阶段"。

3.电路交换优缺点

优点：由于电路交换的接续路径是采用物理连接的，在传输电路接续后，控制电路就与信息传输无关；数据传输可靠，数据交换实时性好，延迟短；中途交换机不干涉用户数据，用户数据格式不受限制；用户数据中不需要附加地址和控制信息，数据传输效率高。

缺点：信道资源被通信双方独占，即使再无数据传输，信道也不能为其他用户提供服务；传输速度不同的终端之间不能通信；数据传输阶段的持续时间较短，电路建立和拆除所用的时间可能会超过有效通信的时间。

（二）报文交换

20 世纪 60 年～ 70 年代，为了获得较好的信道利用率，出现了存储 - 转发的想法，这种交换方式就是报文交换。目前这种技术仍普遍应用在某些领域（如电子信箱等）。

1. 报文交换原理

用户之间进行数据传输，主叫用户不需要先建立呼叫，而先进入本地交换机存储器，等到连接该交换机的中继线空闲时，再根据确定的路由转发到目的交换机（图 2.34）。

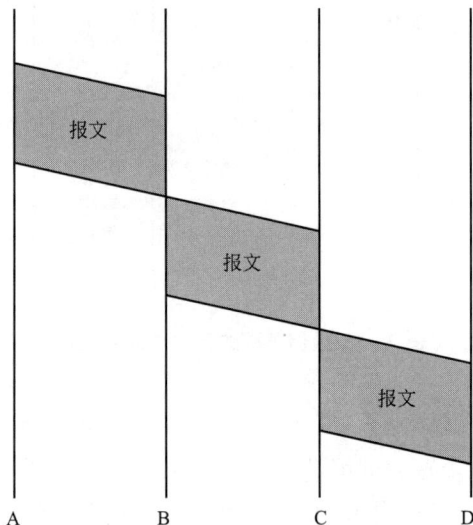

图 2.34　报文交换原理示意图

由于每份报文的头部都含有被寻址用户的完整地址，因此每条路由不是固定分配给某一个用户，而是由多个用户进行统计复用。

报文交换与邮信件的工作过程很类似，信（报文）邮出去时，写好目的地址，就交给邮局邮寄网络（通信子网）了。至于信如何分发，走哪条路，信源节点都不管，完全交给邮局处理。

2. 报文交换过程

在报文交换中，不需要在两个站之间建立一条专用通路，其数据传输的单位是报文，即站点一次性要发送的数据块，长度不限且可变。

传送采用存储 - 转发方式，即将一个目的地址附加在报文上，网络节点根据报文上的目的地址信息，把报文发送到下一个节点，一直逐个节点地传送，直到到达目的节点。

每个节点在收下整个报文之后，检查无错误后，暂存这个报文，然后利用路由信息找出下一个节点的地址，把整个报文传送给下一个节点，因此，端与端之间无须先通过呼叫建立连接。

3. 报文交换优缺点

优点：线路效率较高，这是因为许多报文可以分时共享一条节点的通道，对于同样的通信容量来说，报文交换需要的传输能力较低；不需要同时使用发送器和接收器来传输数据，网络可以在接收器可用之前暂时存储这个报文；在电路交换网络中，当通信容量变得很大时，就不能接收某些呼叫，而在报文交换网络中，却仍然可以接收报文，但传送延迟会增加；报文交换系统可以把一个报文发送到多个目的地，而电路交换网络却很难做到。

缺点：不能满足实时或交互式的通信要求，经过网络的延迟相当长，而且有相当大的变化，因此，这种方式不能用于声音连接，也不能用于交互式终端到计算机的连接；有时节点收到过多的数据而不得不丢弃报文，并阻止了其他报文的传送，而且发出的报文不按顺序到达目的地；另外，在报文交换中，若报文很长，则需要较大容量的存储器，若将报文放到外存储器中，会造成响应时间过长，延长网络的延迟时间。

（三）分组交换

分组交换也称为包交换，是计算机网络中使用较多的数据交换方式。分组交换是将用户传送的数据划分成一定的长度，每个部分为一个分组。

分组交换是综合了电路交换和报文交换的优点，克服了它们的缺点而产生的数据交换方式。分组交换与报文交换都是采用存储 - 转发交换方式。二者的主要区别是：报文交换的报文长度不限且可变，而分组交换的报文长度不变。

1. 分组交换原理

分组交换首先把来自用户的数据暂存于存储装置中，并划分为多个一定长度的数据分组，每个分组前边都加上固定格式的分组标题，用于指明该分组的发送端地址、接收端地址及分组序号等（图 2.35）。当报文的一部分分组到达后，只要信道空闲，就可以马上转发出去。它汲取了报文交换不需要独占信道的优点，克服了传输延迟长的缺点，基本上能够实现实时传输。

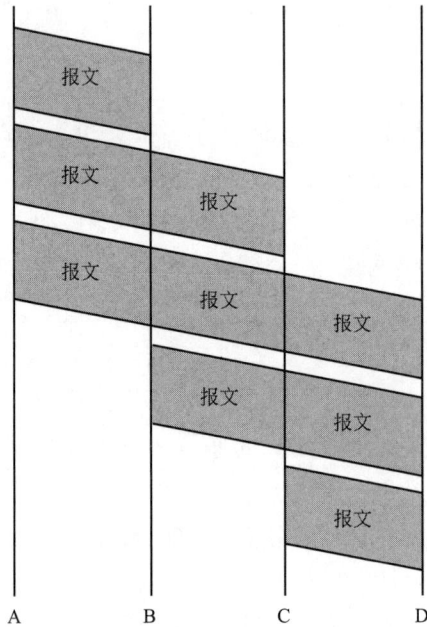

图 2.35　分组交换原理示意图

2. 分组交换过程

源主机 I 将报文分成多个分组，依次发送到直接相连的节点 A。节

点 A 收到分组后，对每个分组进行差错检测和路由选择，不同分组的下
一跳节点可能不同。节点 C 收到分组 P1 后，对分组 P1 进行差错检测，
若正确，则向节点 A 发送确认信息，节点 A 收到节点 C 的确认（ACK）
后则丢弃分组 P1 副本。以此类推，直到所有分组依次到达目标主机 Ⅱ
（图 2.36）。

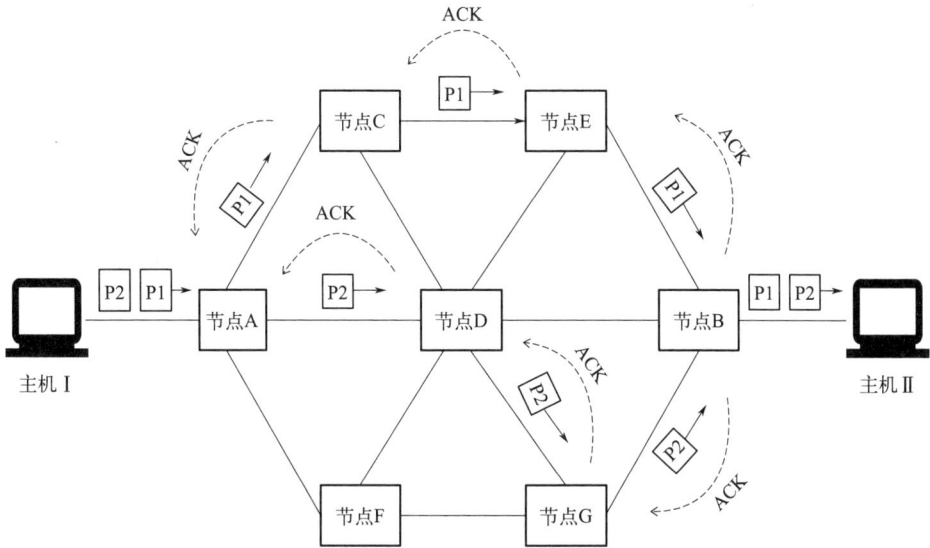

图 2.36 分组交换过程示意图

3. 分组交换优缺点

分组交换的优点如下：

（1）网络时延低 分组交换以报文分组作为存储转发的单位，分组在各
交换节点之间传送比较灵活，交换节点不必等待整个报文的其他分组到齐，
一个分组一个分组地转发，这样可以大大压缩节点所需的存储容量，也缩短
了网络时延。

（2）线路利用率高 分组交换以虚电路的形式进行信道的多路复用，实
现资源共享，可在一条物理线路上提供多条逻辑信道，极大地提高了线路的
利用率。

（3）不同种类的终端可以相互通信 数据以分组为单位在网络内存储转
发，使不同速度终端、不同协议的设备经网络提供的协议变换功能后实现互
相通信。

（4）信息传输可靠性高　每个分组在网络中进行传输时，在节点交换机之前采用差错检测和重发的功能，因而在网络中传送的误码率大大降低。当网络内发生故障时，网络中的路由机制会使分组自动地选择一条新的路由以避开故障点，不会造成通信中断。

（5）分组多路通信　由于每个分组都包含控制信息，因此分组型终端可以同时与多个用户终端进行通信，进而把同一信息发送到不同用户。

分组交换技术的缺点如下：

（1）存在存储转发时延　尽管分组交换比报文交换的传输时延小，但相对于电路交换仍存在存储转发时延。

（2）需要传输额外的信息　每个小数据段都要加上控制信息以构成分组，这使得传送的信息量增大，进而使得控制复杂，降低了通信效率，增大了处理的时延。

当分组交换网采用数据报服务时，可能出现失序、丢失或重复分组的情况。当分组到达目的节点时，要对分组按编号进行排序等工作，而这些工作很麻烦。若采用虚电路服务，虽然没有失序问题，但有呼叫建立、数据传输和虚电路释放三个过程。

综上可知，当要传送的数据量很大且其传送时间远大于呼叫时间时，采用电路交换较为合适。当端到端的通路由多段链路组成时，采用分组交换传送数据较为合适。从提高整个网络的信道利用率来看，报文交换和分组交换优于电路交换，其中分组交换比报文交换的时延小，尤其适合计算机之间的突发式数据通信。

七、多路复用技术

在通信系统当中，通信线路建设成本相对较高，如何提高远程线路的利用率是通信技术研究的重要内容。多路复用技术利用一条通信线路实现多个终端之间的同时通信功能。计算机网络中的信道广泛地使用各种复用技术。多路复用技术分类见图 2.37。

（一）频分多路复用技术

频分多路复用（FDM）是在一条传输介质上使用多个频率不同的模拟载波信号进行多路传输，这些载波可以进行任何方式的调制，如 ASK、FSK、

PSK 以及它们的组合。每一个载波信号形成一个子信道，各个子信道的中心频率不相重合，子信道之间留有一定宽度的隔离频带。无线调频广播就是利用频分多路复用技术最简单的例子。频分多路复用的主要特点是信号被划分为若干通道，每个通道互不重叠，独立进行数据传输。当复用的用户数量增加时，复用后的信道的总带宽就会相应变大。例如，传统的电话通信每一个标准话路的带宽是 4kHz，若有 1000 个用户进行频分复用，则复用后的总带宽就是 4MHz。频分多路复用技术示意图见图 2.38。

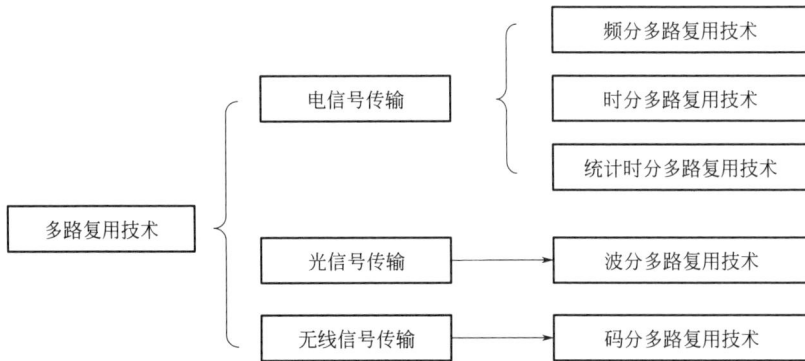

图 2.37　多路复用技术分类

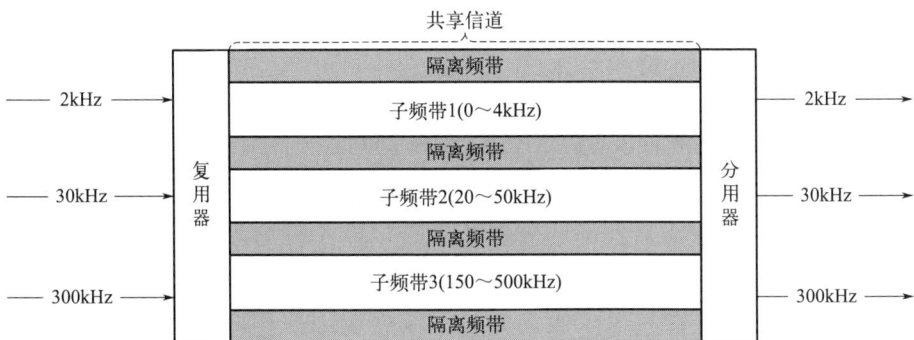

图 2.38　频分多路复用技术示意图

（二）时分多路复用技术

当传输介质可以达到的数据传输速度超过被传输信号的传输速度时，利用时分多路复用（TDM）技术把多路信号按一定的时间间隔进行传送，即在同一传输介质上实现同时传输。

时分多路复用技术将时间划分为一段段等长的时分多路复用帧（TDM帧）。每一个时分多路复用的用户在每一个 TDM 帧中占用固定的序号时间间隙。每个用户所占用的时隙周期性地出现（周期就是 TDM 帧的长度）。时分多路复用的所有用户在不同的时间内占用同样的频带宽度。与频分多路复用相比，时分多路复用更加灵活，更有利于数字信号的传输。但时分多路复用自身也存在缺点，如当某用户暂时无数据发送时，在时分多路复用帧中分配给该用户的时隙只能处于空闲状态，即使其他用户一直有数据发送，也不能利用这些空闲的时隙，这就导致存在复用后信道利用率不高的情况。时分多路复用技术示意图见图 2.39。

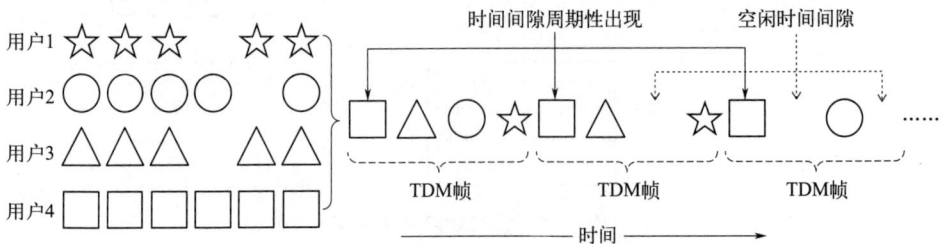

图 2.39　时分多路复用技术示意图

（三）统计时分多路复用技术

统计时分多路复用（STDM）技术是一种根据用户有无数据传输需要动态分配信道资源的方法。FDM 和 TDM 虽然大大地提高了线路利用率，但它们都是将信道资源固定地分配给用户，而不考虑用户是否有效地利用了线路资源。STDM 是一种改进的时分多路复用，同时也是一种动态资源分配方式。当用户有数据传输需要时，信道为用户传输数据；当用户没有数据传输需要时，信道为其他用户传输数据，系统不再把时隙固定地分配给用户，而是把信道的传输能力统一调度使用。STDM 能明显地提高信道的利用率。

在应用 STDM 时，需要用到统计时分多路复用器，它能够根据需求动态地分配时间间隙。在发送端，复用器依次循环扫描各个子通道。若某个子通道有信息要发送，则为它分配一个时间间隙；若没有则跳过，这样线路上就没有空闲时间间隙了。同时注意需要在每个时间间隙加入一个控制字段，以便接收端可以确定该时间间隙是属于哪个子通道的。统计时分多路复用技术示意图见图 2.40。

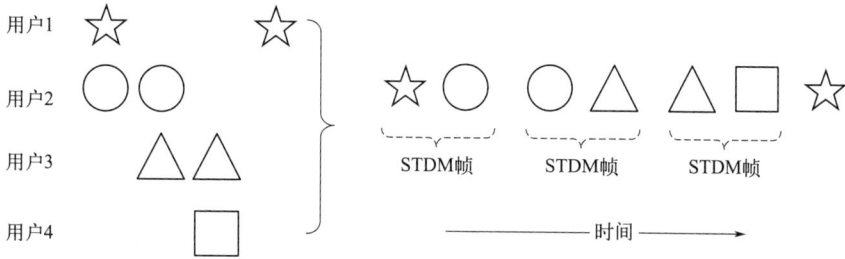

图 2.40　统计时分多路复用技术示意图

（四）波分多路复用技术

光纤技术的应用使数据的传输速度空前提高。现在，人们借用传统的载波电话的频分多路复用概念，就能够做到使用一根光纤来同时传输多个频率很接近的光载波信号，使光纤的传输能力可以成倍地提高。

波分多路复用（WDM）就是光的频分多路复用，是指在光纤通信中，利用光具有不同波长的特性，在一根光纤上同时传输多个不同波长的光载波信号。这种技术在网络中要使用能够对光波进行分解和合成的设备。如图 2.41 所示，通过波分多路复用技术的应用，在共享光纤上的数据传输的总速度达到了单个输入信号传输速度的 n 倍。

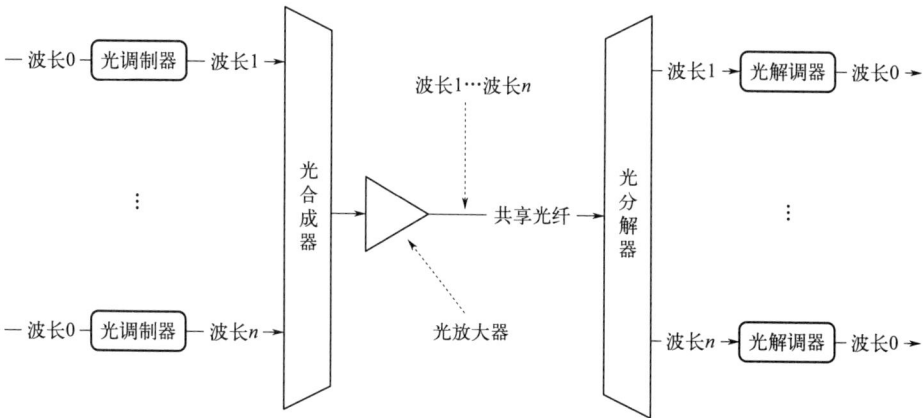

图 2.41　波分多路复用技术的应用

（五）码分多路复用技术

码分多路复用（CDMA）是另一种共享信道的方法。CDMA的特征是每个用户具有特定的地址码，而地址码之间相互具有正交性，因此各用户信息的发射信号在频率、时间和空间上都可能重叠，从而使有限的频率资源得到利用。CDMA是移动通信中经常使用的信道复用技术，主要解决多用户使用相同频率同时传送数据的问题。每一个用户可以在同样的时间使用同样的频带进行通信。由于各用户使用经过特殊挑选的不同码型，因此各用户之间不会造成干扰。CDMA具有很强的抗干扰能力，采用CDMA可以提高通信话音质量和数据传输的可靠性，减少干扰对通信的影响，增大通信系统的容量，降低手机平均发射功率，该技术被广泛应用于现代移动通信中。

八、差错控制技术

在数据传输过程中，无论传输系统的设计再怎么完美，差错都是存在的，这种差错可能会导致在链路上传输的一个或者多个帧被破坏（出现比特差错，"0"变为"1"，或者"1"变为"0"），从而接收方接收到错误的数据。为了提高接收方收到数据的正确率，在接收方接收数据之前需要对数据进行差错检测，当且仅当检测的结果正确时接收方才真正收下数据。检测的方式有多种，常见的有奇偶校验、互联网校验和、循环冗余校验（CRC）等。

（一）差错产生的原因

通信过程中出现的差错可以大致分为两类：

（1）由热噪声引起的随机错误　热噪声是信道固有的、持续随机存在的，是由电子的热运动产生的（自由电子在金属导体中受热产生定向运动）。热噪声时刻存在，具有很快的频谱，且幅度较小。

通信线路的信噪比越高，热噪声引起的差错越少。这种差错具有随机性，随机性的差错断续存在，影响整体。

（2）由冲击噪声引起的突发错误　冲击噪声是由于外界特定的短暂原因（即外界的电磁干扰，如打雷闪电时产生的电磁干扰、相邻线路之间发生的串扰等）所造成的。冲击噪声持续的时间短而幅度大，无法依靠提高信噪比来避免。这种噪声称为突发性差错，这种突发性差错影响局部。

（二）奇偶校验

奇偶校验是根据数据字节中包含"1"的个数来检验数据传输中是否发生了错误的方法。

奇偶校验又分为奇校验和偶校验，如果在传输的字节数据中保证"1"的个数为奇数，则为奇校验；反之，如果在传输的字节数据中保证"1"的个数为偶数，则为偶校验。

在二进制编码前面添加1位二进制数"0"或"1"，使这8位二进制数中的"1"的个数为奇数或偶数，增加的这个二进制位称作奇偶校验码或奇偶校验位。

例如，某字符的二进制编码为1000001，在奇校验当中，添加1位校验码，使其编码中"1"的个数为奇数，添加校验位后该字符的二进制编码为11000001；在偶校验当中，添加1位校验码，使其编码中"1"的个数为偶数，添加校验位后该字符的二进制编码为01000001。

奇偶校验存在的不足如下：首先，在进行奇偶校验时，如果在一个字节传输中发生了多位错误，将无法发现错误；其次，奇偶校验不能判断数据位中的第几位出错；最后，奇偶校验不能进行纠错。

（三）互联网校验和

1. 校验和及其概念

假设要发送几个数字，那么这组数字之和的反码称为校验和。校验和的思路很简单，先求出发送方要发送的数据总和，并将总和求反作为校验和发送到接收方。如果接收方收到的所有数字之和取反后为0，那么说明收到的数据没有问题，舍弃校验和接收数据，否则丢弃数据。

校验和通常用在通信中，尤其是用在远距离通信中保证数据的完整性和准确性。

2. 互联网校验和

一般情况下，互联网使用16位校验和，如十六进制串0102030405060708的校验和是24（十六进制），如果校验和的数值超过十六进制的FF，也就是

255，就要求其补码作为校验和。

发送方生成校验和以及接收方检验校验和的具体方法和步骤如下所述。

（1）发送方

① 报文被划分为 16 位字。

② 校验和字的值设为 0。

③ 所有字包括校验和使用反码运算相加。

④ 对这个和求反变成校验和。

⑤ 校验和随数据一起发送。

（2）接收方

① 报文（包括校验和）被划分为 16 位字。

② 用反码加法将所有字相加。

③ 对该和求反生成新的校验和。

④ 如果校验和为 0，接受报文；否则丢弃报文。

互联网校验和应用示例如图 2.42 和图 2.43 所示。

(1)	数据	1	0	0	1	1	1	0	0	0	0	0	1	1	0	1	0
(2)	数据	1	1	0	1	1	0	1	0	1	0	0	0	1	0	0	0
(3)	数据	1	0	1	0	1	1	0	1	0	0	1	1	0	1	0	1
(4)	校验和	0	0	0	0	0	0	0	0	0	0	0	0	0	0	0	0
		1	1	0	1	1	1	0	0	0	0	1	0	0	1	1	0
(5)	反码运算相加	0	0	1	0	0	0	1	1	1	1	0	1	1	0	0	1
(6)	反码	1	1	0	1	1	1	0	0	0	0	1	0	0	1	1	0

图 2.42　发送方生成校验和

(1)	数据	1	0	0	1	1	1	0	0	0	0	0	1	1	0	1	0
(2)	数据	1	1	0	1	1	0	1	0	1	0	0	0	1	0	0	0
(3)	数据	1	0	1	0	1	1	0	1	0	0	1	1	0	1	0	1
(4)	校验和	1	1	0	1	1	1	0	0	0	0	1	0	0	1	1	0
(5)	反码运算相加	1	1	1	1	1	1	1	1	1	1	1	1	1	1	1	1
(6)	反码	0	0	0	0	0	0	0	0	0	0	0	0	0	0	0	0

图 2.43　接收方检验校验和

（四）循环冗余校验

在诸多检错手段中，CRC 检测技术是最著名的一种。CRC 是一种用于校验通信链路上数字传输准确性的计算方法（通过某种数学运算来建立数据位和校验位的约定关系）。其特点是检错能力强（不能纠错）、开销小、易于用编码器及检测电路实现，被广泛应用于互联网中。

其使用方法如图 2.44 所示，发送方计算机使用某公式计算出被传送数据所含信息的一个值，并将此值附在被传送数据后，接收方计算机则对同一数据进行相同的计算，应该得到相同的结果。如果这两个 CRC 结果不一致，则说明发送中出现了差错，接收方计算机可要求发送方计算机重新发送该数据。

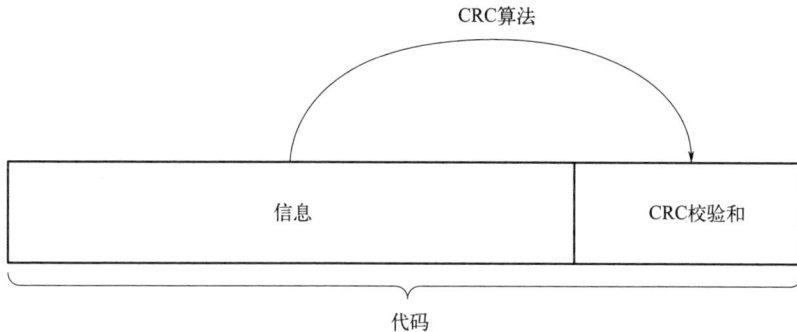

图 2.44　CRC 使用方法示意图

1. CRC 前置知识

（1）多项式　对 CRC 标准除数一般使用多项式（或二项式）公式来表示，如除数 11011 的多项式为 $G(X)=X^4+X^3+X+1$，X 的幂次代表了该数据位上的数据为"1"，无此幂次项则代表该数据位上的数据为"0"。这里特别注意，除数的位数为二项式最高次幂加 1。常见的二进制模型如表 2.3 所示。

生成多项式是接收方和发送方事先约定好的，是一个二进制数，在整个传输过程中，这个二进制数始终保持不变。在发送方，利用生成多项式对信息码做模 2 除法生成校验码。在接收方，利用生成多项式对收到的编码多项式做模 2 除法检测和确定错误位置。

表 2.3 常见的二进制模型

$G(X)$ 多项式	$G(X)$ 码	应用
$G(X) = X^8 + X^2 + X + 1$	100000111	
$G(X) = X^{12} + X^{11} + X^3 + X^2 + X + 1$	1100000001111	Telecom
$G(X) = X^{16} + X^{15} + X^2 + 1$	11000000000000101	Modbus
$G(X) = X^{16} + X^{12} + X^5 + 1$	10001000000100001	HDLC
$G(X) = X^{32} + X^{26} + X^{23} + X^{22} + X^{16} + X^{12}$ $+ X^{11} + X^{10} + X^8 + X^7 + X^5 + X^4 + X^2 + X + 1$	1000001001100000 10001110110110111	LAN/FDDI

生成多项式的最高位和最低位必须为 "1"。当被传送信息（CRC 码）任何一位发生错误时，被生成多项式做模 2 除法后余数必不为 "0"。不同位发生错误时，应使余数不同。对余数继续做模 2 除法，应使余数循环。

（2）数据宽度 数据宽度指 CRC 码的长度（二进制位数）。CRC 码长度始终要比除数位数少 1。

（3）异或 异或就是不同为 "1"，相同为 "0"，运算符号为 ^。例如，0 ^ 0 = 0，0 ^ 1 = 1，1 ^ 1 = 0，1 ^ 0 = 1。

（4）模 2 加法 模 2 加法相对于普通的算术加法，主要的区别在于模 2 加法不做进位处理。例如，0 + 0 = 0，0 + 1 = 1，1 + 1 = 0，1 + 0 = 1。由此可知，模 2 加法的计算结果同异或运算结果。进一步推演，我们会发现，异或运算的交换律、结合律以及归零律等运算规律，同样适合于模 2 加法。这里，就不再一一列举了。

（5）模 2 减法 模 2 减法相对于普通的算术减法，主要的区别在于模 2 减法不做借位处理。例如，0 - 0 = 0，0 - 1 = 1，1 - 1 = 0，1 - 0 = 1。由此可知，模 2 减法的计算结果同模 2 加法以及异或的运算结果。进一步推演，我们会发现，异或运算的交换律、结合律以及归零律等运算规律，同样适合于模 2 减法。这里，就不再一一列举了。

（6）模 2 除法 模 2 除法相对于普通的算术除法，主要的区别在于模 2 除法既不向上位借位，也不比较除数和被除数的相同位数值的大小，只要以相同位数进行相除即可。

2. 原理

在 K 位信息码（目标发送数据）后再拼接 R 位校验码，使整个编码长度为 N 位，因此这种编码也叫（N，K）码。通俗来说，就是在需要发送的信息后面附加一个数（即校验码），生成一个新的发送数据发送给接收端。这个生成的新数据要求能够被一个特定的数整除。

CRC 的具体做法如下：

① 选定一个标准除数（K 位二进制数据串）。

② 在要发送的数据（M 位）后面加上 $K-1$ 位 "0"，然后将这个新数（$M+K-1$）以模 2 除法的方式除以上面这个标准除数，所得到的余数也就是该数据的 CRC 码（注：余数必须比除数少一位，不够就补 "0"）。

③ 将这个校验码附在原 M 位数据后面，构成新的 $M+K-1$ 位数据，发送给接收端。

④ 接收端将接收到的数据除以标准除数，如果余数为 "0"，则认为数据正确。

3. 应用实例

CRC 计算示例见图 2.45。假设要传送的原始报文是 11100101，其生成多项式为 $G(X)=X^4+X^3+X+1$（代码为 11011），最终的 CRC 码为 111001010100。

```
                    10101100
        11011)111001010000  附加项
              11011
              01111
              00000
               11110
               11011
               01011
               00000
                10110
                11011
                11010
                11011
                00010
                00000
                  00100
                  00000
                  0100  附加项
```

图 2.45　CRC 计算示例

第三章

计算机网络基础

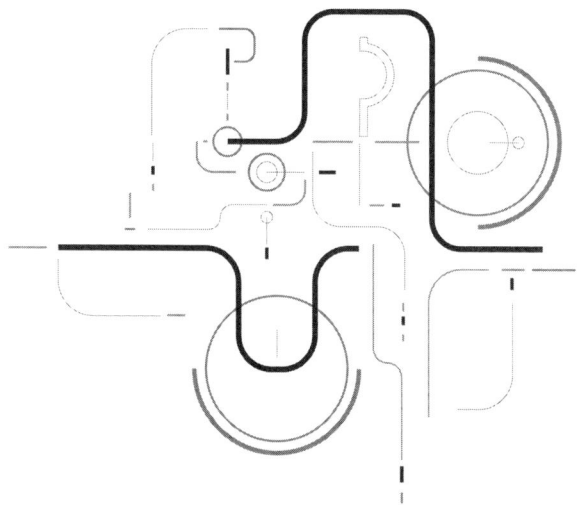

第一节　计算机网络概述

一、计算机网络概念

计算机网络是指用通信线路将多台空间位置不同的计算机以及通信设备连接在一起，在网络操作系统、网络管理软件及网络通信协议的管理和协调下，实现资源共享和信息传递。计算机网络架构示意图见图 3.1。

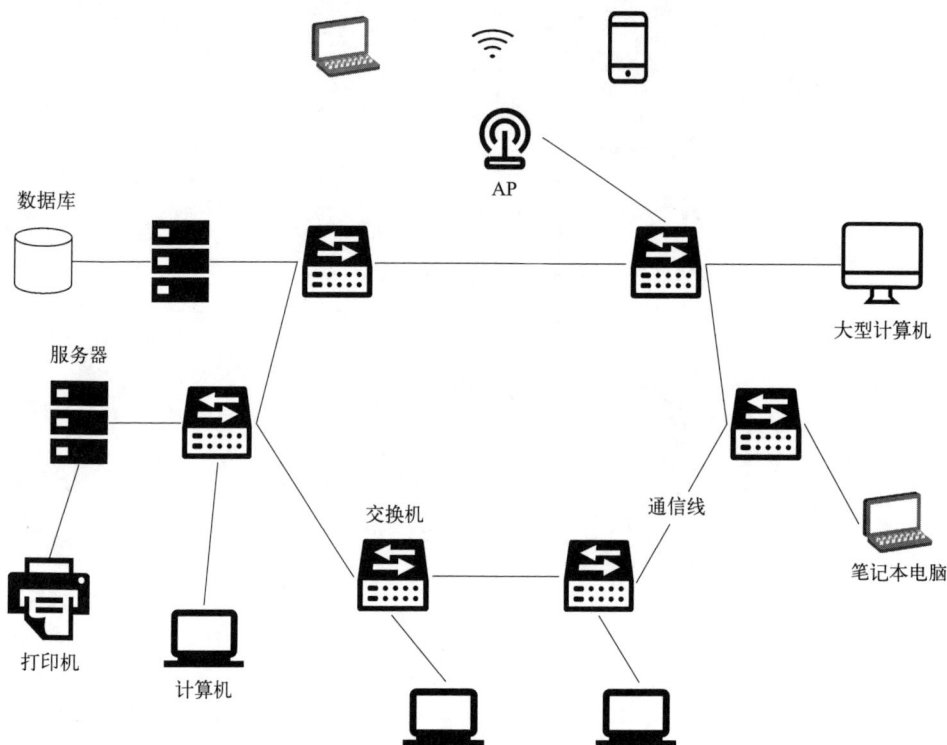

图 3.1　计算机网络架构示意图

二、计算机网络功能

信息传递、资源共享以及分布式处理是计算机网络的三大功能。其中，信息传递是计算机网络最为基本的功能；资源共享包括硬件共享、软件共享以及数据共享，是当下人们使用计算机网络的最主要功能，例如，全国各地的大学生都可以使用网络上的学习资源等；分布式处理是指多台地理位置不同的计算机共同处理某一项事务，例如，购买火车票时，处于不同位置的若干台手机、平板电脑和台式电脑都可以同时购买同一列车的车票，而且不会出现购买到同一个座位的车票情况。

三、计算机网络发展简史

回顾计算机网络的发展历程，其经历了从简单到复杂、从单一主机到多台主机、从由终端与主机之间的通信到计算机与计算机之间的直接通信等过程，概括起来可大致划分为以下4个阶段。

1. 面向终端的计算机网络

面向终端的网络也是最简单的计算机网络，其构成就是一台主机系统通过通信线路与多个终端设备直接相连（图3.2）。主机是网络的中心，本地用户通过各自的终端设备共享主机的资源。这就是当时以单台主机为中心的联机终端系统，其终端设备不具备自主处理数据的能力，仅能完成输入输出等，所有数据处理和通信任务均由中央主机来完成，每台主机以及所服务的终端构成一个子网，各子网间彼此独立。

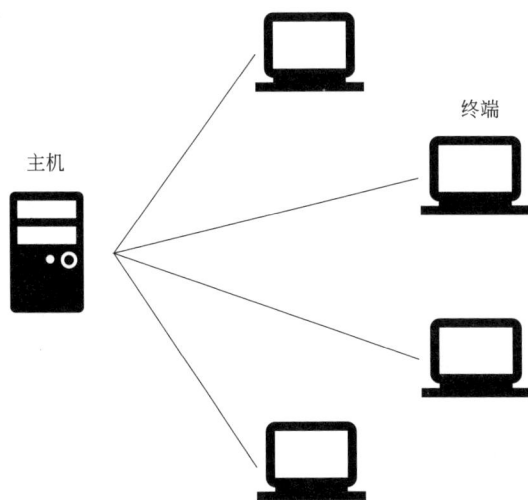

图 3.2 面向终端的计算机网络架构示意图

2. 面向内部通信的计算机网络

第二代计算机网络在第一代的基础上增加了主机数量，并正式提出了网络的双层架构，即网络由通信子网和资源子网组成（图 3.3）。在此架构下，第二代计算机网络以通信子网为中心，各主机间可通过网络进行信息的传递，从而实现了较大范围的资源共享。但此时的共享是一种有局限性的共享，这是因为当时各大计算机公司都陆续推出了自己的网络体系结构以及相应的网络产品，但其产品只能在各自的网络体系结构下实现资源共享，也就是说当时各公司拥有的计算机网络是一个"封闭"的网络系统，其应用的网络产品是相互独立的。

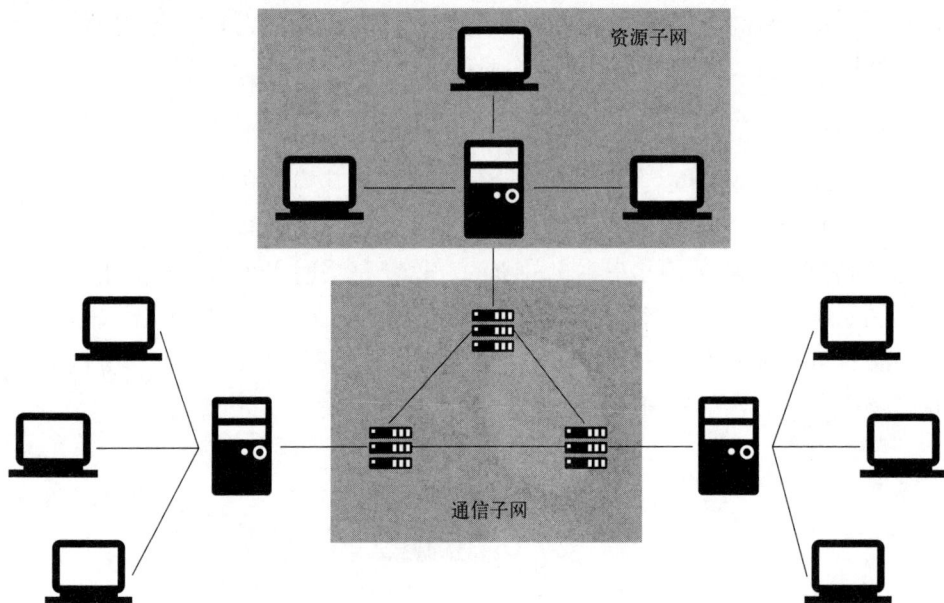

图 3.3　面向内部通信的计算机网络架构示意图

3. 面向标准化的计算机网络

第三阶段是在 20 世纪 70 年代末期～80 年代初期。在这个阶段中，主要体现在如何构建一个标准化的计算机网络体系结构（图 3.4），以使不同公司或部门的网络系统之间可以互连、可以相互兼容和增加互操作性，同时实现各公司或部门间计算机网络资源的最大共享。1984 年，ISO 正式颁布了《开放系统互连基本参考模型》，即著名的 OSI 模型，该模型解决了第二代中不同系统结构网络不能互联的问题，推动了网络的标准化进程，使计算机网络技术发展进入了新的时代。

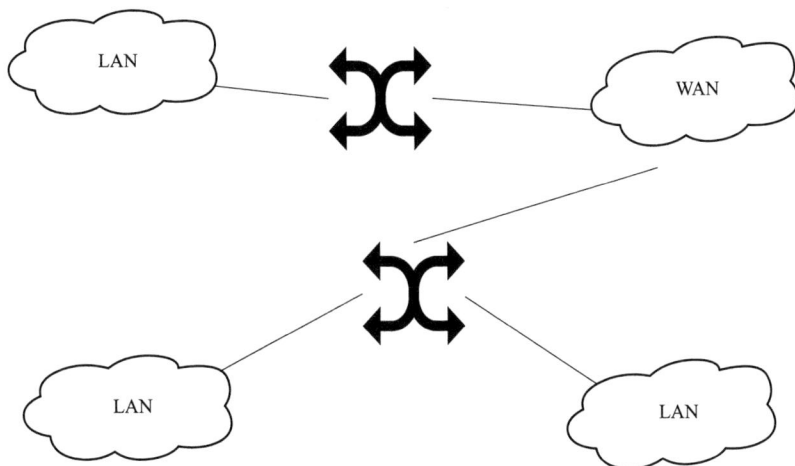

图 3.4　面向标准化的计算机网络架构示意图

4. 互联型高速计算机网络

从 20 世纪 80 年代末期开始，以互联网为核心的第四代大型互联网络技术迅速发展并逐步成熟。其特点是互联、高速和智能化，具体表现在广泛的资源共享、高速的数据传输以及综合的业务服务几个方面。随着大规模网络通信线路的铺设，互联网已走进政府机构、科研院校、医院、企业，甚至办公室和家庭等。互联网的普及提升了人们在衣食住行及工作等日常活动中的服务体验。互联型高速计算机网络架构示意图见图 3.5。

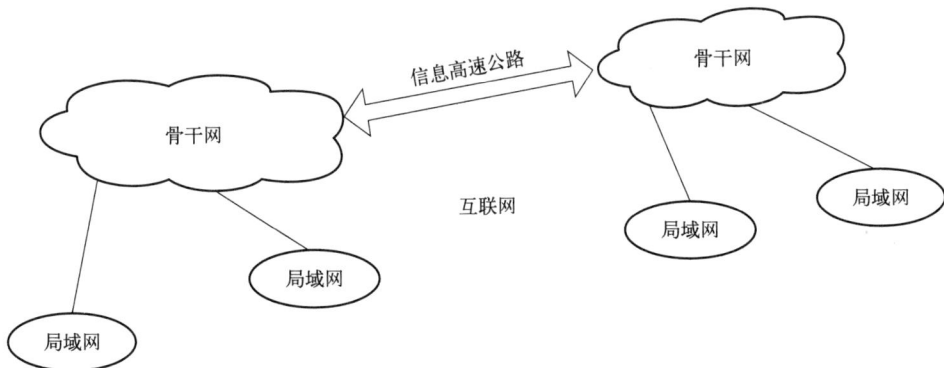

图 3.5　互联型高速计算机网络架构示意图

四、计算机网络的类型

计算机网络的类型取决于网络的规模以及网络所能够覆盖的地理范围。

1. PAN

PAN（Personal Area Network）指的是个人局域网，一般用以连接不同设备（比如智能手机、平板电脑与笔记本电脑）的网络。它们之间可以利用无线（比如蓝牙、红外线或 NFC）传输来进行连接，也可以利用有线（比如 USB 电线）传输来进行连接。PAN 通常用于传输小型文件，比如照片、音乐以及文本文件等。

2. LAN

LAN（Local Area Network）指的是局域网，通常由位于同一建筑中（例如，在一间办公室或是家中）的许多设备（比如个人计算机、服务器、交换机以及打印机等）组成。最常见的 LAN 类型就是以太网，即两台或多台计算机通过交换机连接以太网。轨道交通列车网络属于局域网范畴。

3. WLAN

WLAN（Wireless Local Area Network）指的是无线局域网，是一种通过无线通信方式取代有线通信的局域网。无线局域网被定义为：两台或多台设备通过无线方式形成 LAN，即无线网络通过 Wi-Fi 路由器或 AP 可以让平板电脑、笔记本电脑或智能手机等设备进行无线联结。

4. MAN

MAN（Metropolitan Area Network）指的是城域网，是一种能跨越城市或城镇建筑的网络。城域网通常会利用光纤等高速传输方式来进行联结，是一种能够在城市内分享数据和资源的高速网络。

5. WAN

WAN（Wide Area Network）指的是广域网，是覆盖地理范围最广的网络类型。它包含了多种 LAN 和 MAN，可跨越国家、大陆，甚至全球。互联网就是 WAN 的典型实例。

五、局域计算机网络的协议

IEEE 802 是由电气和电子工程师协会（IEEE）针对局域网（LAN）和城域网（MAN）制定的一系列标准。这些标准涉及网络的物理层和数据链路层，以及网络设备之间的通信规则，确保网络设备能够有效地进行信息传输和与其他设备交互。IEEE 802 标准涉及的协议非常多且复杂，如 IEEE 802.1 协议组规定了局域网体系结构必须遵守的约定；IEEE 802.3 协议组规定了在有线网络的情况下必须遵守的约定；IEEE 802.11 协议组规定了在无线网络的情况下必须遵守的约定等。各标准之间的关系如图 3.6 所示。

图 3.6　IEEE 802 系列标准间的关系示意图

由于局域网只是一个短距离内的计算机通信网，并不存在路由选择问题，因此它不涉及网络层，只需考虑最低的两层。然而由于局域网的种类繁多，其介质访问控制方式各不相同，为了使局域网的数据链路层并不复杂，需要将数据链路层分成两个子层［即介质访问控制（Media Access Control，MAC）子层和逻辑链路控制（Logical Link Control，LLC）子层］，由此使得数据链路层更容易实现向上提供的服务与介质、拓扑等因素无关的统一特性。IEEE 802 参考模型及其与 OSI 参考模型对比关系如图 3.7 所示。

OSI参考模型

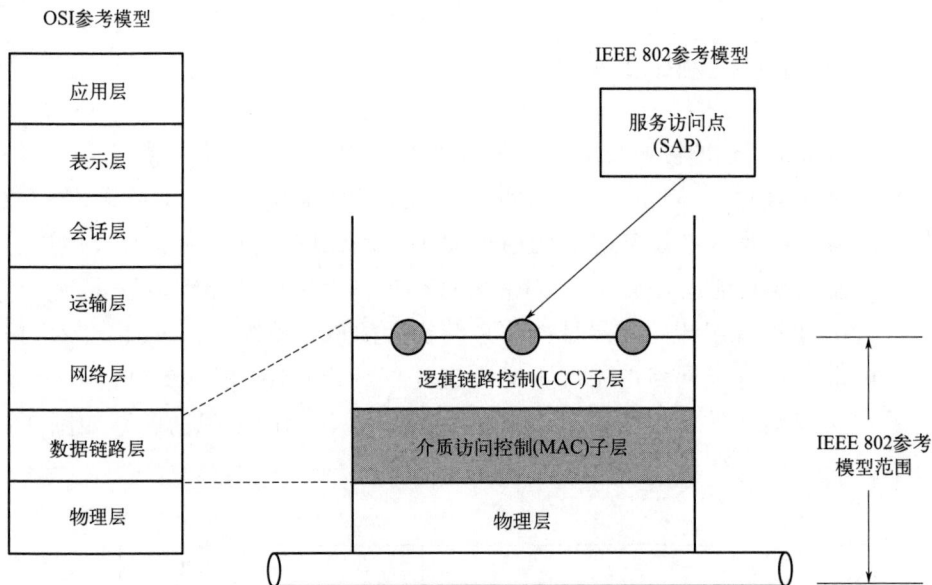

图 3.7　IEEE 802 参考模型及其与 OSI 参考模型的对比关系

第二节　计算机网络拓扑

拓扑是网络如何与不同设备通信的布局，分为有线拓扑和无线拓扑两种形式。

一、有线网络拓扑

（一）星形拓扑

在星形拓扑中，所有计算机都连接到中央布线点（如集线器或交换机），星形网络上的所有数据在到达目的地之前，都要经过此中心点（图 3.8）。这种拓扑的主要优点之一是，如果一台计算机发生故障或电缆中断，则其他计算机将不会受到影响，因为每台计算机都有自己的电缆。其缺点是，如果中央集线器或交换机发生故障，则该中心点上的所有计算机都会受到影响。这称为单点故障。如果发生这种情况，整个网络将瘫痪。

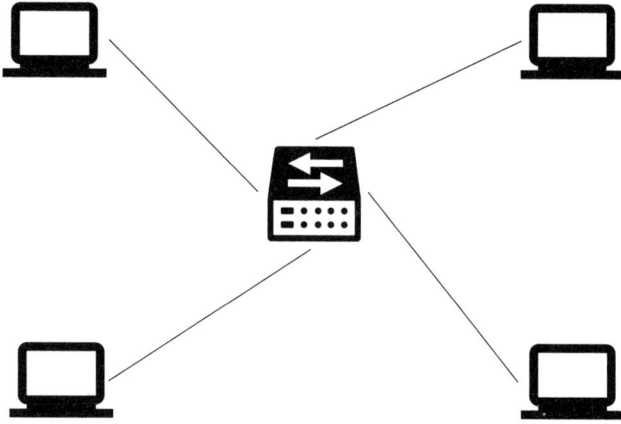

图 3.8　星形网络拓扑结构示意图

（二）环形拓扑

在环形拓扑中，所有计算机以环的形式相互连接，因此，环上的每台计算机出于通信目的都有两个邻居（图 3.9）。每个数据包都会在环网上发送，直到到达其最终目的地。环形拓扑的优点是易于安装且易于排除故障。其缺点是，如果这些计算机中只有一台发生故障，或者电缆中只有一根断线，则所有数据流都会被中断。

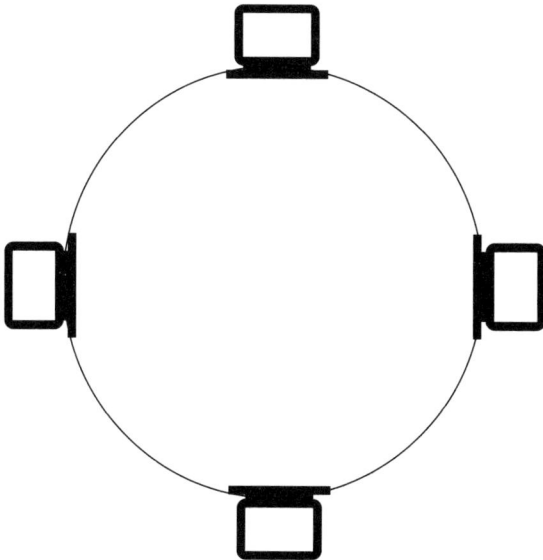

图 3.9　环形网络拓扑结构示意图

（三）总线型拓扑

在总线型拓扑中，所有计算机都连接到一条电缆或主干网，这个主干是同轴电缆（图3.10）。总线型拓扑的优点之一是相当便宜且易于实现。其缺点是，要求电缆前后端必须使用闭合器将其闭合，不得有任何开放的连接，包括连接到计算机的末端。因此，如果拆除计算机或者末端松动或丢失，则电缆将被断开并且会反弹数据。这种反弹称为信号反射。如果发生这种情况，数据流将被中断。

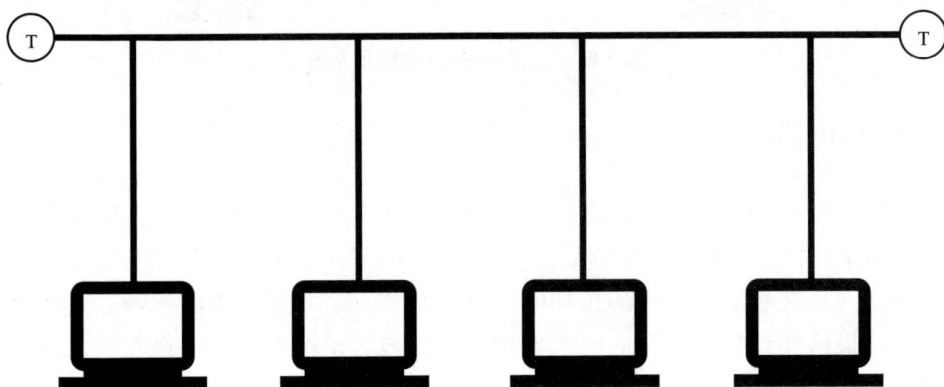

图3.10　总线型网络拓扑结构示意图

（四）网状拓扑

在网状拓扑中，网络上的每台计算机都相互连接。通过建立如此多的连接，它可以很好地处理故障。如图3.11所示，有4台计算机，每台计算机上有3个连接，该网络总共有12个连接。网状拓扑的优点是创建了高冗余级别，因为即使一个或多个连接失败，计算机仍能够相互通信。但是由于必须使用大量的电缆和网卡，价格可能很昂贵，因此，在局域网中很少使用。网状拓扑主要用于广域网，如互联网。实际上，互联网是网状拓扑的典型实例，因为互联网是由众多路由器组成的，世界各地的路由器相互连接，可以将数据路由送到预期目的地。因此，即使几个路由器出现故障，数据也能使用其他路径重新路由，最终到达目的地。

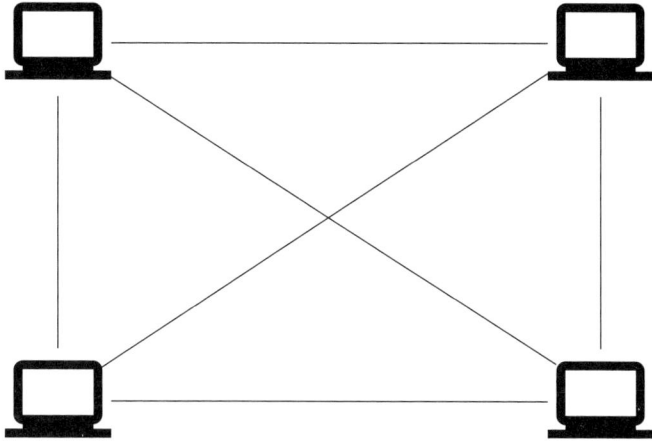

图 3.11 环形网状拓扑结构示意图

二、无线网络拓扑

（一）基础无线拓扑

此拓扑结合使用有线设备和无线设备，这与星形拓扑非常相似。例如，计算机已物理连接到交换机，交换机再连接到一个无线 AP（接入点），以便笔记本电脑、平板电脑、手机等无线设备可以无线连接到网络，因此，无线接入点就像无线网络和有线网络之间的桥梁一样。现在，基础结构拓扑不仅限于单个无线接入点，还可以有多个无线接入点，无线接入点的布置数量仅取决于网络的实际需求。基础无线拓扑结构示意图见图 3.12。

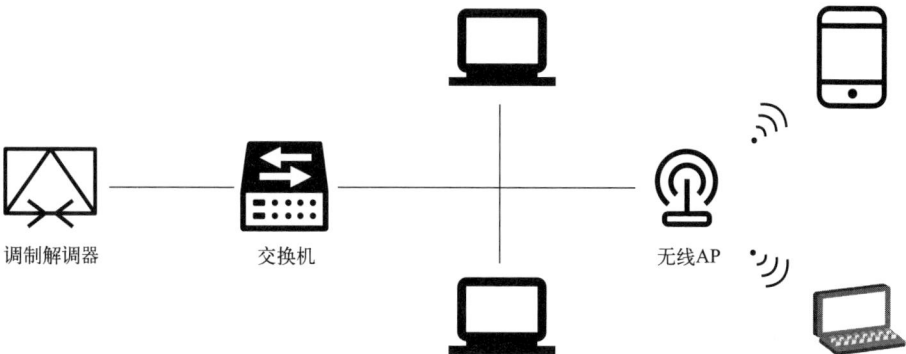

| 调制解调器 | 交换机 | | 无线AP |

图 3.12 基础无线拓扑结构示意图

（二）点对点无线拓扑

点对点（Ad-Hoc）无线拓扑是一种非常简单的无线拓扑，因为它不依赖任何基础设施，如电缆、路由器、服务器或无线接入点。Ad-Hoc 网络中的所有设备都以无线方式连接到其他设备，这是一个简单的对等网络。它们直接相互连接，而无须使用集中式设备，诸如 Wi-Fi 路由器或接入点之类的设备。由于它们之间直接相互连接，无须服务器或路由器，因此每个设备都应对自己的安全性和权限负责。Ad-Hoc 对于建立快速无线网络很有用，在这种情况下，设备可以共享数据而无须现有的无线网络。点对点无线拓扑结构示意图见图 3.13。

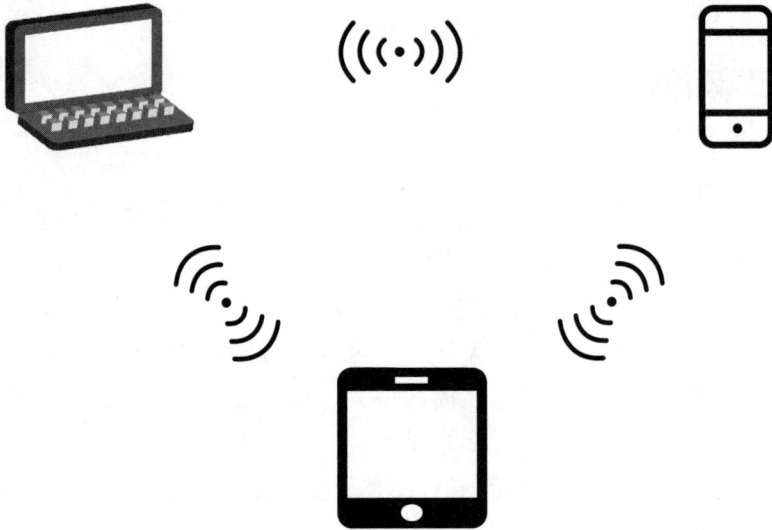

图 3.13　点对点无线拓扑结构示意图

（三）网状无线拓扑

网状无线拓扑类似于网状有线拓扑，各个设备之间是无线互联的。例如，假设要在整个建筑物中部署多个无线接入点，以便位于不同区域的无线设备能够访问互联网。首先，通过一个调制解调器将互联网引入建筑物中。接着，将一个交换机连接至调制解调器。然后，使用电缆将每个无线接入点连接到交换机。这种方式不仅需要额外的电缆布线，还需要额外的时间来将电缆穿过建筑物，因此会更昂贵、更耗时。网状无线拓扑类似于此设置，但不需要额外的电缆。在网状无线拓扑中，每个无线接入点都与其他无线接入点进行通话以创建无缝的互联网连接，供无线设备连接。如果这台笔记本电脑要接互联网，它将连接到最近的无线接入点，接着此接入点将把连接中继到下一个接入点，然后再中继到下一个接入点，并终回到调制解调器。因此，无论连接到哪个接入点，都将可以访问互联网，因为所有接入点之间、接入点与调制解调器之间都保持持续通信。即使一个或多个接入点发生故障，其他接入点仍能重新路由数据。因此，网状无线拓扑冗余程度很高。网状无线拓扑结构示意图见图 3.14。

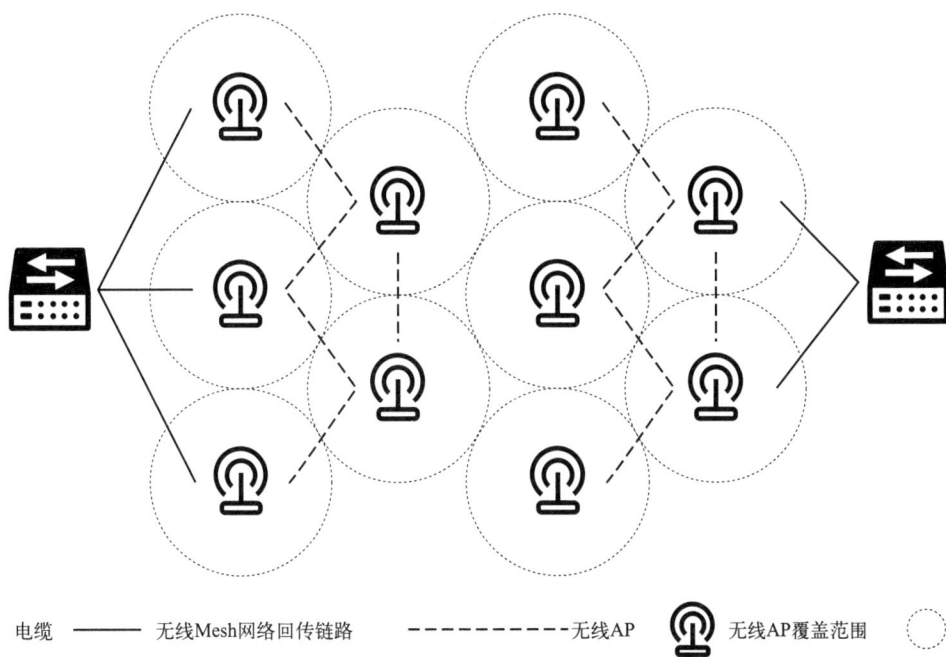

电缆 —————— 无线Mesh网络回传链路 ------------ 无线AP　📶 无线AP覆盖范围 ⭕

图 3.14　网状无线拓扑结构示意图

第三节　介质访问控制方法

计算机网络世界因设备之间的无缝通信而蓬勃发展。通过介质访问控制方法确保多个设备在共享介质上顺利通信而不会产生干扰或冲突。它充当一组规则或"红绿灯"系统，通过共享网络在多个设备之间传输数据。

介质访问控制方法（MAC 方法）是一种协议，可确保在网络上的给定时间内只有一个设备传输数据。当多个设备同时通信时，存在数据冲突的风险，这可能会损坏传输的信息。介质访问控制方法可以管理这种潜在的混乱，确保顺畅和无冲突的通信。介质访问控制方法主要在七层开放系统互连（OSI）参考模型的数据链路层实现，是网络通信可靠的基础。

常见的介质访问控制方法有带冲突检测的载波侦听多路访问 （CSMA/CD）、带冲突避免的载波侦听多路访问（CSMA/CA）、令牌传递（Token Passing）以及需求优先级等。其中，带冲突检测的载波侦听多路访问及令牌传递多用于局域网中。由于轨道交通网络系统属于局域网范畴，因此，本节重点对局域网中常用的介质访问控制方法进行详细介绍。

一、带冲突检测的载波侦听多路访问

CSMA/CD 是一种介质访问控制方法，用于将信号放置在基带传输网络上。由于基带网络一次只能传输一个数据信号，因此必须使用 CSMA/CD 方法控制站点在任何给定时间内都可以访问媒体。

在使用 CSMA/CD 作为访问方法的网络技术中，一个工作站首先"侦听"网络媒体，以确保没有来自另一个工作站的信号，然后再尝试将自己的信号放置在媒体上。如果在媒介上检测到载波信号，这表明某个电台当前正在传输信号，则在载波停止之前，其他电台无法启动传输。如果未检测到载波信号，则任何电台都可以传输信号。

如果两个站点侦听网络媒体并且未检测到载波信号，则它们都可能决定同时发送信号。只要发生这种情况，生成的两个信号之间就会发生冲突。接下来，两个站点都检测到冲突并立即停止传输信号，发出干扰信号，通知网络上的所有其他站点发生了冲突，它们不应传输。同时，其信号造成冲突的两个电台停止传输并等待随机的时间间隔（通常为几毫秒），然后再尝试重新传输。CSMA/CD 工作流程示意图见图 3.15。

CSMA/CD 是以太网的标准访问方法，适用于对实时性要求不高的应用场景。其优点是，原理简单，易于实现；各工作站处于平等地位，不需要集中控制；在网络负载较轻时，CSMA/CD 的效率较高。其缺点是，随着计算机的增多，产生的冲突就会越多，总体网络流量变慢；此外由于信号衰减，CSMA/CD 方法在 2500m 以外的距离内将变得不可靠。

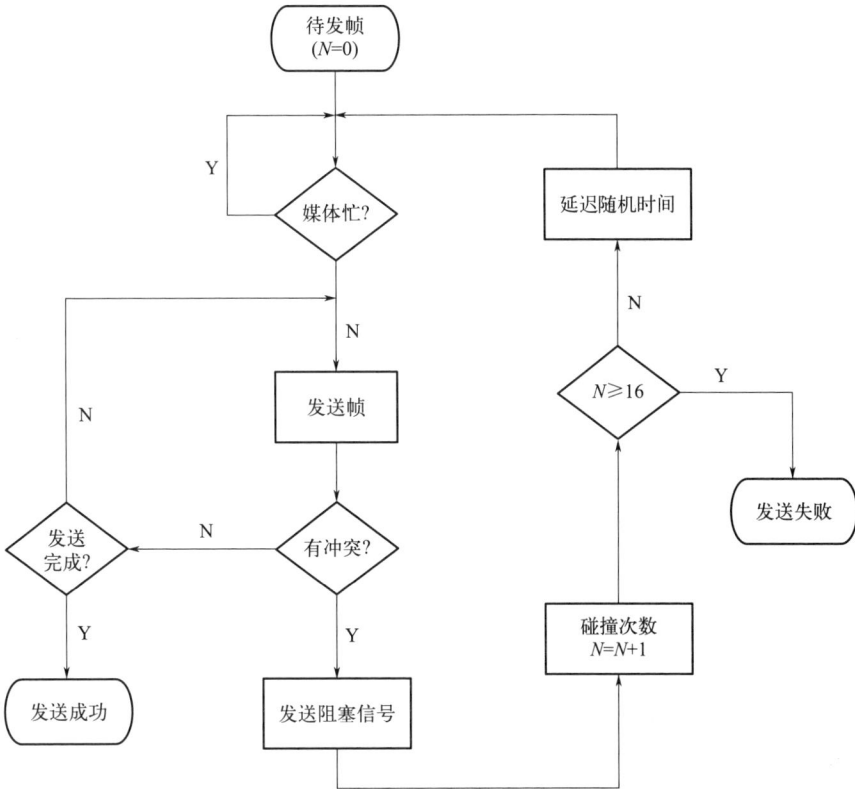

图 3.15　CSMA/CD 工作流程示意图

二、令牌传递

在 CSMA/CD 控制方法中，如果两个节点同时发送数据，可能会发生冲突，从而影响效率。令牌传递通过确保同一时刻只允许一个节点访问网络来解决此问题。

令牌访问控制方法管理环网络上的数据流。"令牌"在网络中的设备周围传递，只有持有"令牌"的设备才能传输数据，否则，将等待获取"令牌"。

传输后,"令牌"被释放给其他设备使用,以此确保通信有序且无冲突。令牌传递流程示意图见图 3.16。

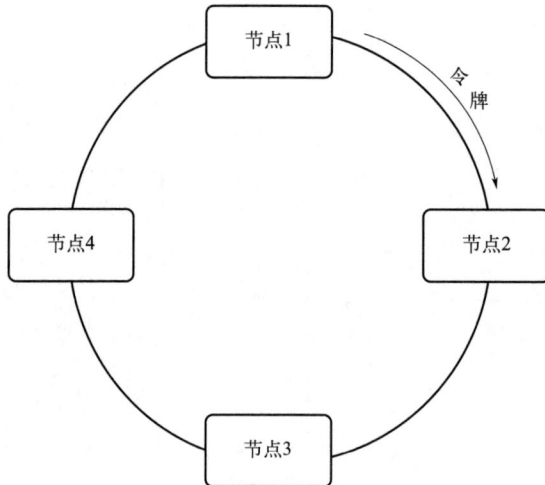

图 3.16　令牌传递流程示意图

（一）帧结构

令牌访问协议将传输的数据划分为帧的单元。目前,有两种类型的帧结构,即数据帧结构和令牌帧结构。

1. 数据帧结构

数据帧结构包含标头、信息和尾部(图 3.17)。

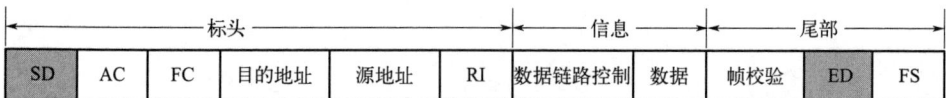

图 3.17　数据帧结构示意图

物理标头是由多个部分组成的。起始分隔符（SD）字段是标记帧开头的唯一模式;访问控制（AC）字段是一个单字节字段,用于控制对网络的访问;帧控制（FC）字段包含两个子字段,即帧格式指示器和控制指示器,前者决定了信息部分中的数据类型;标头还包括通信节点的源地址和目的地址；路由信息（RI）字段是一个可选字段，用于帧必须跨环传输才能到达目标节点。

信息部分有两个字段，即数据链路控制字段和数据字段。数据链路控制字段用于构成各种命令和响应；数据字段具有可变长度，并包含实际消息。

物理标尾包含三个部分。帧校验序列（FCS）是一个用于传输错误检测的4字节字段，是由源节点计算的32位循环冗余校验（CRC）。

结束分隔符（ED）字段标记帧的结束。ED字段包含一个名为Error Detector（E）位。当E位发现FCS字段有错误时，环形适配器会将E位更改为"1"。

帧状态（FS）字段有两个子字段，即识别地址（A）字段和复制（C）字段。目标节点在收到数据帧后更改子字段。识别地址字段指示目标节点是否已接收到数据帧。复制字段指示目标节点是否已复制数据帧。

2. 令牌帧结构

令牌访问协议中使用的令牌帧结构如图3.18所示。

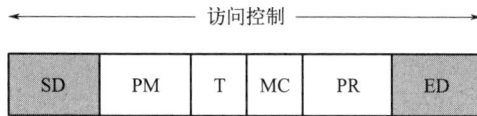

图 3.18　令牌帧结构示意图

优先级模式（PM）字段与优先级预留（PR）字段相结合，可提供多个优先级。

监视器计数（MC）字段以及令牌监视器可防止帧在网络中连续流动。

令牌位（T）字段用于区分当前传输的是令牌帧还是数据帧。

（二）工作原理

第一个连接到网络的节点检查是否存在活动监控器。若未检测到有效监控器，它将获取该角色并颁发令牌。令牌在环中移动，允许节点发送数据。一旦具有要发送数据的节点获得令牌，它就会将令牌从环中删除并开始发送其数据。接收节点捕获并复制数据，设置C位，并将数据返回给网络。然后，数据在环中循环，直到到达发送节点，在此期间，发送节点正在发送空闲字符。一旦发送节点得到数据，表明接收节点已复制了数据的帧，它就会删除发送的帧，并将令牌返回给环，给其他节点传输数据的机会，从而保证了环中始终有一个令牌或数据帧。例如，在一个由 5 个节点组成的环形网络中，A 节点欲往 D 节点发送数据，其具体过程如下所述。

最初，令牌由以下节点之一颁发（图 3.19）。

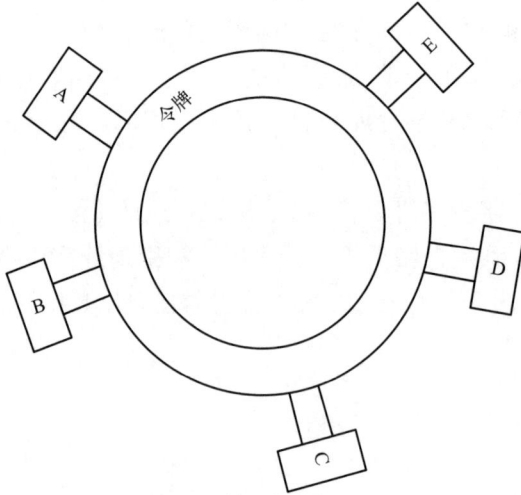

图 3.19　数据在令牌环中传递过程 1

节点 A 从网络中删除令牌，更改令牌位以指示数据帧，并将接收地址设置为节点 D 的地址，然后，它开始发送数据（图 3.20）。

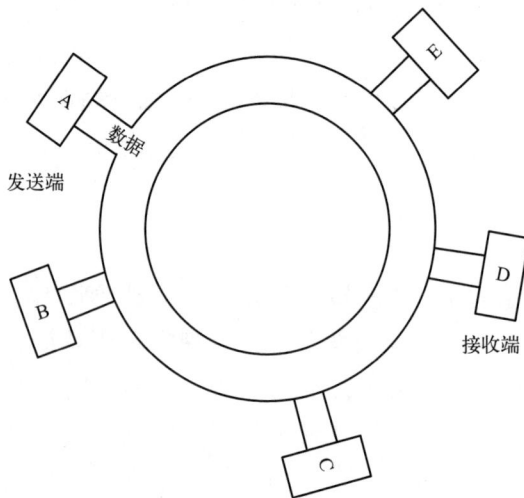

图 3.20　数据在令牌环中传递过程 2

数据在环周围循环，直到节点 D 识别出数据帧（图 3.21）。

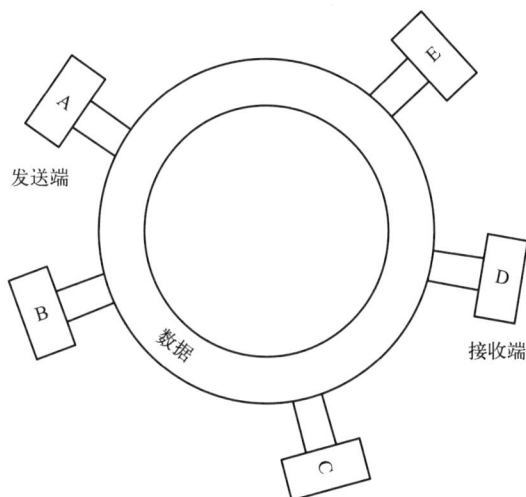

图 3.21　数据在令牌环中传递过程 3

　　然后，节点 D 捕获数据、复制数据，并设置 C 位以指示它已完成此操作（图 3.22）。最后，它将帧返回给网络。

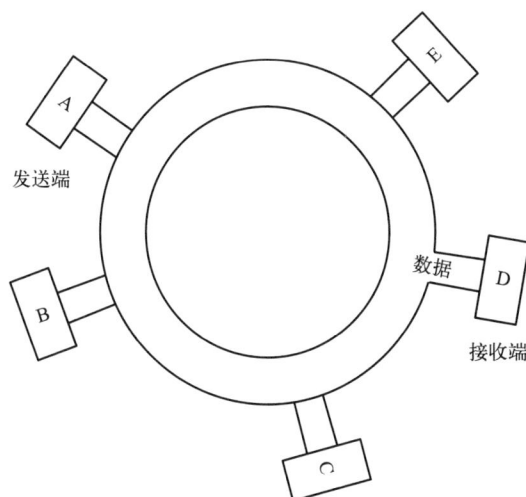

图 3.22　数据在令牌环中传递过程 4

数据帧在网络中不断循环，直到节点 A 识别出其源地址（图 3.23）。

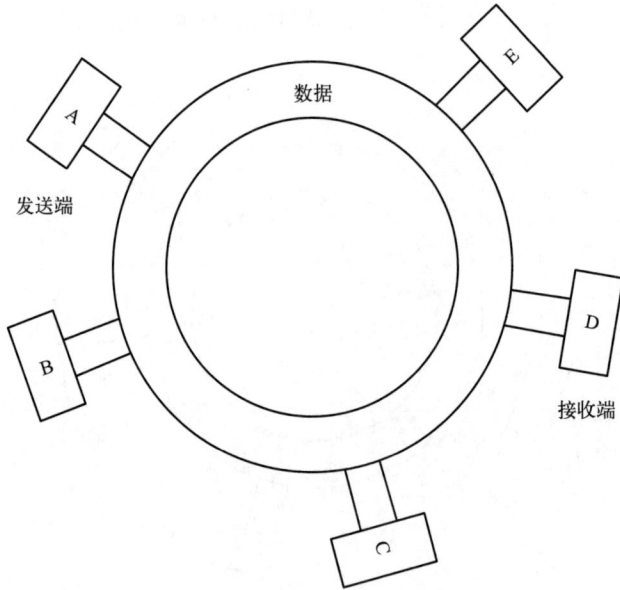

图 3.23　数据在令牌环中传递过程 5

最后，节点 A 从网络中删除数据并颁发令牌（图 3.24）。环中的其他节点可以利用令牌传输数据了。

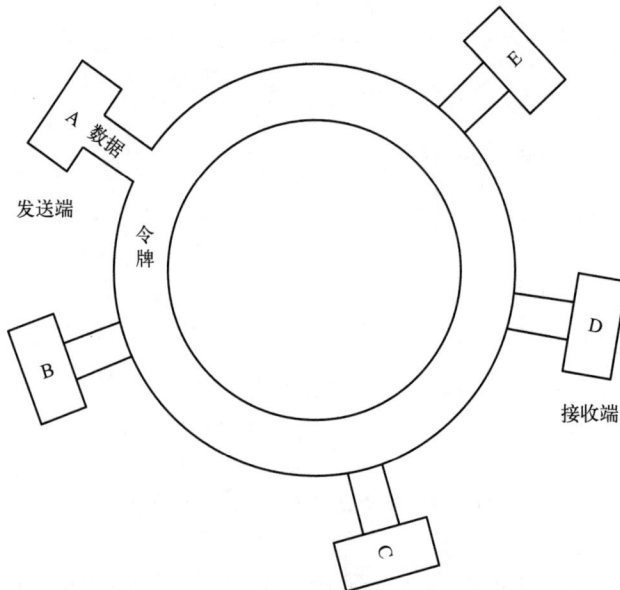

图 3.24　数据在令牌环中传递过程 6

第四节　网络互联参考模型

一、OSI 网络参考模型

汉语有一套规则，两个说汉语的人必须遵循；英语也有一套规则，两个说英语的人必须遵循。同样，网络也有自己的一套规则。这套规则是为了完成不同计算机或网络或架构之间的成功通信，从而实现计算机网络间的数据共享。基本网络模型见图 3.25。

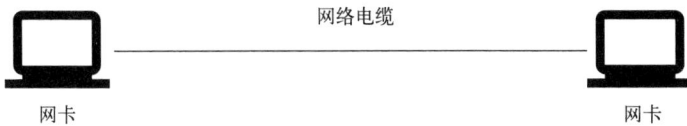

图 3.25　基本网络模型

国际标准化组织（ISO）是网络规则的制定者，提出了 OSI 七层网络模型，即应用层、表示层、会话层、传输层、网络层、数据链路层和物理层（图 3.26）。OSI 模型定义并用于理解数据在计算机网络中如何从一台计算机转移到另一台计算机。

图 3.26　OSI 网络模型

为了便于理解，在这里做一个类比，即人体由各种系统（如骨骼系统、呼吸系统和神经系统等）组成，如果这些系统中的每一个都按预期运行，那么就达到了人体的目标，这意味着人类生活得很好。网络的工作方式与 OSI 模型的每一层服务于特定功能的方式相同，如果所有的功能都完成了，那么网络的目标就达到了，也就是说主机可以共享数据。

（一）应用层

应用层由网络应用程序（互联网的计算机应用程序）使用。在应用层中，包含几十种协议，这些协议活跃在一个应用层上，为各种网络服务提供基础功能，比如文件传输协议（FTP）、超文本传输安全协议（HTTPS）、简单邮件传输协议（SMTP）、远程终端（Telnet）协议等。

（二）表示层

表示层从应用层接收数据，这些数据主要以字符和数字的形式出现。表示层对这些数据进行以下处理。

① 翻译：表示层将数据转换成机器可以识别的二进制格式，如将 ASCII 码转换成 EBCDIC 码。

② 压缩：在数据传输之前，表示层为了减少用于表示原始数据的比特数，会对传输的数据进行压缩。压缩可分为有损压缩和无损压缩。

数据压缩可以减少原始数据所需的存储空间，进而使数据传输的时间减少，对实时视频、音频的传输有很大的帮助。

③ 加密／解密：为保证敏感数据的安全，使用安全套接字层（Secure Socket Layer，SSL）协议进行加密／解密。

（三）会话层

会话层对两个会话进程的建立、维持和结束进行协调和管理，对数据的交换进行管理。

会话层使用 API（应用程序接口）为不同的应用提供服务。例如，NetBIOS（网络基本输入输出系统）允许不同计算机上的应用程序相互通信。

在会话或者连接建立之前，服务器执行身份验证服务，即对身份进行验证。在用户信息被发送到服务器之后，计算机和服务器之间的连接被建立。

如果身份验证成功，将检查用户授权，它用来确认对文件的访问权限。如果身份验证失败，用户则会被告知无权访问此页面。

会话层会对下载的文件进行跟踪。例如，网页包含的文本和图像等作为单独的文件存储在 Web 服务器中。当在 Web 浏览器中请求网站时，Web 浏览器将打开与 Web 服务器之间的单独对话来下载这些文本和图像文件。这些文件以数据包的形式接收，因为一个文件会被分为多个数据包发送。会话层确定数据包属于哪个文件，还确定这些数据包将被发送何处。在这个例子中，接收到的数据包将被发送到 Web 浏览器。因此，会话层对会话管理很有帮助。

Web 浏览器会执行应用层、表示层和会话层的所有功能，这也是 TCP/IP 四层模型出现的原因。

（四）传输层

传输层通过分段、流量控制、差错控制来保证通信的可靠性，另外还提供面向有连接和无连接的传输。

① 分段：传输层将从会话层接收到的数据划分为较小的数据单元，即段（Segment）。每个段包含一个源端口号、目的端口号和序列号。这些信息可以引导每个段传向正确的应用程序，并保证段可以在接收端正确地重新组合成文件。

② 流量控制：用于保证传输的最大速度。例如，一个移动设备连接到一个服务器，服务器的传输速度是 100Mb/s，而移动设备处理数据的速度是 10Mb/s。当移动设备从服务器刚开始下载数据时，服务器以 50Mb/s 的速度（高于移动设备的传输速度）发送数据。此时移动设备可以通过传输层告知服务器端将数据传输速度下降到 10Mb/s，这样就不会造成数据丢失。此外，服务器传输数据的速度是 5Mb/s，移动设备就会告知服务器将传输速度提高至 10Mb/s，从而保证移动设备的性能。

③ 差错控制：如果在传输过程中出现数据损坏或者丢失，传输层会使用自动重传功能重新传输丢失或损坏的数据。传输层在每一个数据段中添加一个校验和（Checksum），用来找出所接收端接收到的错误的数据段。

④ 面向有连接和无连接的传输：传输层主要包含两种协议，即传输控制协议（Transmission Control Protocol，TCP）和用户数据报协议（User

Datagram Protocol，UDP）。传输层提供两种服务，即面向有连接的传输和面向无连接的传输。面向有连接的传输通过 TCP 实现，面向无连接的传输通过 UDP 实现。

UDP 的传输速度比 TCP 要快，因为 UDP 不会反馈信息是否正确地传输，而 TCP 会给出反馈，所以在数据传输出现错误时，使用 TCP 会重新传输数据。

在使用 UDP 时，是否接收到所有的数据并不重要。其典型应用场景有流媒体电影或歌曲、游戏、IP 语音、TFTP 以及 DNS 等。

TCP 应用于数据必须完全传递的场合，如万维网、电子邮件以及 FTP 等。

（五）网络层

传输层将数据段传输给网络层，网络层将这些数据从一个网络的计算机传输到另一个网络的计算机。网络层的数据单元称为数据包。网络层的功能是逻辑寻址、路由和路径选择。

① 逻辑寻址：在网络层进行的 IP 寻址称为逻辑寻址。网络中的每台计算机都有唯一的 IP 地址。网络层将发送方和接收方的 IP 地址添加到数据段，形成 IP 数据包。添加 IP 地址是为了确保每个数据包可以到达正确的目的地。

② 路由：路由是将数据包从源端移动到目的端的方法，这些方法基于 IPv4 和 IPv6。假如计算机 A 与网络 1 相连，计算机 B 与网络 2 相连，从计算机 B 请求访问 Facebook 网站，进而有了来自计算机 B 中 Facebook 服务器的回复，这些回复将以数据包的形式出现，而这个数据包只传送到计算机 B。由于网络中每个设备都有唯一的 IP 地址，所以计算机 A 和计算机 B 都有唯一的 IP 地址，而 Facebook 服务器发送给计算机 B 的回复已经在数据包中，且在数据包中已经添加了发送方的 IP 地址 192.168.3.1 和接收方的 IP 地址 192.168.2.1（图 3.27）。假设子网掩码使用 255.255.255.0，这个掩码表示 IP 地

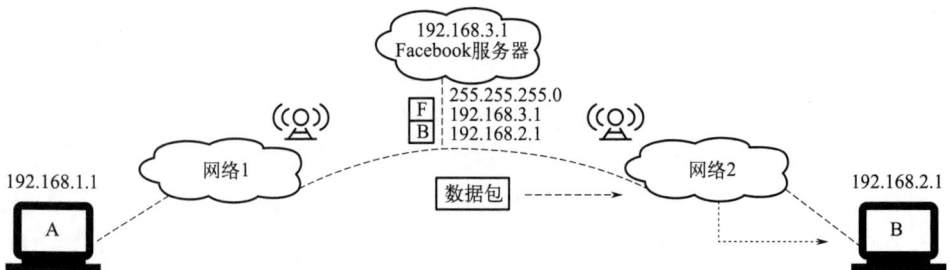

图 3.27　路由示意图

址的前三组数字代表网络，即计算机 B 所在的网段（网络 2）就是 192.168.2，而 IP 地址的最后一个数就是计算机的编号，这样我们就可以采用 IP 地址和掩码的方式在网络层进行数据的传输。

③ 路径选择：计算机可以通过多种方式连接到互联网服务器，从源节点到目标节点数据传递的最佳可能路径称为"路径选择"。网络层设备使用的协议有 OSPF、BGP（边界网关协议）和 IS-IS（中间系统到中间系统）等，通过这些协议来确定数据传递的最佳可能路径。路径选择示意图见图 3.28。

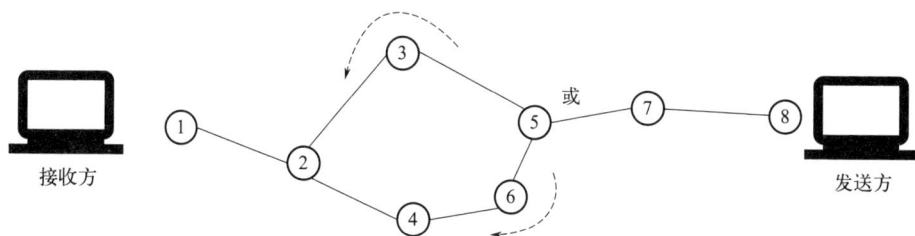

图 3.28　路径选择示意图

（六）数据链路层

数据链路层从网络层接收数据包，数据包包含发送方和接收方的 IP 地址。

寻址方式有两种：逻辑寻址和物理寻址（图 3.29）。逻辑寻址在网络层完成，发送方 IP 地址和接收方 IP 地址加入数据段中形成数据包；物理寻址在数据链路层完成，发送方和接收方的 MAC 地址加入数据包中形成数据帧。

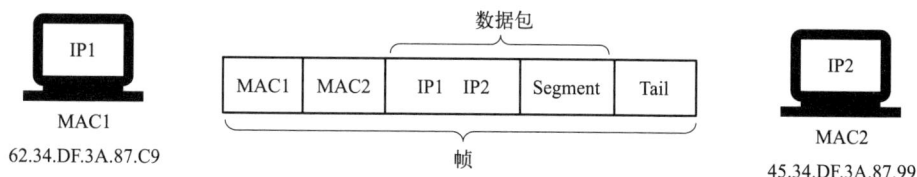

图 3.29　物理寻址及逻辑寻址

MAC 地址是由计算机制造商嵌入到计算机网卡的 12 位字母数字号码，每台计算机拥有的 MAC 地址是唯一的。数据链路层中的数据单元称为"帧"。数据链路层作为软件嵌入到计算机的网卡中，并提供经由本地介质将数据从一台计算机传输到另一台计算机的方法。本地介质包括铜线、光纤或无线信号等（图 3.30）。

传输介质：铜线、光纤或无线信号等

图 3.30 介质连接示意图

数据链路层拥有两个基本功能：允许上层使用帧之类的技术访问通信介质以及控制介质上数据的接收与投放（介质访问控制、错误监测）。

（1）访问通信介质　考虑两台不同的主机（一台笔记本电脑和一台台式计算机），这两台主机连接到不同的网络，使用网络层 IP 协议来相互通信。如图 3.31 所示，台式计算机通过网线连接到路由器 R1，笔记本电脑通过无线网连接到路由器 R2，路由器 R1 和路由器 R2 通过一些方式连接到其他地方。

现在让台式计算机向笔记本电脑发送一些数据。首先数据通过连接台式计算机和路由器 R1 的传输介质，数据链路层向每个 IP 数据包的头和尾增添一些信息形成数据帧。路由器 R1 接收到这个数据帧之后，会将帧解封取得其中的 IP 数据包，通过数据包中的 IP 地址找到发送的路径之后，再次添加信息封装成为数据帧，通过最优的路径发送到路由器 R2。R2 接收到数据帧后解封装，通过 IP 数据包的 IP 地址找到请求数据的笔记本电脑后，将数据包再次封装成为无线数据链路帧发送。在笔记本电脑接收到数据帧之后，解封装帧取得 IP 数据包发送到网络层，最终应用层将接收到数据之后，通过应用层协议将接收到的数据显示在计算机的屏幕上。

因此，网络层或更高级的层能够在数据链路层的帮助下传输数据，即数据链路层向 OSI 模型中的更高层提供对介质的访问。

（2）控制介质上数据的接收与投放　用于获取介质中的数据帧的技术称为介质访问控制。连接在公共传输介质上的设备可能有多个，如果同一介质上连接的多个设备同时发送数据，这些数据可能会发生冲突，导致产生没有人可以理解的无用信息。为了避免发生冲突，数据链路层会监视传输介质的空闲时刻，此时设备向接收方传递信息，这就是所谓的 CSMA（载波侦听多路访问）技术。因此，数据链路层及介质访问方法控制数据的传输。

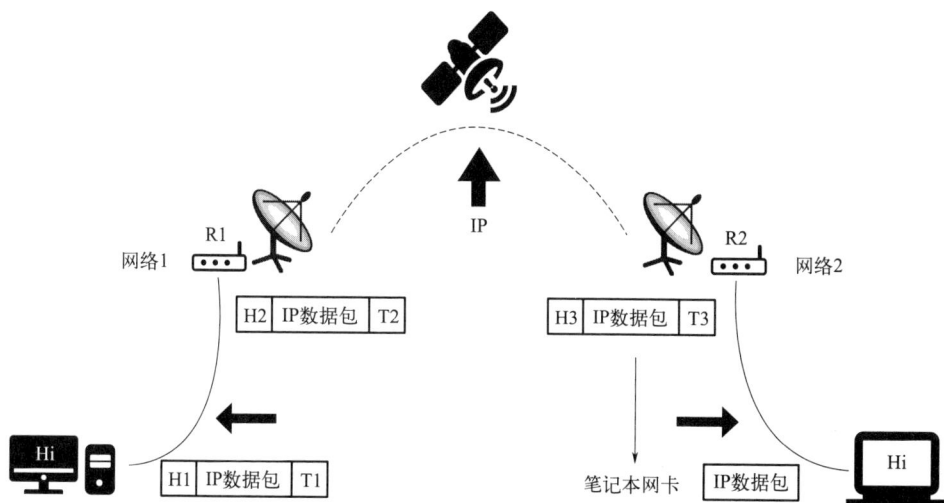

图 3.31　介质访问示意图

数据帧中包含着用于检测信息是否正确的检验位，导致错误发生的原因是传输介质的某些限制（如电磁干扰等）。

（七）物理层

需要传输的数据从应用层分割形成的数据段到网络层的数据包，到数据链路层的数据帧，再到现在的物理层，是一种二进制序列。物理层可以将这些二进制序列转换成信号并在传输介质上传输。这些信号可以是电缆上的电信号，也可以是光缆上的光信号或空气中的无线电信号等，信号的类型取决于设备之间传输介质的类型。

在接收端，物理层将接收到的信号转换成二进制信号向数据链路层传输。之后，数据链路层将数据帧解封装，并将数据包向上传递，最终传递到应用层，在显示器上显示接收到的信息（图 3.32）。

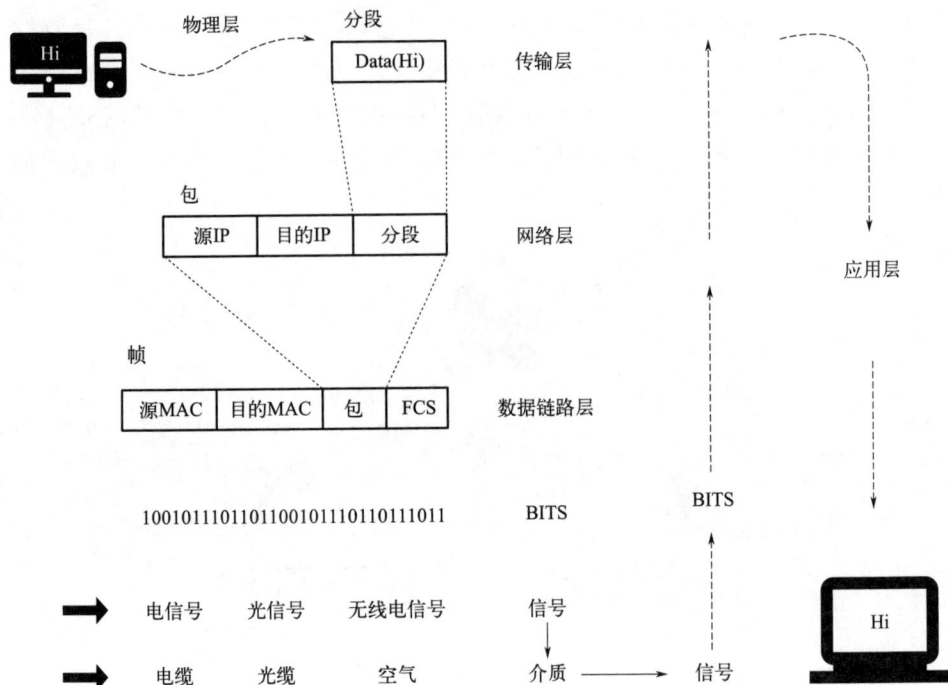

图 3.32　信息发送过程示意图

二、TCP/IP 网络参考模型

（一）TCP/IP 与七层 ISO 模型的对应关系

OSI 七层模型的提出是出于标准化的考虑，但模型结构比较复杂，部分功能冗余，这使 OSI 模型的使用受到了一定的限制。为了更好地满足市场需求，提出了 TCP/IP 参考模型。TCP/IP 参考模型实现较为容易，在实践应用中得到了长足的发展，是互联网最基本的协议。

TCP/IP 模型分为四个层次：应用层、传输层、网络层和数据链路层。它与 OSI 模型的对应关系如图 3.33 所示。OSI 模型中的上三层对应 TCP/IP 模型中的应用层，OSI 模型中的传输层对应 TCP/IP 模型中的传输层，OSI 模型中的网络层对应 TCP/IP 模型中的网络层，OSI 模型中的数据链路层和物理层对应 TCP/IP 模型中的数据链路层。

OSI参考模型　　　　　　　　　TCP/IP

应用层		应用层 HTTP FTP SMTP Telnet
表示层	
会话层	
传输层		传输层 TCP/UDP
网络层		网络层 ICMP/IP/IGMP
数据链路层		数据链路层 ARP/RARP
物理层	

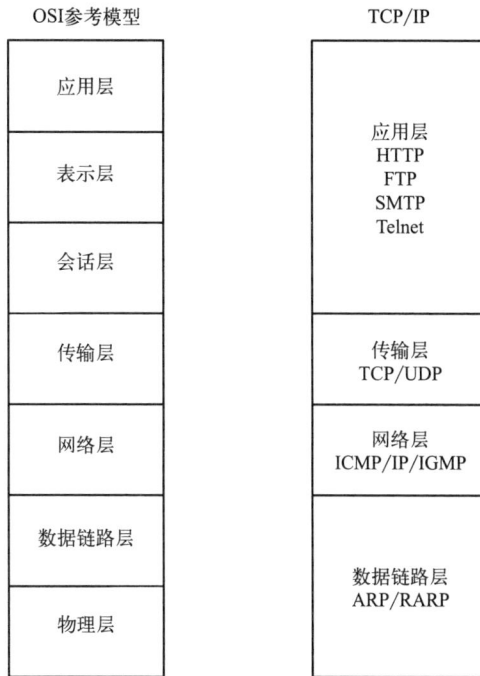

图 3.33　OSI 与 TCP/IP 模型对应关系

1. 应用层

应用层包括所有和应用程序协同工作，并利用基础网络交换应用程序的业务数据的协议。一些特定的程序被认为运行在应用层上，该层协议所提供的服务能直接支持用户应用。应用层协议包括 FTP（文件传输协议）、SMTP（简单邮件传输协议）以及许多其他协议。

2. 传输层

传输层为应用层实体提供端到端的通信功能，保证了数据包的顺序传送及数据的完整性。

传输层主要有两个性质不同的协议：TCP（传输控制协议）和 UDP（用户数据报协议）。

TCP 是一个面向有连接的、可靠的传输协议，它提供一种可靠的字节流，能保证数据完整、无损并且按顺序到达。TCP 尽量连续不断地测试网络的负载并且控制发送数据的速度以避免网络过载。另外，TCP 试图将数据按照规定的顺序发送。使用 TCP 的应用有 Web 浏览器和电子邮件等。

UDP 是一个无连接的数据报协议，是一个"尽力传递"和"不可靠"的协议，不会对数据包是否已经到达目的地进行检查，并且不能保证数据包按顺序到达。使用 UDP 的应用有域名系统（DNS）和视频流等。

3. 网络层

网络层定义逻辑地址路由选择，将分组从源端传送到目的端。简单来说，网络层负责将数据传输到目标地址，目标地址可以是多个网络通过路由器连接而成的某一个地址。网络层协议的代表包括 ICMP、IP 以及 IGMP 等。

4. 数据链路层

数据链路层将分组数据封装成帧，提供节点到节点方式的传输，在媒介上传输比特；提供机械的和电气的规约。其主要协议有 ARP 和 RARP 等。

（二）TCP 报文格式

TCP 报文格式如图 3.34 所示。

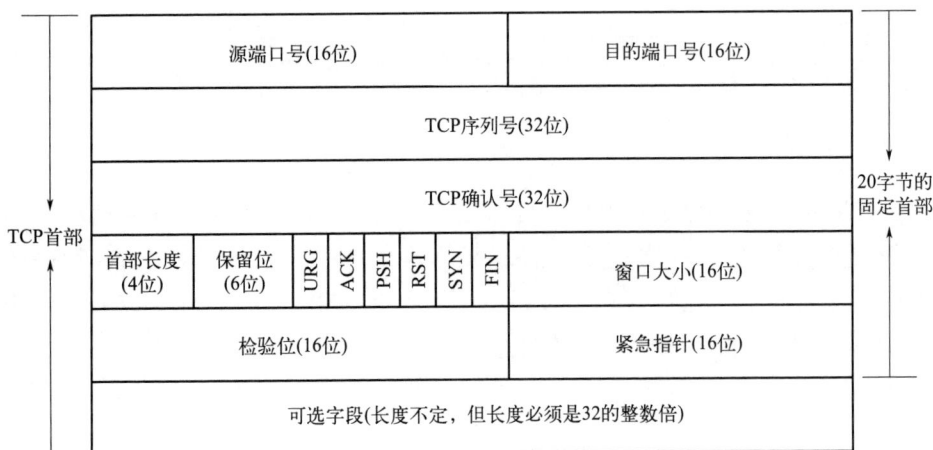

图 3.34 TCP 报文格式

① 源端口号：发送方主机的应用程序的端口号，它是一个 16 位的字段，取值范围是 0 ~ 65535。

② 目的端口号：接收方主机的应用程序的端口号，它是一个 16 位的字段，取值范围是 0 ~ 65535。

③ 序列号：表示本报文段所发送数据的第一个字节的编号，用于保障实现 TCP 的可靠传输。

④ 确认号：接收方期望收到发送方下一个报文段的第一个字节数据的编号，用于保障实现 TCP 的可靠传输。

⑤ 首部长度：该字段占 4 位。数据偏移（即首部长度）是指数据段中的"数据"起始处距离 TCP 报文段起始处的字节偏移量。确定 TCP 报文的报头部分长度，告诉接收端应用程序，数据（有效载荷）从何处开始。

⑥ 保留字段：保留字段是为了满足未来 TCP 发展的需要而预留的空间。

⑦ 标志位字段：共有 6 个标志位，每个标志位占 1 位。TCP 报文格式说明见表 3.1。

表 3.1　TCP 报文格式说明

标志位	说明
URG	占 1 位，表示紧急指针字段是否有效。URG 位将报文段里的上层实体（数据）标记为"紧急"数据。当 URG=1 时，其后的紧急指针指示紧急数据在当前数据段中的位置（相对于当前序列号的字节偏移量），TCP 接收方必须通知上层实体
ACK	占 1 位，表示确认号字段是否有效。TCP 协议规定，直接建立连接后，所有发送的报文的 ACK 必须为 1。当 ACK=0 时，表示该数据段不包含确认信息；当 ACK=1 时，表示该报文段包括一个对已被成功接收报文段的确认序号，该序号同时也是下一个报文的预期序号
PSH	占 1 位，表示当前报文是否需要请求推（Push）操作。当 PSH=1 时，接收方在收到数据后立即将数据交给上层，而不是等到整个缓冲区满
RST	占 1 位，表示 TCP 是否重置连接。用于重置一个已经混乱的连接，也可用于拒绝一个无效的数据段或者拒绝一个连接请求。如果数据段被设置了 RST 位，则说明报文发送方出现严重错误
SYN	占 1 位，在连接建立时用来同步序号。当 SYN=1 而 ACK=0 时，表明这是一个连接请求报文。若对方同意建立连接，则应在响应报文中使 SYN=1 和 ACK=1。因此，SYN 置 1 就表示这是一个连接请求或连接接收报文
FIN	占 1 位，用于在释放 TCP 连接时，标识发送方数据发送完毕，可以释放一个连接。当 FIN = 1 时，表明此报文的发送方的数据已经发送完毕，并要求释放连接

⑧ 校验和字段：该字段占 16 位，用于确认传输的数据有无损坏。发送方基于数据内容校验生成一个值，接收方根据接收的数据校验生成一个值。两个值相同，代表数据有效；否则无效，丢弃该数据包。

⑨ 窗口大小（16 位）：接收方可接收的字节数，用于滑动窗口流量控制。

⑩ 紧急指针：该字段占 16 位，仅当标志位字段的 URG 为 1 时才有意义。它指出有效载荷中紧急数据的字节数。当所有的紧急数据处理完后，TCP 会使应用程序恢复到正常操作。即使接收方窗口大小为 0，也可以发送紧急数据，因为紧急数据无须缓存。

⑪ 可选字段：长度不定，但长度必须是 32 的整数倍。内容可变，因此必须使用首部长度来区分可选的具体长度。

（三）UDP 报文格式

与 TCP 相比，UDP 报文较为精简，其报文格式如图 3.35 所示。

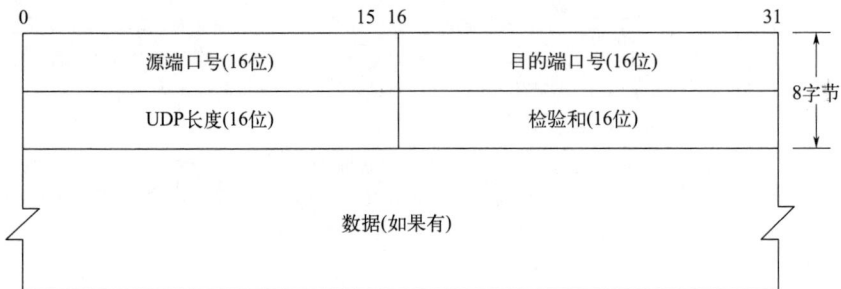

图 3.35　UDP 报文格式

① 源端口号：发送方主机的应用程序的端口号，它是一个 16 位的字段，取值范围是 0 ~ 65535。

② 目的端口号：接收方主机的应用程序的端口号，它是一个 16 位的字段，取值范围是 0 ~ 65535。

③ UDP 长度：UDP 报文的长度，单位为字节，包括报头和数据，它也是一个 16 位的字段。

④ 检验和：用于验证 UDP 报文在传输过程中是否发生了错误。它是一个 16 位的字段，通过 UDP 首部、数据部分以及伪首部进行计算。伪首部包括源 IP 地址、目的 IP 地址、协议号（17 表示 UDP）和 UDP 报文长度。

（四）IP 报文格式

IP 报文包括 IPv4 和 IPv6 两种。IPv4 是一直使用的协议，IPv6 是新一代

080

的协议。相比于 IPv4 协议，IPv6 协议更简洁、高效。

1. IPv4 报文

IPv4 报文格式见图 3.36，其说明见表 3.2。

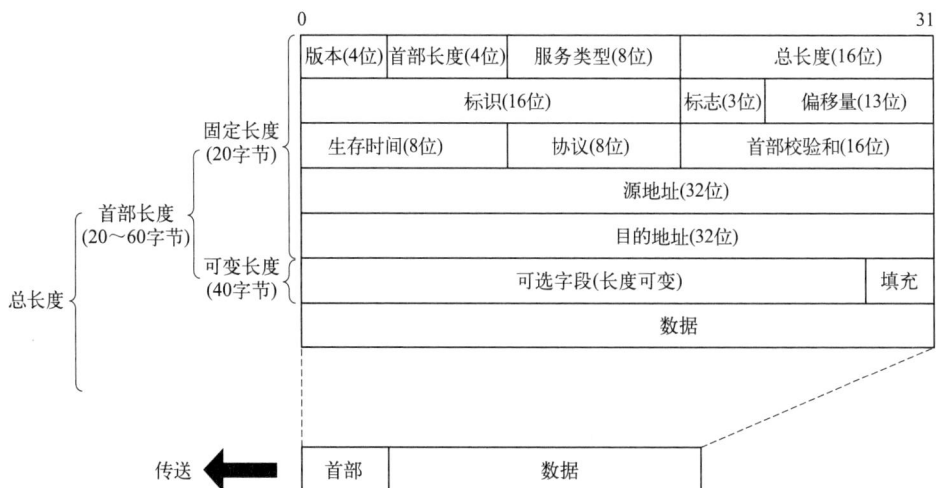

图 3.36　IPv4 报文格式

表 3.2　IPv4 报文格式说明

项目	项目英文	长度 / 位	说明
版本	Version	4	IP 协议版本号，固定为 4
首部长度	Header Length, HL	4	以 4 字节为单位，最小值为 5（20 字节），最大值为 15（60 字节）
服务类型	Type of Service, ToS	8	几乎不用
总长度	Total Length	16	整个数据报的长度，$2^{16} - 1 = 65535$
标识	Identification	16	报文的唯一标识
标志	Flag	3	是否分片的标志
片偏移	Fragment Offset	13	分片在原分组中的相对位置，以 8 个字节为偏移单位

项目	项目英文	长度 / 位	说明
生存时间	Time to Live, TTL	8	数据报可以经过的最多路由器数，每经过一个，TTL 值减 1。如果 TTL 值为 0，则丢弃该报文
协议	Protocol	8	封装的协议类型 ICMP（1）、IGMP（2）、TCP（6）、UDP（17）
首部校验和	Header Checksum	16	仅校验数据报的首部，使用二进制反码求和
源地址	Source Address	32	源 IP 地址
目的地址	Destination Address	32	目的 IP 地址
可选字段	Options	可变	主要用于测试
填充	Padding		填充 0，确保首部长度为 4 字节的整数倍
数据	Data		报文数据部分

2. IPv6 报文

IPv6 报文格式见图 3.37，其说明见表 3.3。

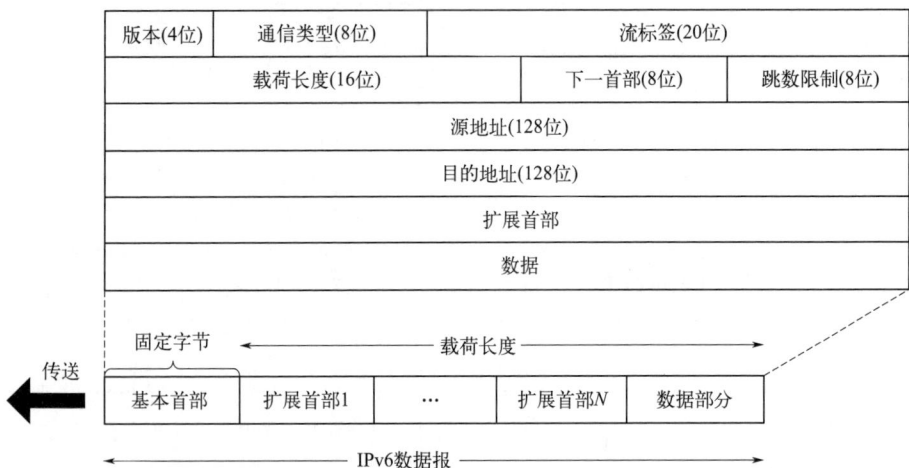

图 3.37　IPv6 报文格式

表 3.3 IPv6 报文格式说明

项目	项目英文	长度 / 位	说明
版本	Version	4	IP 协议版本号，固定为 6
通信类型	Traffic Class	8	类似于 IPv4 中的服务类型（TOS）
流标签	Flow Label	20	识别某些需要特别处理的分组
载荷长度	Payload Length	16	类似于 IPv4 中的总长度（Total Length），区别在于不含基本首部
下一首部	Next Header	8	类似于 IPv4 中的协议（Protocol）
跳数限制	Hop Limit	8	类似于 IPv4 中的生存时间（TTL）
源地址	Source Address	128	源 IPv6 地址
目的地址	Destination Address	128	目的 IPv6 地址
扩展首部	Extension Header	可变	可选择继续使用 IPv4 中首部部分
数据	Data		报文数据部分

IPv4 和 IPv6 报文格式对比见图 3.38。

图 3.38

版本(4位)	通信类型(8位)	流标签(20位)	
载荷长度(16位)		下一首部(8位)	跳数限制(8位)
源地址(128位)			
目的地址(128位)			
扩展首部			
数据			

　　IPv6保留字段　　　IPv6删除字段　　　IPv6修改字段　　　IPv6新增字段

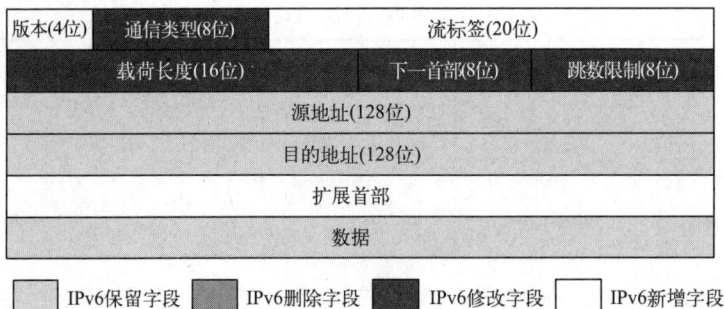

图 3.38　IPv4 和 IPv6 报文格式对比

（五）TCP 连接的建立与断开

1. TCP 连接建立（三次握手）

　　TCP 是一个面向连接的服务，任何一个基于 TCP 的应用在正式开始传输数据之前，都需要建立一个 TCP 的会话。基于会话传输数据，会话的建立过程如图 3.39 所示。

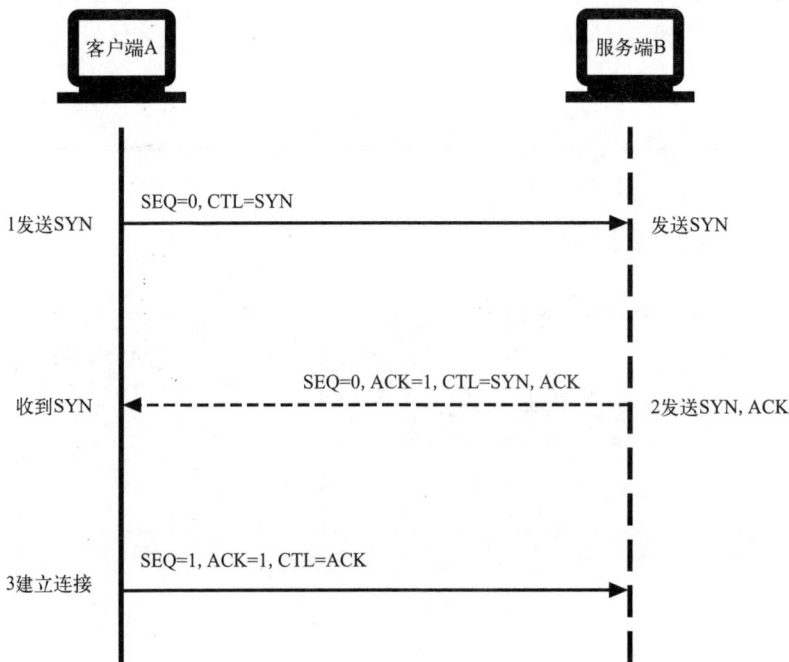

客户端A　　　　　　　　　　　　　　服务端B

1发送SYN　　　SEQ=0, CTL=SYN　　　发送SYN

收到SYN　　　SEQ=0, ACK=1, CTL=SYN, ACK　　　2发送SYN, ACK

3建立连接　　　SEQ=1, ACK=1, CTL=ACK

图 3.39　TCP 连接建立（三次握手）示意图

图 3.39 描述了客户端 A 与服务端 B 之间建立会话的完整过程。首先，客户端 A 发送一个 TCP 的握手请求信息（注意，此时序列号是 0，序列号表示发出去的数据分组序列号，由于握手消息是第一个 TCP 消息，所以序列号是 0，后续一直累加）。确认号（ACK）是用来确认对端序列号的，用来告诉对方是否收到对方的号码。以聊天为例，假设甲和乙两人在聊天，甲说："我要今天吃什么？"乙在听到甲说的话以后需要回复，乙说"我要说自己的第三句话了啊，并且我已经收到了你的第一句话（ACK=1）"。在这个情境中，"三"是乙自己的序列号，而 ACK=1 是用来确认甲的序列号。当甲听到乙的这句话时，甲就会知道，此时乙确认了甲的"一"，因此，乙已经收到了甲序号为"一"的数据。通过这种方式来确保一种可靠的传输，在这个过程中，控制位里面有一个非常重要的 SYN 位被置位了，并发送至服务端 B，服务端 B 收到以后，就知道客户端 A 要与其建立 TCP 握手，但是此时这个 TCP 的消息里面还包含了一些其他字段，如目的端口号等。

假设在这个会话中，客户端 A 要访问服务端 B 的 23 端口，此时，如果服务端 B 的 23 端口开放，则接收客户端 A 的此次会话建立请求，反之，则忽略请求。假设此时服务端 B 的 23 端口开放，那么在收到客户端 A 请求后，服务端 B 需要向客户端 A 进行回复，回复的内容序列号是"0"，因为这个消息是服务端 B 的第一个消息，所以服务端 B 用的是自己的序列号。ACK 是"1"，这个"1"是用来确认客户端 A 发来的消息里的序列号"0"，在这里，服务端 B 将 ACK=1 发送给 A 有两个目的，第一个目的是通知客户端 A 此时服务端 B 已收到客户端 A 序号为"0"的数据了；第二个目的是请求客户端 A 发送序号为"1"的数据。与此同时，控制位中的 SYN 和 ACK 位需要置"1"。最后，客户端 A 收到服务端 B 回送过来的 TCP 消息后，再给服务端 B 回复一个消息，这时候回复的消息序列号是"1"，控制位中的 ACK 置位用来确认服务端 B 的序列号。至此，三次握手完成。

2. TCP 连接断开（四次握手）

假设此时客户端 A 与服务端 B 的连接已经建立起来了，客户端 A 与服务端 B 之间在持续不断地发送数据。此时需重点关注序列号和确认号。如图 3.40 所示，客户端 A 发送的消息序列号是 100，服务端 B 回复的数据序列号 300 是其自身的序列号，ACK=101 是用来确认客户端 A 发送的消息序列号，忽略 TCP 报文长度的前提下，客户端 A 下一个即将发送的报文首字节编号为 101，因此服务端 B 给客户端 A 的确认号为 101（确认号的确定依此类推）。

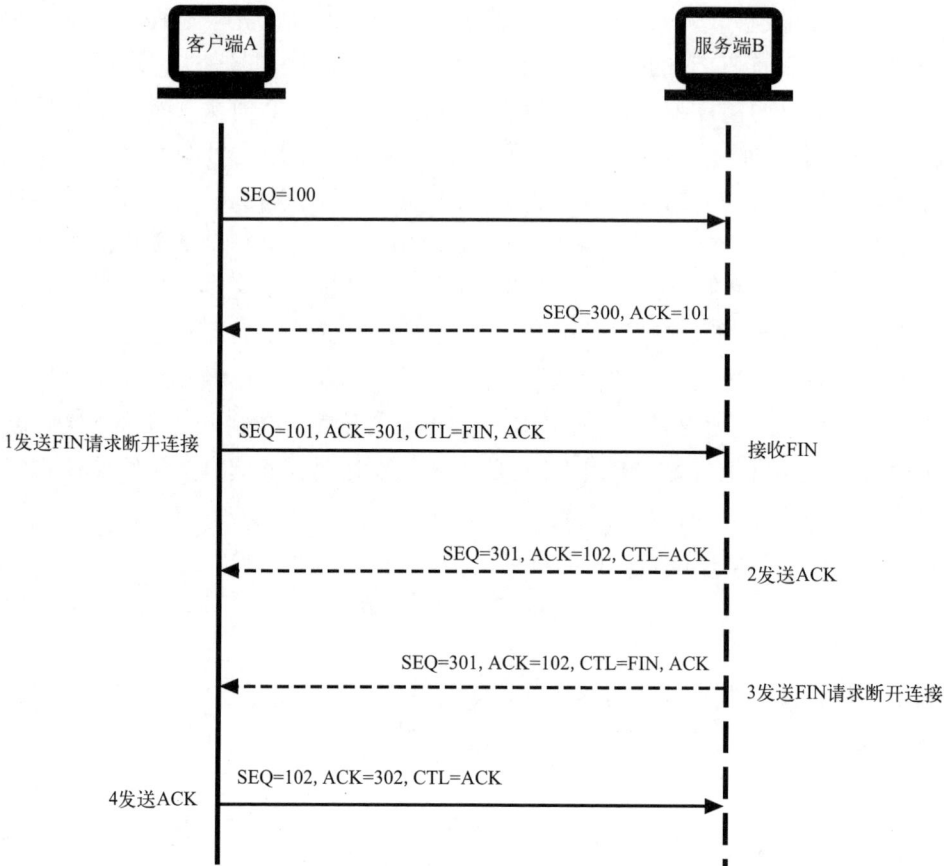

图 3.40 TCP 连接断开（四次握手）示意图

下一时刻，客户端 A 决定与服务端 B 断开连接。此时，客户端 A 需要向服务端 B 发送一组 TCP 消息。在这个 TCP 消息中，FIN 位置位。当服务端 B 收到此消息后，便知道客户端 A 要与其断开连接。这时，服务端 B 将回复一个 ACK，ACK 值为断开请求报文的 SEQ 加 1，该 ACK 确认报文的含义是"我同意你的连接断开请求"。接下来，服务端 B 再回复一组 TCP 消息。在这条消息中，FIN 和 ACK 位置位，代表结束响应报文，表示被动断开方的数据都发送完了。客户端 A 收到服务端 B 发来的结束响应报文后，向服务端 B 发送 ACK 确认报文，服务端 B 在收到客户端 A 的 ACK 报文以后，最终关闭连接。

（六）数据封装和分用

数据在发送的时候需要加上特定标识，加上特定标识的过程叫作数据的封装。数据在使用的时候再去掉特定标识,去掉特定标识的过程叫作分用。
TCP/IP 的数据封装和分用过程大致如图 3.41 所示。

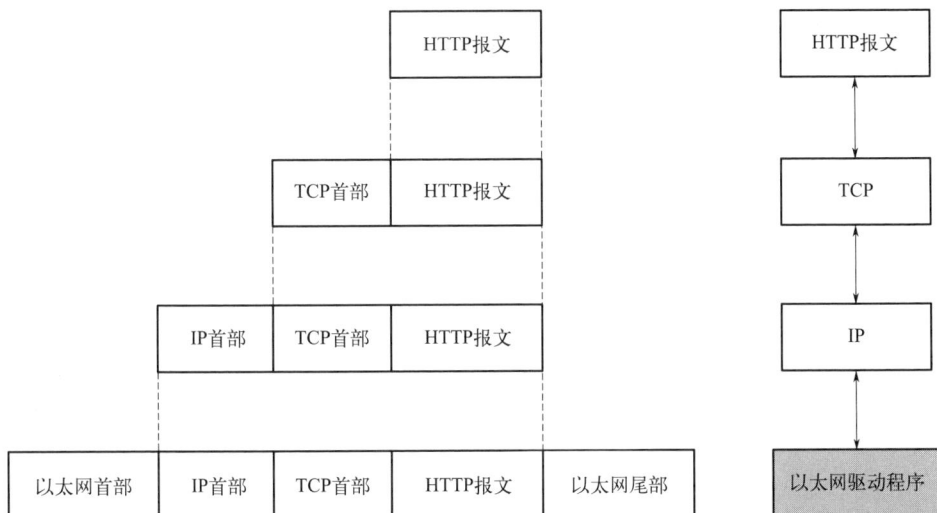

图 3.41　TCP/IP 的数据封装和分用过程

数据在封装时经过每个层都会打上该层特定标识,即添加上首部。

在传输层封装时,添加报文首部时需要存入一个应用程序的标识符,无
论 TCP 还是 UDP 都用一个 16 位的端口号来表示不同的应用程序,并且都会
将源端口和目的端口存入报文首部中。

在网络层封装时,IP 首部会标识处理数据的协议类型,或者标识出网络
层数据帧所携带的上层数据类型,如 TCP、UDP、ICMP 和 IP 等。具体来说,
会在 IP 首部中存入一个长度为 8 位的数值,称协议域。其中,1 表示为 ICMP,
2 表示为 IGMP,6 表示为 TCP,17 表示为 UDP 等。IP 首部还会标识发送方(源
IP)地址和接收方(目的 IP)地址。

在链路层封装时,网络接口分别要发送和接收 IP、ARP 和 RARP 等多种
不同协议的报文,因此也必须在以太网的帧首部中加入某种形式的标识,以
指明所处理的协议类型。为此,以太网的报文帧的首部也有一个 16 位的类
型域,标识出以太网数据帧所携带的上层数据类型,如 IPv4、ARP、IPv6 和
PPPOE 等。

数据封装和分用的过程大致为发送端每通过一层会增加该层的首部,接
收端每通过一层则删除该层的首部。

总体来说，TCP/IP 分层管理、数据封装和分用的好处是，分层之后若需改变相关设计，只需替换变动的层。各层之间的接口部分规划好之后，每个层次内部的设计就可以自由改动了。层次化之后，设计也变得相对简单，各个层只需考虑分派给自己的传输任务。

下面通过一个具体的实例详细介绍一个完整的数据通信过程。

图 3.42 所呈现的是每一个节点的 IP 地址和 MAC 地址，当 PC 远程访问服务器的 Web 时（假设 TCP 的三次握手已经建立了），数据的具体传输过程如下。

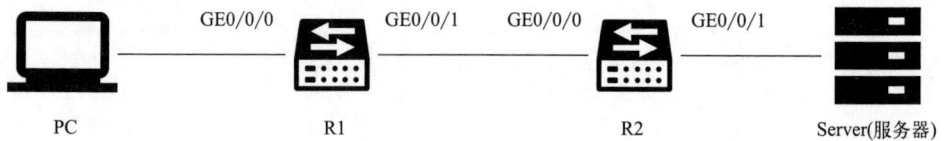

设备	接口	IP	MAC
PC	网卡	192.168.1.1/24	8C70-AAAA-0001
R1	GE0/0/0	192.168.1.254/24	0018-0011-0001
R1	GE0/0/1	192.168.12.1/24	0018-0011-0002
R2	GE0/0/0	192.168.12.2/24	0018-0022-0001
R2	GE0/0/1	192.168.2.254/24	0018-0022-0002
Server	网卡	192.168.2.1/24	8C70-AAAA-0002

图 3.42　数据通信架构及基本参数示例

① PC 构建一个数据帧首先进入到传输层（图 3.43）。

② 因为 HTTP 是基于 TCP 开发的一个应用，所以就要加一个 TCP 的首部，在 TCP 首部写入源端口号和目的端口号。对于 PC 而言，源端口号是随机产生的端口号；而目的端口号是其侦听的端口号，缺省的情况下端口号是 80（图 3.44）。

③ 接下来便进入了网络层，在网络层要再增加一个 IP 首部，在这个 IP 首部当中会写入源 IP 地址、目的 IP 地址及协议号。在该示例中，源 IP 地址是 192.168.1.1；目的 IP 地址是 192.168.2.1；协议号是 6，它代表 IP 首部后面跟着一个 TCP 首部（图 3.45）。

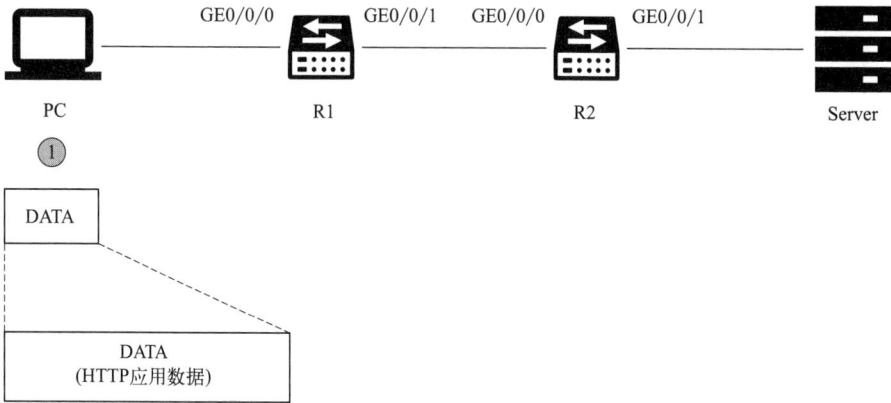

图 3.43　通信过程（**Step 1**）

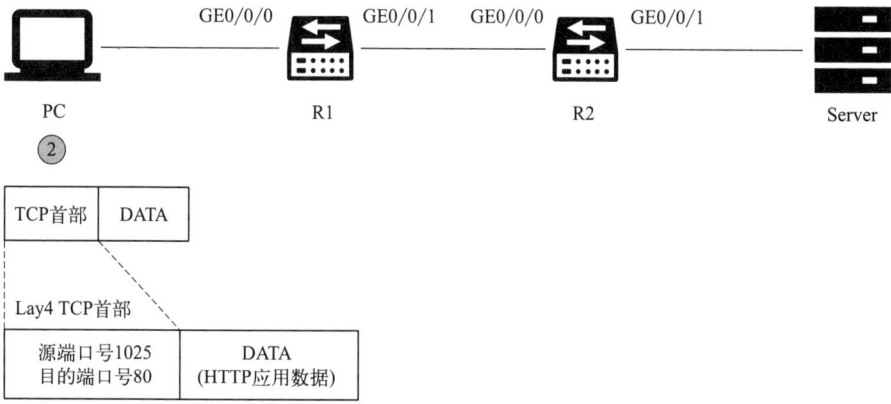

图 3.44　通信过程（**Step 2**）

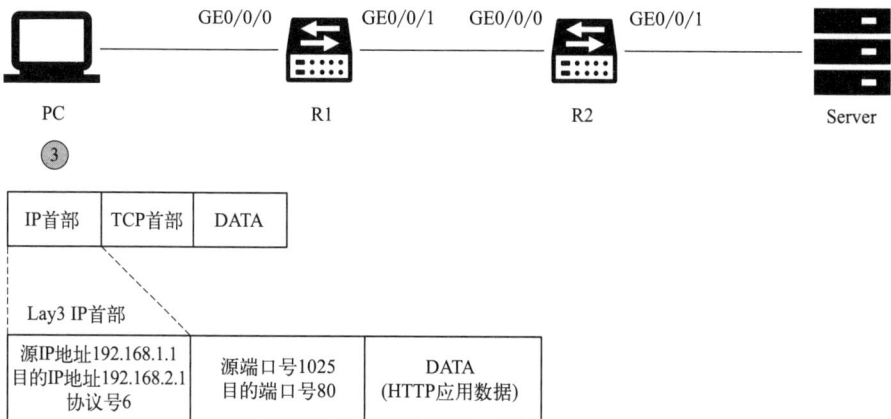

图 3.45　通信过程（**Step 3**）

④ 再往下到了数据链路层，在数据链路层要封装一个以太网首部，以太网首部中需写明源 MAC 地址和目的 MAC 地址。由于 PC 数据发往服务器（Server）要依次经过 R1 和 R2，而 GE0/0/0 是 R1 输入口，所以，目的 MAC 地址应为 GE0/0/0 接口的 MAC 地址，即 0018-0011-0001。类型用来指示以太网首部后面跟着一个 IP 首部（图 3.46）。

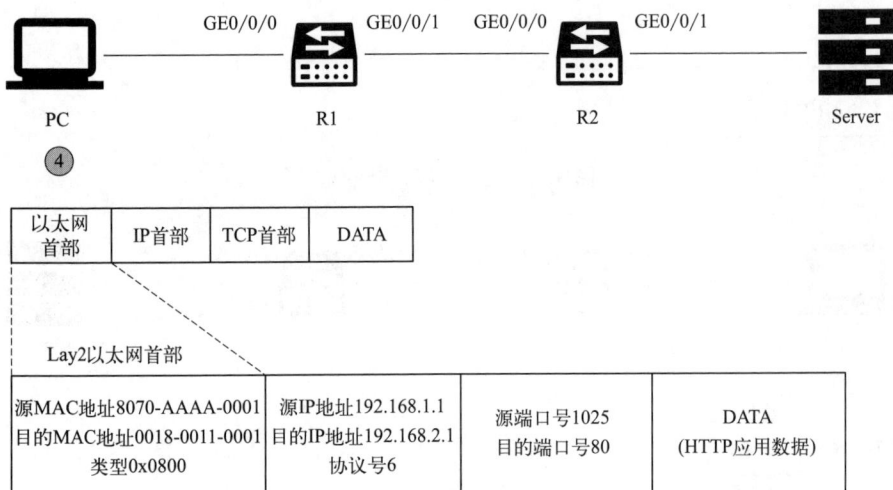

图 3.46 通信过程（Step 4）

⑤ 然后把这组数据转化成二进制数并通过传输介质发往 R1（图 3.47）。

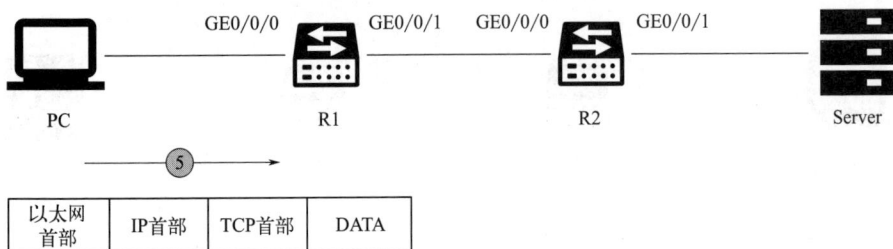

图 3.47 通信过程（Step 5）

⑥ R1 收到数据以后，先把它还原成数据帧，然后查看帧头，帧头上面写着目的 MAC 地址，正好就是自身的 GE0/0/0 接口的 MAC 地址，接下来从类型字段可以判断出来后面是一个 IPv4 的数据，拆掉帧头把后面的数据交给自身的 IPv4 协议栈去处理（图 3.48）。

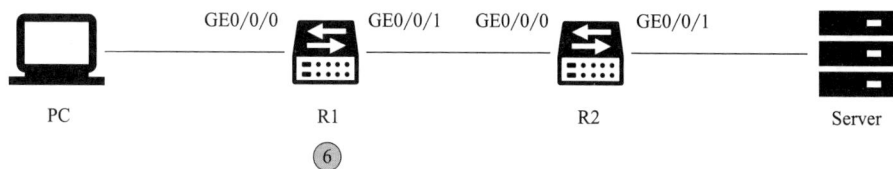

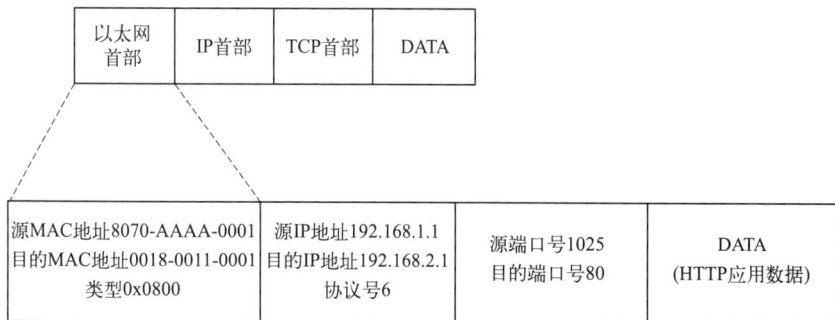

图 3.48　通信过程（**Step 6**）

　　⑦ IPv4 的协议栈去处理这个数据的时候，首先查看 IP 首部，然后发现目的地址是 192.168.2.1，而 192.168.2.1 又不是自身的任何一个接口的 IP 地址，由此可以判断，这个数据包不是给自己的。因为路由器拥有到整个网络的每一个角落的路由路径，所以 R1 就会根据这个目的地址去自身的路由表中查找。经过查找后发现，目的地址需要经过 GE0/0/1 接口发送至 R2 的 GE0/0/0 接口（图 3.49）。

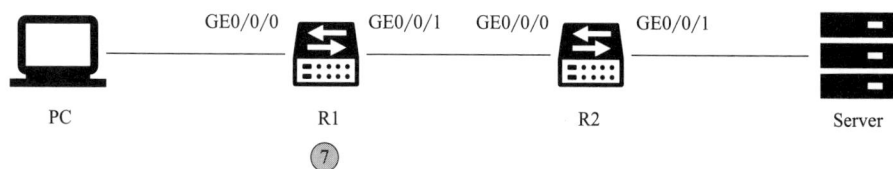

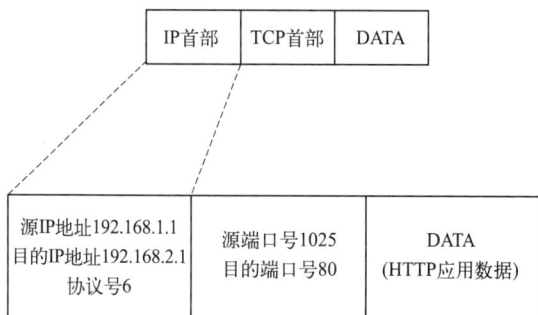

图 3.49　通信过程（**Step 7**）

⑧ 这个时候它会给这个数据再加上一个新的帧头，这个时候的源 MAC 地址是 R1 的 GE0/0/1 接口的 MAC 地址，目的 MAC 地址是 R2 的 GE0/0/0 接口的 MAC 地址（图 3.50）。

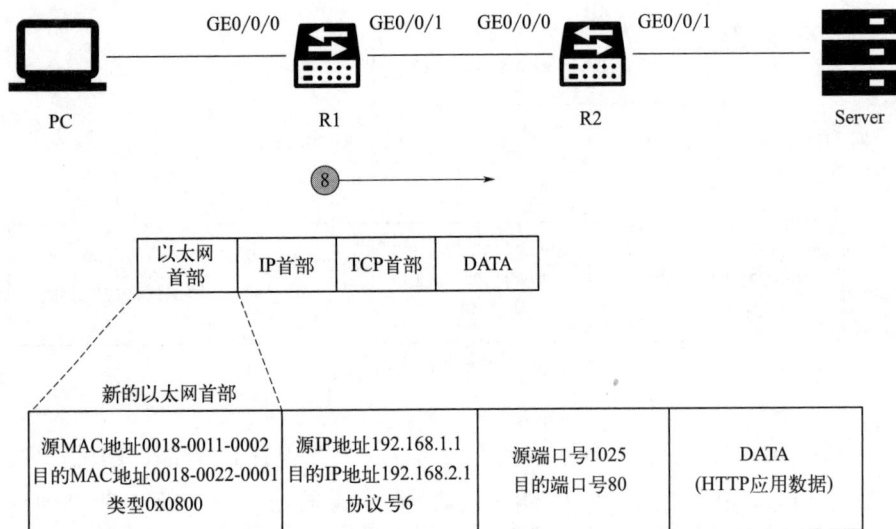

以太网首部	IP首部	TCP首部	DATA

新的以太网首部

源MAC地址0018-0011-0002 目的MAC地址0018-0022-0001 类型0x0800	源IP地址192.168.1.1 目的IP地址192.168.2.1 协议号6	源端口号1025 目的端口号80	DATA (HTTP应用数据)

图 3.50　通信过程（Step 8）

⑨ R2 收到数据后，首先查看帧头，发现目的 MAC 地址是自身的 GE0/0/0 接口的 MAC 地址，拆掉帧头把后面的数据交给自身的 IPv4 协议栈（图 3.51）去处理。

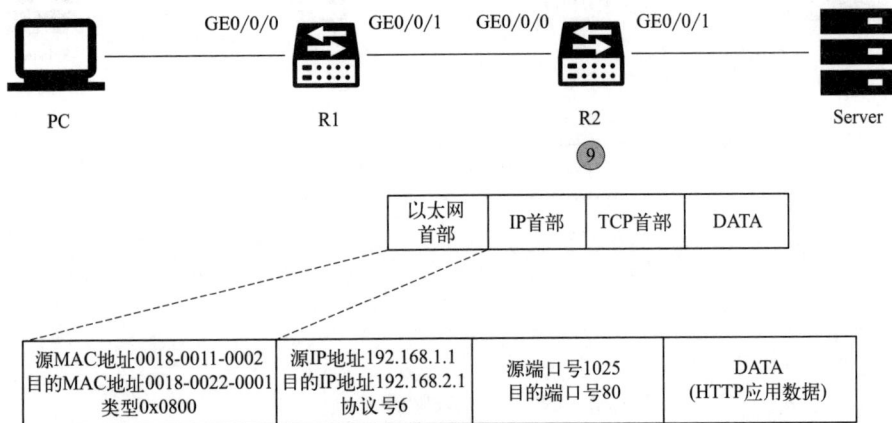

以太网首部	IP首部	TCP首部	DATA

源MAC地址0018-0011-0002 目的MAC地址0018-0022-0001 类型0x0800	源IP地址192.168.1.1 目的IP地址192.168.2.1 协议号6	源端口号1025 目的端口号80	DATA (HTTP应用数据)

图 3.51　通信过程（Step 9）

⑩ 此时，发现这里的目的 IP 地址不是自身的，但是属于本地直连的一个网段（图 3.52）。

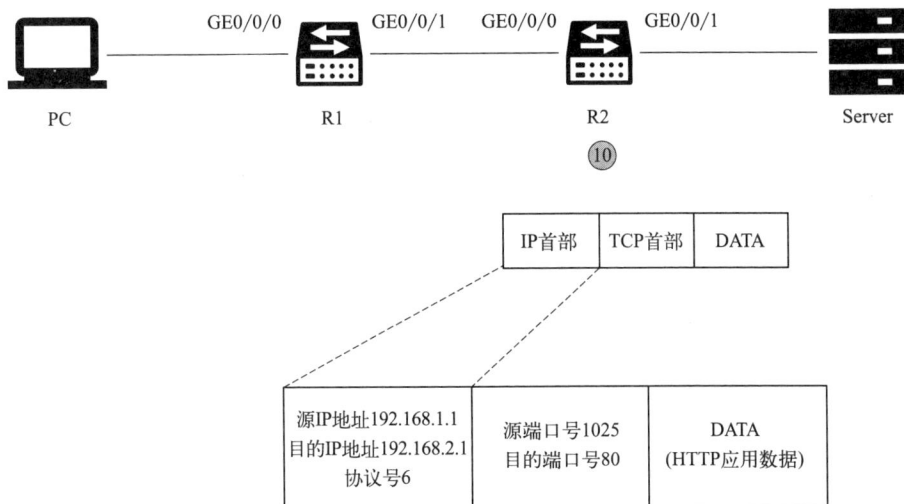

图 3.52　通信过程（**Step 10**）

⑪ 于是，给这个数据帧再加上一个帧头，此时目的 MAC 地址填的就是服务器（Server）的 MAC 地址，然后把这个数据帧发送给服务器（图 3.53）。

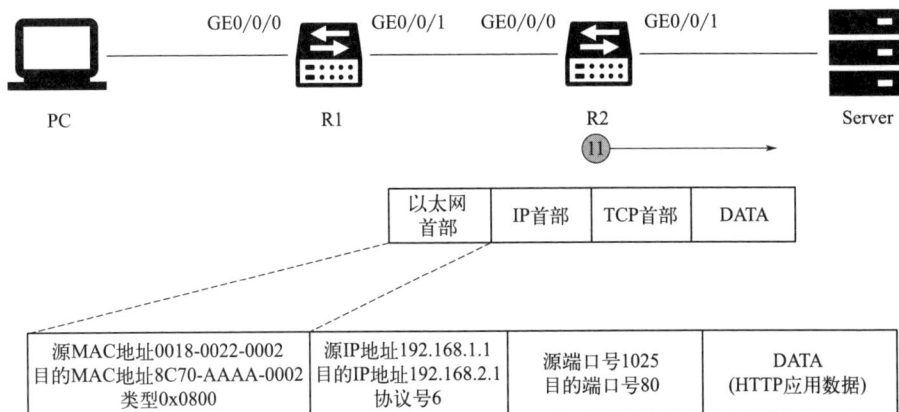

图 3.53　通信过程（**Step 11**）

⑫ 服务器收到这个数据帧以后，首先查看帧头，发现目的 MAC 地址是自身的 MAC 地址，然后拆掉帧头把后面的数据交给自身的 IPv4 协议栈去处

理。协议栈发现这个目的 IP 地址就是自身的 IP 地址，于是它把这个 IP 首部也拆掉，通过协议号 6 知道后面是一个 TCP 首部，于是把后面这部分交给 TCP 的协议栈去处理。协议栈发现这个目的端口号是 80，于是它又看本地的 80 端口是否开放，假设发现 80 端口处于打开状态，对应的是 HTTP 的进程且在侦听，那么就会把这个 TCP 的首部也去掉，然后把数据交给 HTTP 的进程（图 3.54）。至此，一个完整的数据传输过程结束。

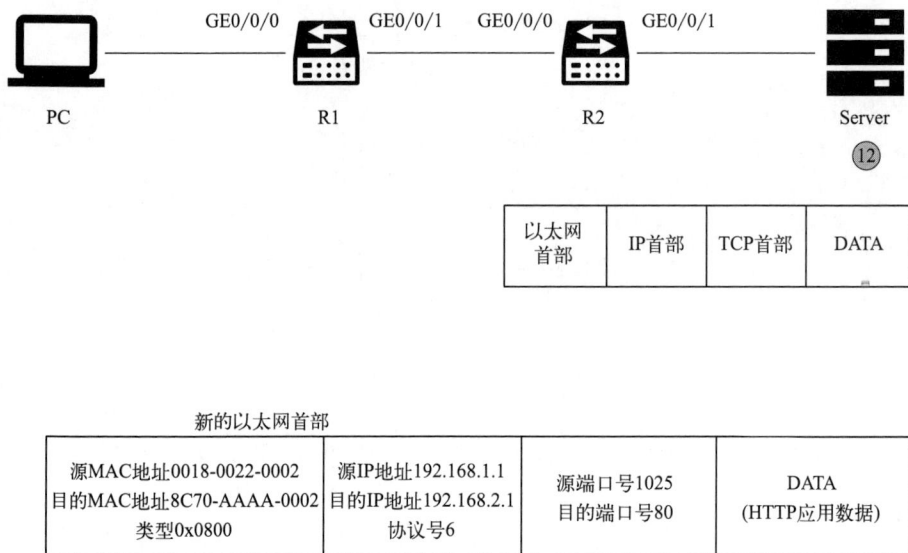

以太网首部	IP首部	TCP首部	DATA

新的以太网首部

源MAC地址:0018-0022-0002 目的MAC地址:8C70-AAAA-0002 类型0x0800	源IP地址192.168.1.1 目的IP地址192.168.2.1 协议号6	源端口号1025 目的端口号80	DATA (HTTP应用数据)

图 3.54　通信过程（Step 12）

第五节　计算机网络设备

一、中继器

在计算机网络通信中，通信距离越远，网络信号就会衰减得越严重。即使两台计算机位于同一个房间，衰减仍然会发生，但由于同一个房间通信距离较短，信号仍然会通过；如果主机跨越更大的范围，比如分别位于大型建筑物两侧的两台主机之间需要通信，就有可能会出现问题，如果信号在到达另一侧之前衰减得很严重，那么这两台主机将无法共享数据。在这种情况下，就需要引入中继器（图 3.55）。

图 3.55 中继器应用示意图

中继器（Repeater）是一种设备，其主要功能是重新生成信号，一端输入的任何信号都会从另一端重新生成，以此达到将更远距离的设备连接在一起的目的。

通过应用中继器可以将距离较远的两台主机直接相连，但是如果此时有第三台主机需要加入通信网络与其他两台主机通信，我们必须将该主机分别连接至已建立连接的其他两台主机。以此类推，如果添加第四台、第五台主机进入通信网络，我们必须把新的主机分别连接至已建立连接的其他所有主机。

由此可以看出，主机直接相互连接根本无法扩展（图 3.56）。因此，需要引入一类设备，这类设备可以放在每个网络的中心，并将所有主机连接到这类设备，然后，处理不同主机之间的通信。这类设备的好处是，如果有新的主机需要与既有网络中的其他主机通信，那么它只需要与这种类型设备相连即可，这类设备包括集线器、网桥及交换机。

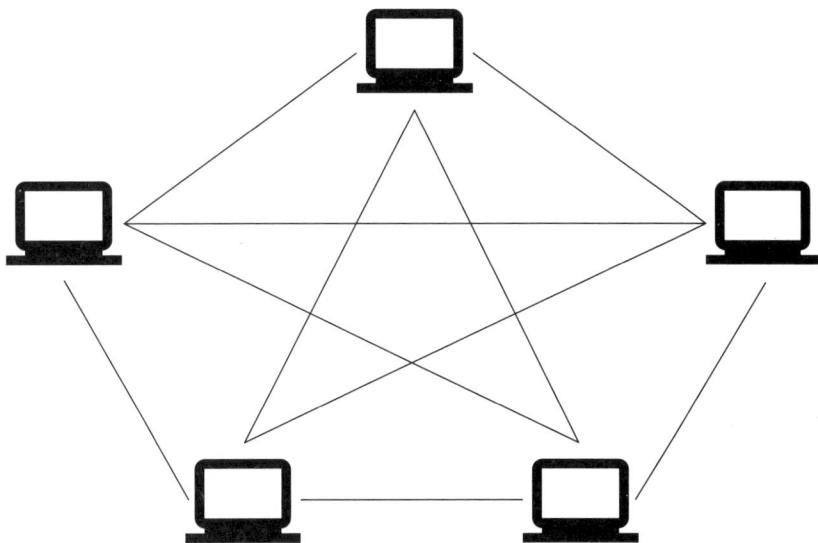

图 3.56 多主机直连示意图

二、集线器

集线器（Hub）相当于多口的中继器，其作用同中继器一样，都是起到重新生成信号的作用，只不过集线器能够跨越多个端口操作。如图 3.57 所示，两台主机需要通信，其中一台主机会向另一台主机发送数据包，数据会先到达集线器，集线器将简单地复制该数据包并将其发送至所有的剩余端口，以此来保证数据能够送达目的主机，这解决了规模传输问题。但在这个数据传输过程中，每台主机都收到了发送主机所发送的信息，而实际上，除了目的主机外，其余主机是不需要接收发送主机所发送的数据的，由此造成了资源的浪费。

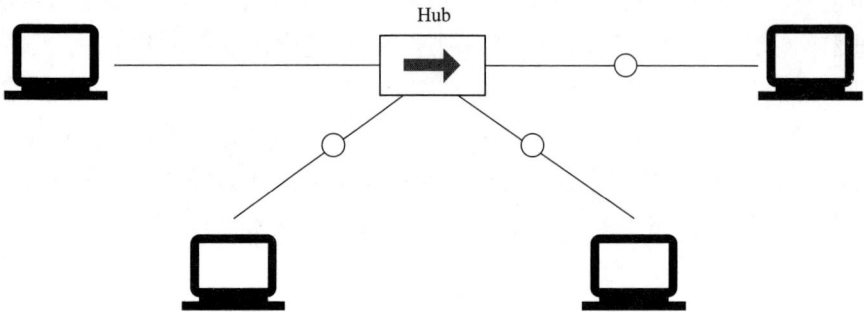

图 3.57　Hub 应用示意图

三、网桥

如图 3.58 所示，有两组通过集线器分别连接到一起的主机，网桥（Bridge）是集线器连接的两组主机之间的桥梁，网桥只有两个端口，一个端口面向一组集线器连接的设备，另一个端口面向另一组集线器连接的设备。网桥也会了解哪些主机位于网桥的哪一侧，这将允许网桥仅包含与必要一侧的通信。例如，如果 A 组这些主机之间需要相互通信，通过该集线器相互发送数据时，集线器会在所有端口上简单地重新生成该信号，网桥可以获取该数据包的副本，网桥知道另一台白色主机在此网桥的左侧，因此网桥不会将该数据包带到另一侧。网桥是一种能够将数据包限制在与其相关的位于网桥一侧的网络的设备。

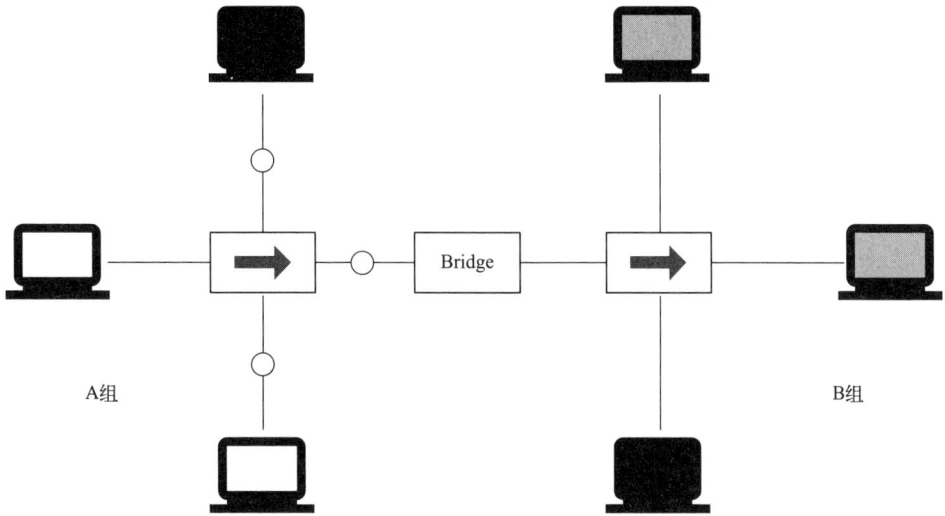

图 3.58 网桥应用示意图 1

各组主机还可以通过集线器相互发送数据包，网桥不会再让这些数据包流入另一端，因为它知道 A 组设备存在于网桥左侧集线器上，B 组设备存在于网桥右侧集线器上（图 3.59）。

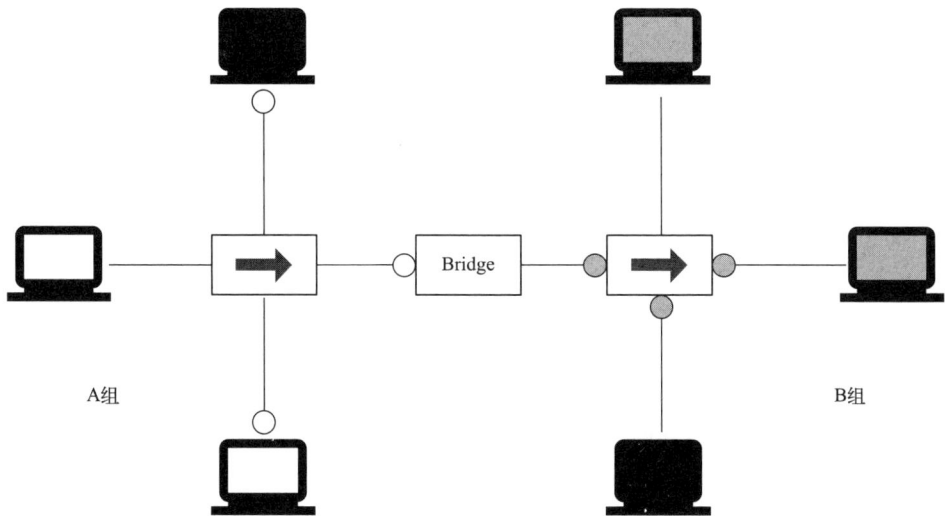

图 3.59 网桥应用示意图 2

　　当然，如果 A 组的主机设备需要向 B 组的主机设备发送某些消息，网桥将知道数据必须穿过网桥，因此将允许该数据包穿越到另一侧（图 3.60）。

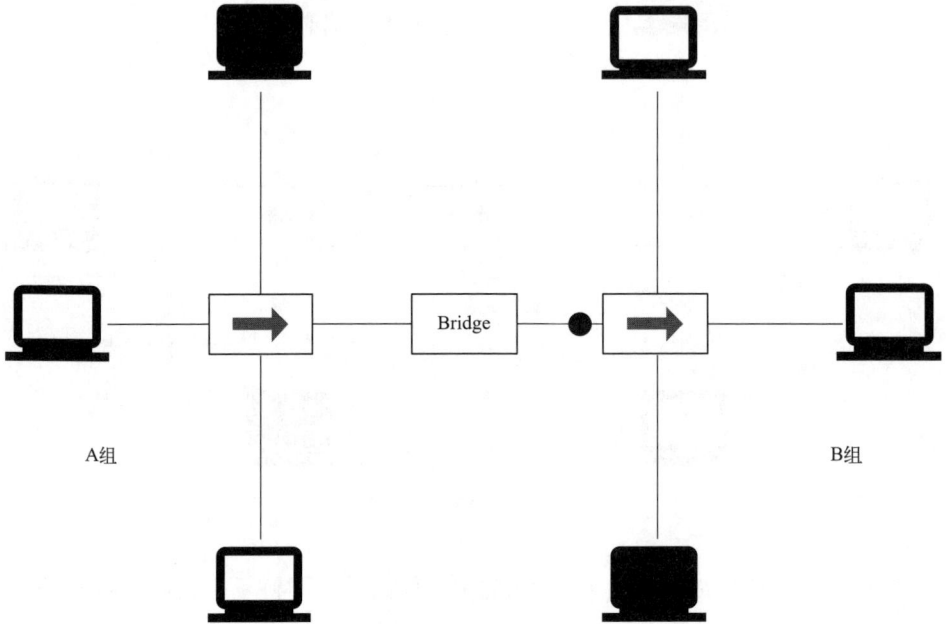

图 3.60　网桥应用示意图 3

四、交换机

　　交换机（Switch）像集线器（因为许多设备可以连接到交换机）与网桥（因为它们可以了解连接到每个端口的主机）的组合。主要区别在于，以上功能是在每个端口上进行的，这意味着如果主机 A 与主机 B 想要彼此通信，交换机需要知道接收此数据的唯一端口，即需要两个端口连接到这些主机，并将保持通信仅包含在这些端口中。此外，如果主机 C 与主机 D 想要彼此通信，交换机将再次确保通信仅在相关端口进行（图 3.61）。

　　连接到交换机的所有主机设备都属于同一个网络，而且该网络内各设备共享相同的 IP 地址空间。如图 3.62 所示，该网络拥有以 192.168.1. 开头的所有 IP 地址。例如，A 主机的 IP 地址为 192.168.1.33，B 主机的 IP 地址为 192.168.1.66。这种网络模型能够描述诸多实际网络构建场景，如家庭网络、学校网络及办公网络等。

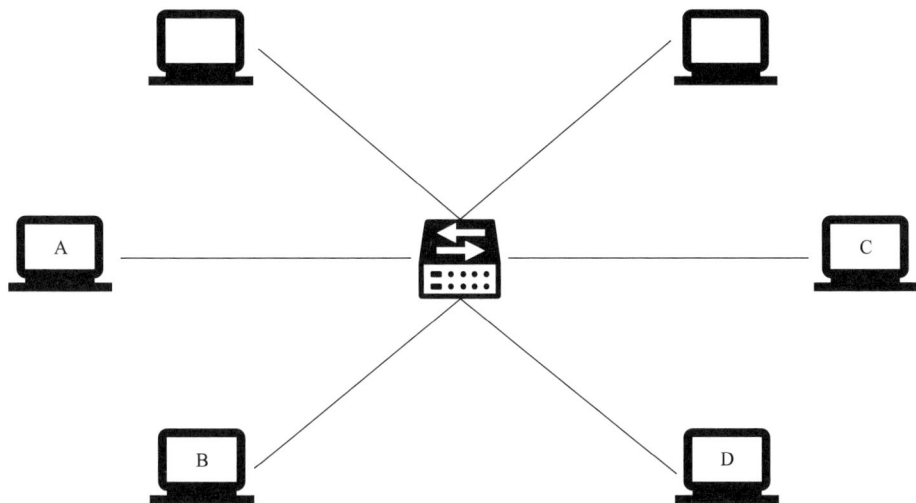

图 3.61 交换机应用示意图 1

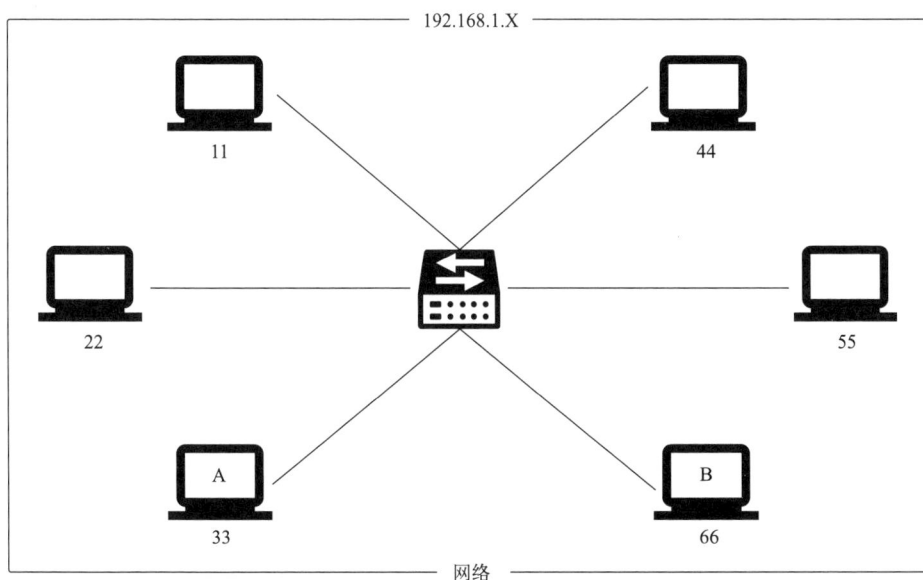

图 3.62 交换机应用示意图 2

五、路由器

以学校网络为例，一所学校可能会有诸多教室，每间教室都拥有属于自己的网络。为了更准确地描述学校网络，在图 3.62 的基础上，进一步将学校网络表述为图 3.63 所示的网络模型。

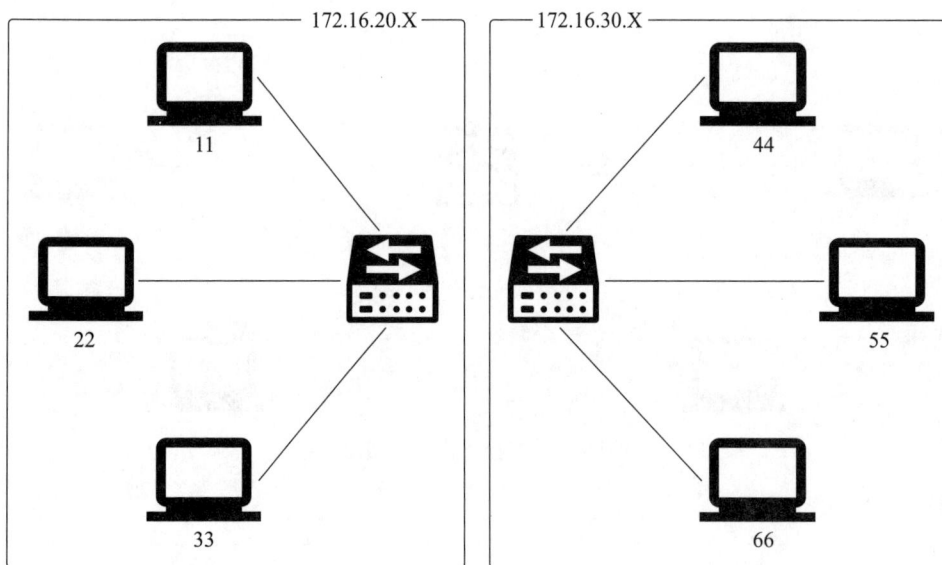

图 3.63　路由器应用示意图 1

　　其中，教室 1 拥有 172.16.20.X 网络空间，教室 2 拥有 172.16.30.X 网络空间。假设教室 1 属于生物教室，所以教室 1 所需要的只是简单的互联网连接；而教室 2 属于计算机教室，它不仅需要互联网连接，还需要访问各种云资源来更好地完成计算机教学。由于两组教室有着不同的功能和连接需求，因此，最好将两组设备分离到两个独立的网络空间。在这两种情况下，仍然可以使用交换机来完成上述任务。左侧交换机可以完成教室 1 中所有主机的通信，同样，右侧交换机可以完成教室 2 中所有主机的通信。但是，如果教室 1 中的主机 172.16.20.33 想要与教室 2 中的主机 172.16.30.44 进行通信，那么将需要另一种类型的网络设备（路由器）来处理两个网络间的通信，因为交换机只能进行相同网络内的通信。

　　路由器的主要功能是实现网络之间的通信，即提供网络之间的流量控制。如图 3.64 所示，假设主机 A 需要向主机 B 发送数据，所有的数据都必须经过路由器，重新规划数据流向，还可以添加安全策略或是流量过滤策略。路由器位于网络之间的边缘，提供了应用安全策略的逻辑位置，这种类型的安全策略在二层交换机上不可用，但功能更强大的三层交换机可以进行此类操作。通常认为，位于同一网络上的设备不需要过滤网络内传输的流量。网络边界是设备的逻辑分离。路由器的工作方式是它们知道自身连接到哪些网络。以图 3.64 所示的路由器为例，该路由器在 a 接口上连接到 172.16.20 网络，在 b 接口上连接到 172.16.30 网络，c 接口是访问互联网的方向，所有这些路由都存储在路由器所谓的路由表中。路由表记录的是路由器存储的所有网络，并且，路由器根据此表将数据从适当的接口传出。

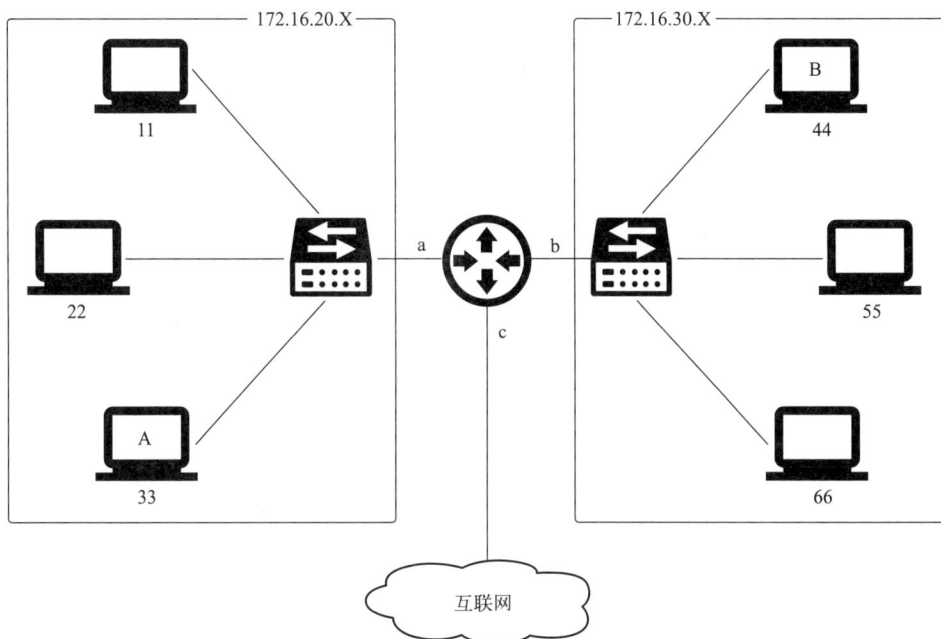

图 3.64　路由器应用示意图 2

路由器拥有它们所连接的每一个网络的 IP 地址。例如，当路由器连接到 172.16.20 网络时，它会在该网络中获得一个 IP 地址，这个接口的 IP 标识是 172.16.20.1；当路由器连接到 172.16.30 网络时，它会在该网络中获得一个 IP 地址，这个接口的 IP 标识是 172.16.30.254，这个地址所提供的服务就是我们常说的网关（图 3.65）。

网关是主机离开本地网络的方式。例如，主机 A 的 IP 地址是 172.16.20.33，如果主机 A 此时想要与另一个网络的主机 B 通信，则通信路径必须经过路由器，并且该路由器与 172.16.20 网络连接接口的 IP 地址存储为该主机的默认网关。注意，该主机的默认网关为 172.16.20.1，即为该路由器的接口 IP 地址。

更进一步地，路由器实际上是我们之前讨论的 IOS 模型中网络层的设备。如图 3.66 所示，假如某公司的大连总部拥有三个团队，每个团队都有自己的 IP 网络，每个网络都连接到不同的路由器，然后每个路由器都连接到另一个枢纽路由器。如果销售团队中的主机想要与营销团队中的主机通信，它将使用距离最近的网关，即距离最近的路由器 A 的接口 IP 地址，然后将数据发送给枢纽路由器 D，再发送到路由器 C，最后到营销团队的主机。

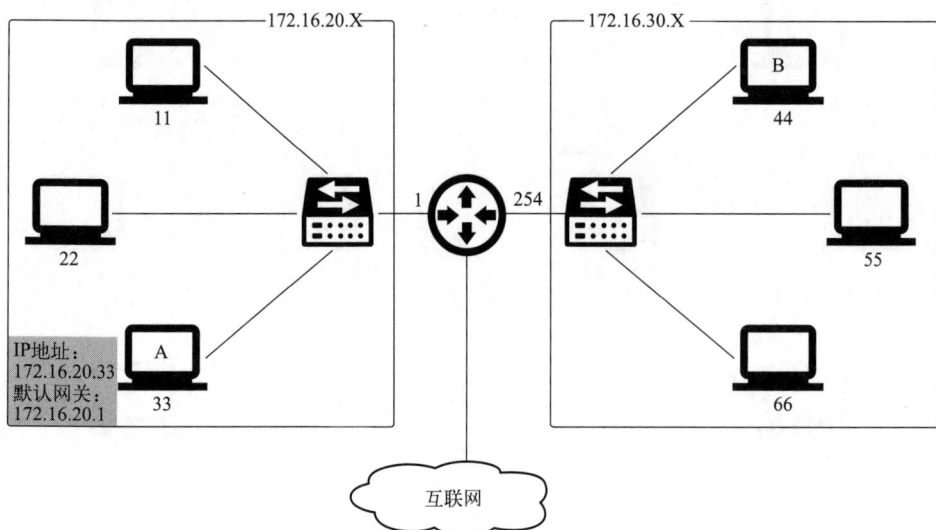

图 3.65　路由器应用示意图 3

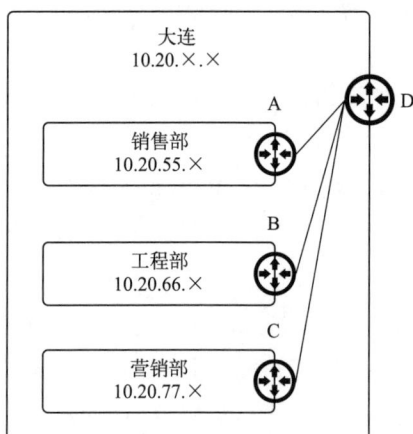

图 3.66　路由器应用示意图 4

如图 3.67 所示，该公司的新疆办事处的网络架构与大连总部类似，并且枢纽路由器都连接至互联网。实际上，互联网就是很多路由器的集合。这意味着，大连总部营销团队的主机如果想要与新疆办事处工程团队的主机通信，那么营销团队的主机首先把数据发送给路由器 C，接着发送给下一个路由器 D，然后路由器 D 将通过互联网上的所有路由器发送数据，最终将数据发送到新疆办事处的枢纽路由器 E，最后发送到工程团队。这就是数据在互联网上的流动方式，路由器在这一数据传送过程中起到了非常关键的作用。

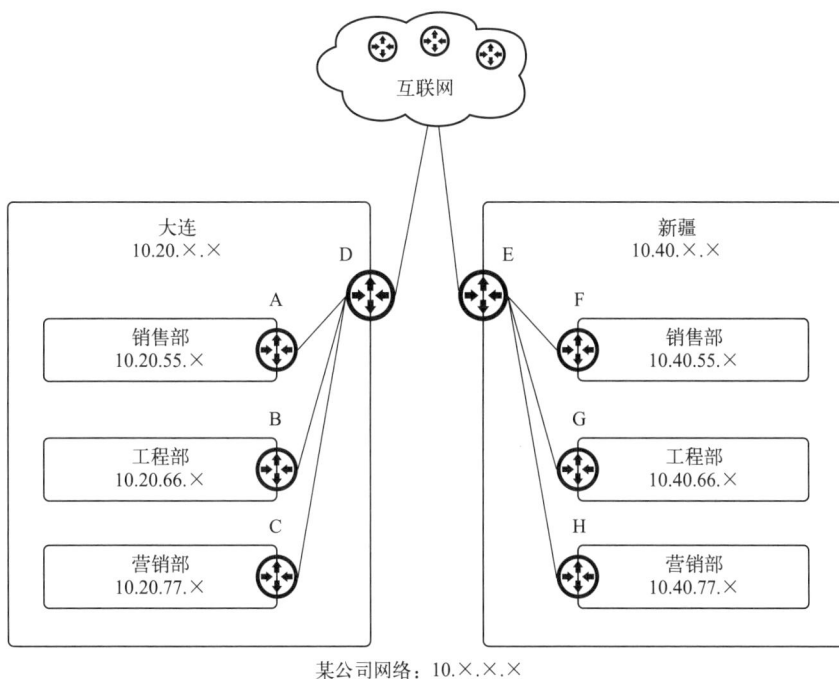

图 3.67 路由器应用示意图 5

第四章

列车通信网络

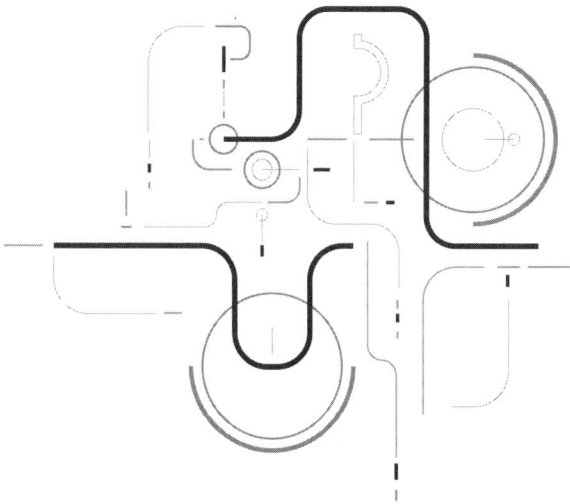

第一节　轨道交通车辆

一、轨道交通车辆概述

　　轨道交通是指运营车辆需要在特定轨道上行驶的运输系统，这类系统一般具有节能、高效、大运能、污染小、全天候、安全可靠等优点。在我国，轨道交通可分为国家铁路系统、城际轨道交通和城市轨道交通 3 种类型，国家铁路系统又可细分为高速铁路、普速铁路和城际铁路三种类型，城市轨道交通包括地铁系统、轻轨系统、市域快速轨道系统、有轨电车系统、自动导向轨道系统和磁浮系统等类型。据统计，截至 2024 年 9 月，我国铁路营业里程达到 16 万公里；截至 2024 年 12 月底，我国共有 54 个城市开通运营城市轨道交通线路 325 条，运营里程达 10945.6 公里。各类型轨道交通共同构成了我国庞大的轨道交通运输网络，是我国主要的公共交通方式之一。

二、轨道交通车辆通信网络概念

　　随着科技的发展，计算机技术在轨道交通车辆上的应用日益增多。例如，旅客信息系统、牵引制动系统、车地无线传输系统及信号系统等车载系统均引入了计算机控制，大量的车载计算机设备之间如何实现信号的传递成为轨道交通车辆工程师不得不考虑的问题。为了解决上述问题，轨道交通车辆通信网络应运而生，它将列车各系统的计算机设备连接起来，组成一张庞大的车载局域网，能够实现各车载计算机设备间信息的交互与共享（图 4.1）。列车通信网络的应用为今后列车的信息化、数字化和智能化发展奠定了基础。

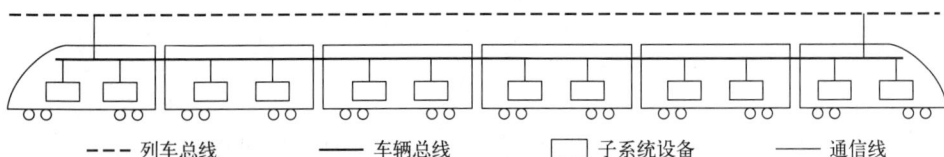

　　　- - - 列车总线　　　—— 车辆总线　　　□ 子系统设备　　　—— 通信线

图 4.1　列车通信网络示意图

列车网络控制系统（TCMS）是列车通信网络的核心部分。如果把列车比作人体，那么 TCMS 就是列车的"大脑"，TCMS 可以随时随地发送指令、接收信息，实现对列车的控制、诊断、监测和保护等重要功能，就如同人的大脑控制四肢一般。

1. 列车网络控制系统的主要功能

（1）监视车载子系统状态　如牵引系统、制动系统和空调系统等列车内各主要设备的状态（如是否在线）。

（2）实现车辆的控制与管理　如对门系统发出开门指令，禁止或允许牵引。

（3）诊断故障　可根据检测到的结果，进行初步的故障诊断，如检测到应该打开的门未打开，系统会给出故障及原因提示。

（4）信息显示　重要的信息会通过司机室显示屏展示出来，以便司机或工程人员了解车辆当前状态。

（5）重联控制　支持多车连挂运行控制，实现同一司机室控制、监视和管理整列连挂运行的车辆。

（6）提供乘客信息服务　为乘客提供车辆当前时速等信息。

2. 列车网络控制系统的特点

（1）实时性　轨道交通车辆对数据传输的实时性要求非常高，实时性关乎车辆的安全运行，如制动指令已发出，如果不能够及时地将此信号传输至执行端，后果不堪设想。

（2）可靠性　列车网络控制系统几乎负责全列车的管理与监视，一旦发生故障，将威胁到列车的安全运行。因此，列车网络控制系统在设计过程中会通过冗余设计等方法提高系统的整体可靠性。

（3）灵活性　列车网络控制系统是开放包容的而不是一成不变的系统，新增或减少系统所挂载的设备不影响整个系统的使用，但前提是新增的设备需遵循列车网络控制系统约定的规则。

（4）自组网　列车网络控制系统能够实现网络节点的自动配置，实现非固定编组列车重联。

（5）包容性　随着技术的发展，服务于轨道交通车辆的子系统越来越多，功能越来越强大。列车网络控制系统需要有强大的包容性，以便能够使众多的子系统接入列车网络，从而为轨道交通车辆提供更加优质全面的服务。

第二节 轨道交通列车通信网络

一、列车通信网络

（一）列车通信网络起源

随着轨道交通车辆信息化程度的逐步提高，列车通信网络技术逐渐成为现代列车必不可少的标配之一。列车通信网络技术的研发受到了世界各大轨道交通装备公司的青睐，各大公司陆续推出了各自的列车通信网络，其中比较知名的有德国 Siemens 公司的 SIBAS 及瑞士 BBC 公司（后并入 ABB 公司）的 MICAS，但由于不同企业遵循的标准不同，各企业所制造的车载设备通常不能兼容，不同企业装备的列车也不能重联。为了从根本上解决列车及车载控制设备之间的互操作性的问题，尽可能降低列车网络控制系统的全生命周期成本，国际上迫切需要一套技术统一和协议开放的列车通信网络。

1988 年，国际电工委员会（IEC）第 9 技术委员会（TC 9）成立了第 22 工作组（WG 22），旨在为铁路设备制定一套开放的数据通信标准，使各种铁道机车能够相互连挂、车上的可编程电子设备能够互换。经过长达 11 年的潜心研究，在 Siemens 公司和 ABB 公司技术方案的基础上，WG 22 于 1999 年推出了一套列车通信网络（TCN）国际标准，即 IEC 61375-1。2002 年，我国颁布了铁道行业标准 TB/T 3025—2002，其内容与 IEC 61375-1 基本一致。

（二）列车通信网络结构

TCN 标准对列车通信网络的总体结构、连接各车辆的列车总线、连接车辆内部各智能设备的多功能车辆总线及过程数据等内容进行了详细的规定。

TCN 将车载网络分为两级总线结构，即用于连接各车辆的绞线式列车总线（WTB）和用于连接车辆内部各智能设备的多功能车辆总线（MVB）。如图 4.2 所示即为一种 TCN 拓扑结构。

如图 4.2 所示，WTB 连接不同车辆（单元）中的网络节点（网关），MVB 连接车辆（单元）内部的各种现场或控制终端设备。WTB 和 MVB 是两个独立的通信子网，二者之间通过一个列车总线节点（网关）互联。TCN 结构的两类总线将列车的控制分为三层结构：列车级控制、车辆级控制和设备级控制。

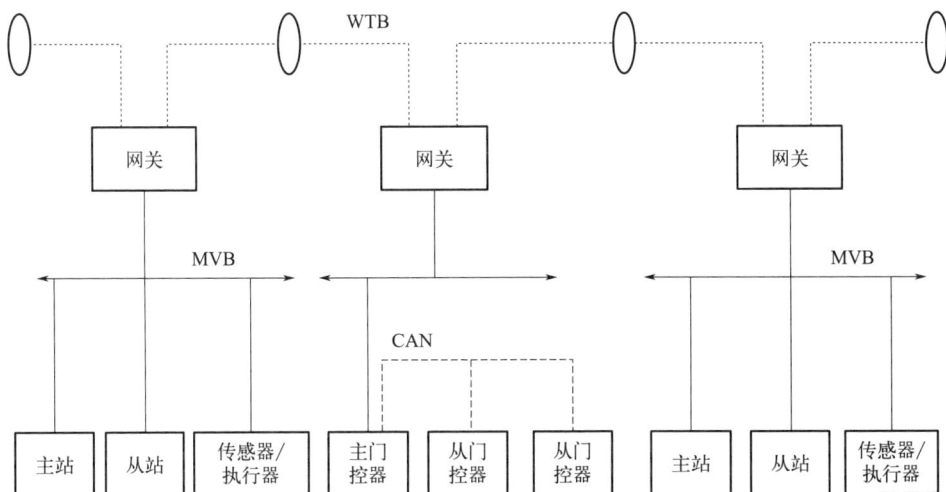

图 4.2　TCN 拓扑结构示意图

① WTB（列车级控制）：用于连接不同车辆（单元）中的网络节点（网关），新编组时可自动配置，通信介质为双绞线，通信速度为 1Mb/s。每一列车在运行中必须有且只能有一个控制总线的节点，叫作控制节点。在正常情况下，以激活端司机室的主节点作为控制节点，又叫作主控节点。主控节点管理列车总线的运行，必要时可以切换主控节点。

② MVB（车辆级控制）：用于连接车辆（单元）内部的各种现场或控制终端设备，具有快速响应性等特点，通信介质为双绞线或光纤，通信速度为 1.5Mb/s。车辆总线的运作由各自车辆（单元）的总线控制节点来管理，每一列车在运行中必须有且只能有一个控制总线的节点，叫作控制节点。通常情况下，为了保证车辆级网络的可靠性，控制节点通常设为两个，参与网络控制的节点叫作主控节点，而另一个热备份的节点不参与到控制中，叫作从控节点。

③ 设备级控制：设备级控制中如果还存在子网，那么设备级的总线是指

在车辆总线下拓展的第三级总线，如车门控制系统中的连接各个车门控制单元的内部控制总线作为车辆总线的下层网络设备连接到车辆总线上。

TCN 特性如表 4.1 所示。

表 4.1　TCN 特性

项目	WTB	MVB
组态	在线自动组态	事先确定
介质设计	双绞线	总线母板、双绞线、光纤
长度	860m	20m（无隔离）、200m（有隔离）、2000m（光纤）
数据通信速度	1Mb/s	1.5Mb/s
编码	曼彻斯特码＋分界符	
帧长度	最大 1024 位	最大 256 位
帧格式	HDLC	TC 57
支持设备	最多 32 个节点	最多 4096 个节点
地址	不固定，组态时自动分配	事先确定
基本周期	25ms	最小 1ms
冗余	物理层双份冗余	
总线管理	总线由一个主设备控制，支持总线主设备冗余	
介质访问	周期性的过程数据、偶发的消息数据、随机的监管数据	
链路服务	源地址广播（过程数据入无连接的目的地址数据报）（消息数据）	
协议	分布式数据库（过程数据）网络层、传输层和会话层协议（消息数据）统一的数据类型	
应用接口	过程变量（过程数据）、远程调用处理（消息数据）	

（三）多功能车辆总线

1. 概述

MVB 是用于连接车辆（单元）内部的各种现场或控制终端设备到列车通信网络的总线。MVB 按 12 位逻辑地址编址，最多支持 4095 个设备，其中有 256 个设备可参与消息传送。MVB 网络中有且只能有一个总线控制器，系统各子设备通过它来进行控制。

MVB 可传输 3 类数据：

① 过程数据：定时广播的带源地址的数据，一般周期小于 1ms。

② 消息数据：有请求时应答，带有目的地址的点对点或广播数据。

③ 管理数据：用于事件判决、主设备转换和设备状态发送的数据。

2. 物理层

MVB 提供 3 种通信介质，工作速度相同。

① 标准的 RS-485 收发器，传输距离为 20m，最多连接 32 个设备。

② IEC 61158-2 规定的变压器及电气隔离收发器，采用屏蔽双绞线，传输距离为 200m，最多连接 32 个设备。

③ 光纤介质传输距离为 2000m，点对点连接或星形连接。

3. 总线设备

（1）总线控制器　总线访问每个设备由专用的总线通信控制器控制。总线通信控制器通过发送器和接收器附挂在两个冗余的线路上。MVB 通信控制器包含编码器和解码器，以及控制通信存储器的控制逻辑。总线通信控制器对到达的帧进行解码并寻址相应的通信存储器，还能监控设备状态。MVB 控制器如图 4.3 所示。

（2）设备分类　MVB 设备分为 5 类。

① 0 类设备：0 类设备不参与通信，如中继器。

② 1 类设备：1 类设备不参与通信，连接简单的传感器或执行机构，不可远程配置，无应用处理器。

③ 2 类设备：2 类设备自带应用处理器，可配置，能预处理信息，处理程序固定。

④ 3 类设备：3 类设备是可编程逻辑控制器（PLC）的全栈，有许多端口，典型的有 256 个端口。

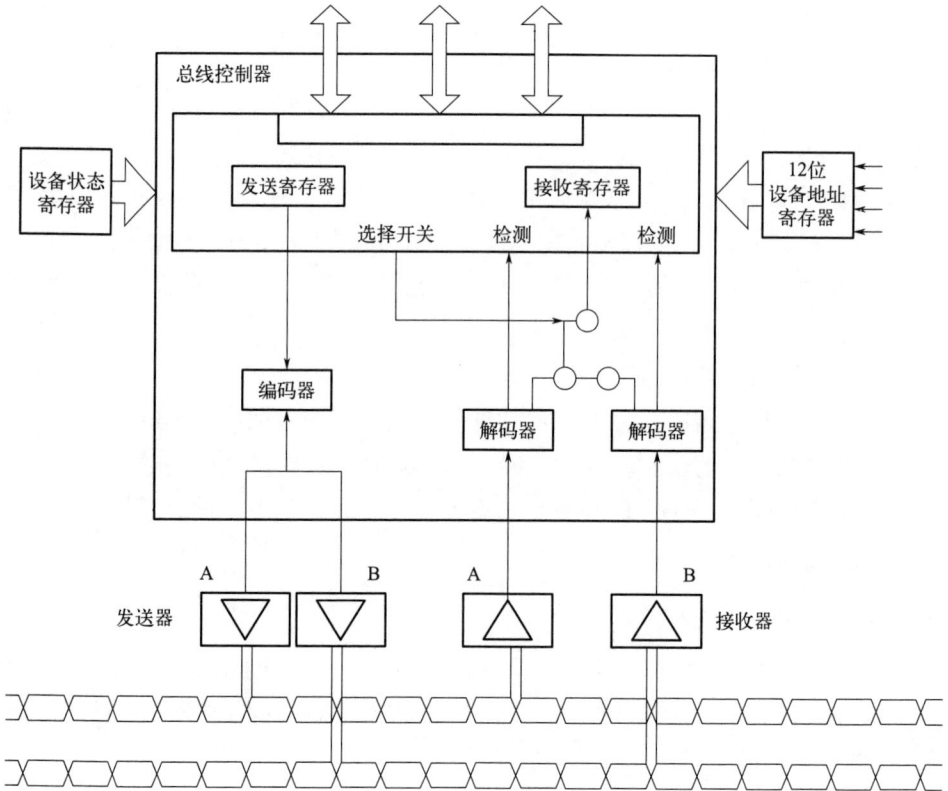

图 4.3　MVB 控制器示意图

⑤ 4 类设备：4 类设备参与总线的控制与管理，如总线管理器、网络管理器和网关。

4. 帧

MVB 有两种帧，分别为主设备帧和从设备帧。

主设备帧：主设备（主控设备）发送的帧。

从设备帧：从设备发送的帧，用于响应主设备帧。

MVB 的一个主帧和一个从帧共同组成一个报文，MVB 报文构成如图 4.4 所示。其中，MSD 为主起始分隔符；ED 为结束分隔符；SSD 为从起始分隔符；CS 为校验序列。

5. 报文

MVB 共有 16 种报文，在主控帧中以 F 代码来区分，如表 4.2 所示。

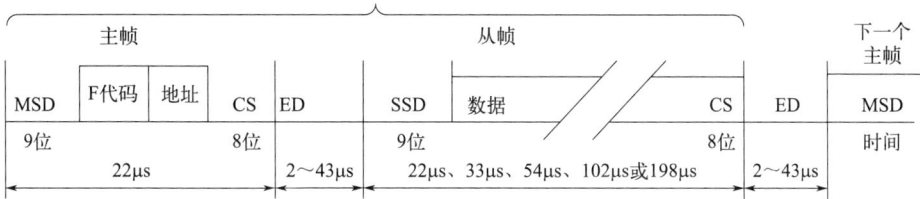

图 4.4 MVB 报文示意图

表 4.2 MVB 报文

F 代码	报文类型	F 代码	报文类型
0	16 位的过程数据请求	8	主控权转换请求
1	32 位的过程数据请求	9	一般事件请求
2	64 位的过程数据请求	10	（保留）
3	128 位的过程数据请求	11	（保留）
4	256 位的过程数据请求	12	256 位的消息数据请求
5	（保留）	13	群组事件请求
6	（保留）	14	单一事件请求
7	（保留）	15	设备状态请求

6.介质访问控制

MVB 介质访问控制采用主从方式，由唯一的主控器以定时轮询的方式发送主控帧。当某个设备作为主设备时，总线上其他设备均为从属设备，需要根据收到的主控帧指令回送从属帧，从属设备不能同时发送信息。MVB 由专用主设备——总线管理器进行管理。为增加可用性，可能有多个总线管理器，它们以令牌方式传递主设备控制权，但同一时间只允许有一个主设备。

在列车运行时，通信网上传送的只有过程数据和消息数据，利用周期性传输和非周期性传输来区分。周期性和偶发性数据通信共享同一总线，但在各设备中被分别处理。周期性和偶发性数据由充当主节点的一个设备控制发送。MVB 通信示意图见图 4.5。

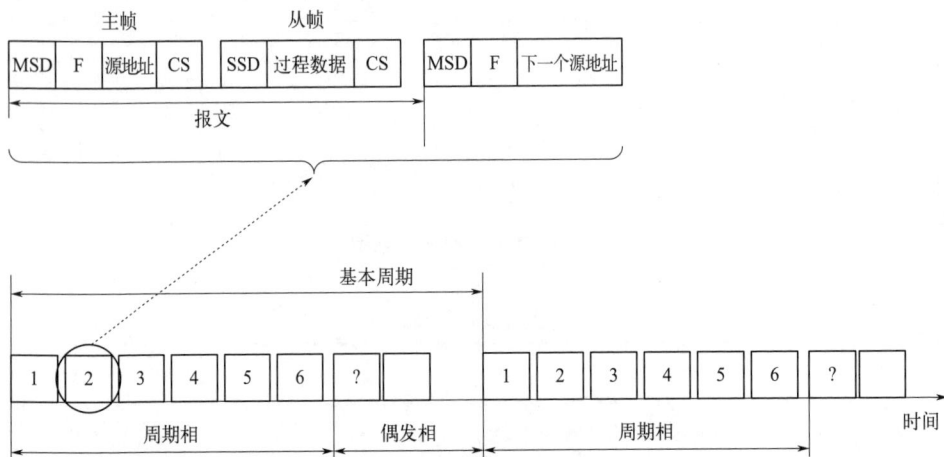

图 4.5　MVB 通信示意图

（四）绞线式列车总线

1. 概述

WTB 用于连接不同车辆（单元）中的网络节点（网关），实现列车级的网络通信。其最大的特点是，当列车新编组时可对车辆进行重新编制，生成新的列车拓扑，方便列车重联或解编，适用于有动态编组需求的车辆。

WTB 采用屏蔽双绞线，要求有较高的机械连接性能。WTB 可满足 22 个 26m 长的标准车辆组成的列车通信要求，可连接至少 32 个节点，通信速度可达 1Mb/s，要求用曼彻斯特编码。WTB 拓扑如图 4.6 所示。

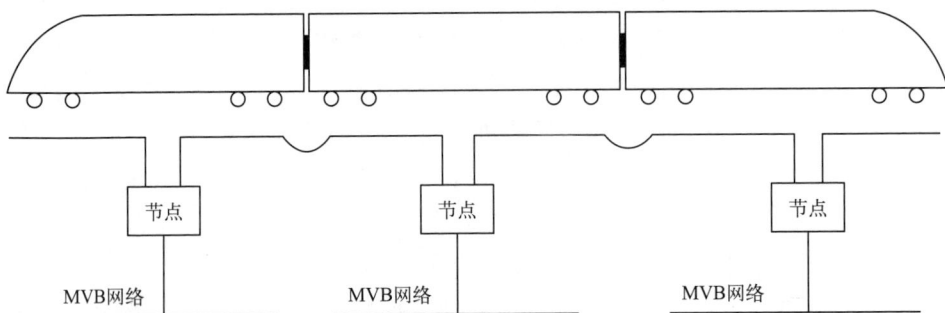

图 4.6　WTB 拓扑示意图

WTB 介质由组成编组的各车辆上的电缆节点连接组成。WTB 在某段时间内只有一个总线主，当列车更改编组或节点出现故障时，总线主权可以转移至其他节点。在这个总线主的控制下，WTB 周期性地传输过程数据，传输数据最大长度为 128 字节，因此，一般优先传输（采用广播形式）重要的过程数据，如牵引制动相关的数据。对于非周期性数据的传输（如乘客信息数据传输），可以采用消息数据方式，其传输速度较慢。当列车编组发生变化时，WTB 自动重新组态，重新给各个节点分配地址和方向，分发新的列车拓扑。

2. 介质连接装置

WTB 介质连接装置（图 4.7）用于将网关设备连接到 WTB 上，它有两个收发器，分别用于前后两个方向。收发器与线路电气使用变压器隔离，收发器与曼彻斯特编码器 / 解码器相连。

每个收发器连在一个能发送和接收帧的通道（或是主通道，或是辅助通道）上。两个收发器结构相同。

当总线开关打开时，总线节间的连接断开。当端接开关闭合时，插入端接器。方向开关将主通道连接到一个方向，并将辅助通道连接到另一个方向。

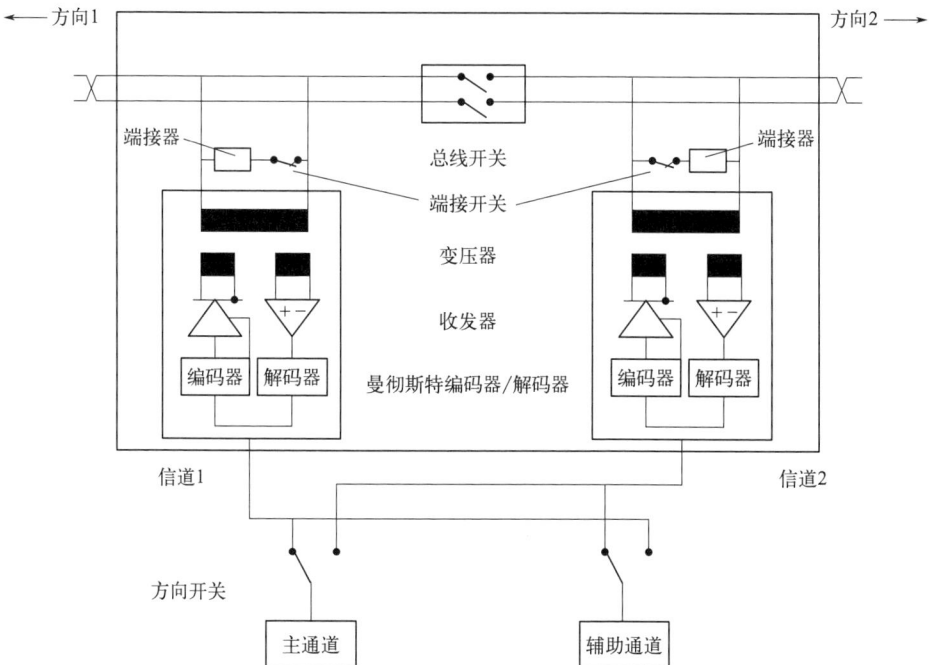

图 4.7　WTB 介质连接装置

3. 帧

WTB 数据帧格式包括总线主发布的主帧数据和从设备响应的从帧数据，主帧与从帧组成一个报文，且主帧与从帧的格式是统一的。所有 WTB 数据帧的编码结构均相同，6 位的帧头和 2 位高电平的结束分隔符不属于帧数据，但属于 WTB 帧的组成部分。WTB 帧结构如图 4.8 所示。

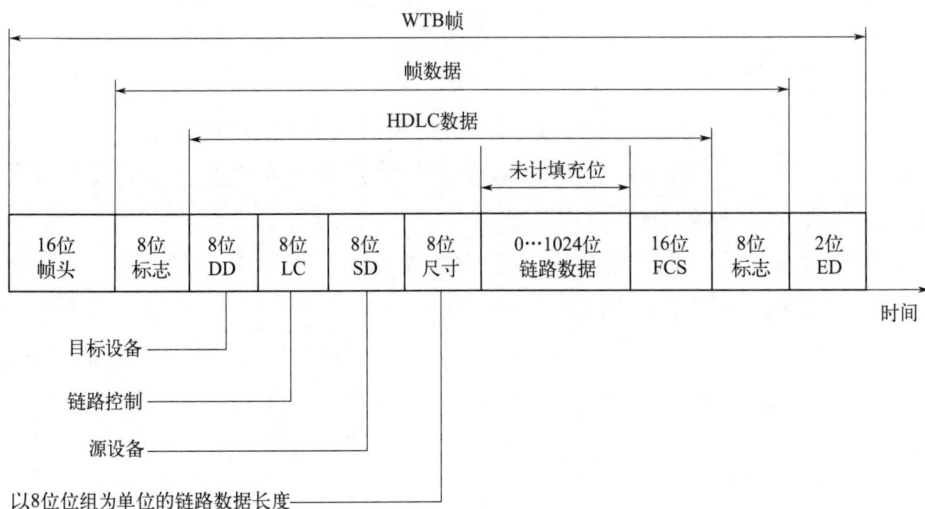

图 4.8　WTB 帧示意图

① 帧头（SH）：帧头由曼彻斯特编码器产生，且由曼彻斯特解码器去掉，长度为 16 ～ 32 位，默认值是 16 位。

② 帧数据标志（DS/DE）：帧数据使用两个 8 位的标志分隔符确定帧的开始和结束。

③ 目标设备（DD）：表示接收数据帧的 8 位节点地址，范围在 1 ～ 63 位之间，该范围是初运行过程分配的。地址 255 是所有节点接听的广播地址。

④ 链路控制（LC）：用来区分请求帧（主帧）和响应帧（从帧）。若 LC 的最高位为"1"，则说明该数据帧为请求帧（主帧）；若 LC 的最高位"0"，则说明该数据帧为响应帧（从帧）。

⑤ 源设备（SD）：发送帧节点的物理地址。

⑥ 链路数据长度：数据帧发送的有效链路数据长度，范围是 0 ～ 128 位。

⑦ 结束分隔符（ED）：2 位高电平。

4. 报文

WTB 报文由主帧和一个相应而发的从帧组成。总线主发送一个主帧,建立起一个源从设备与若干个目标从设备的通信,被选定的从设备用一个从帧进行响应。主帧和从帧均采用广播。WTB 报文示意图见图 4.9。

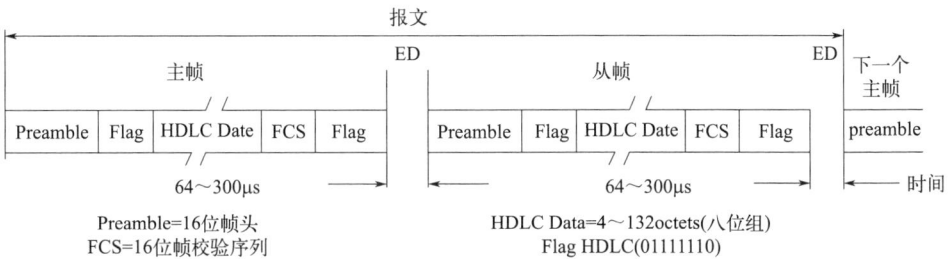

Preamble=16位帧头
FCS=16位帧校验序列

HDLC Data=4~132octets(八位组)
Flag HDLC(01111110)

图 4.9　WTB 报文示意图

WTB 规定了 3 种报文,即过程数据报文、消息数据报文和管理数据报文。

① 过程数据报文:是由一个过程数据请求帧和紧随其后的过程数据响应帧组成的,用于更新分布过程数据库,属于周期性数据。

② 消息数据报文:是指冗长但不频繁的数据项,数据项被拆分为小包并按需发送,用于消息传送,属于偶发性数据。

③ 管理数据报文:用于总线的监视、控制和管理,以保证过程数据和消息数据在总线上的顺利传输。

5. 介质访问控制

在列车总线上,只有唯一的主节点控制媒体访问,其他的所有节点均为从属节点,只能在主节点问询到它时才能发送回应帧。根据报文种类不同,分为周期相和偶发相(图 4.10)。

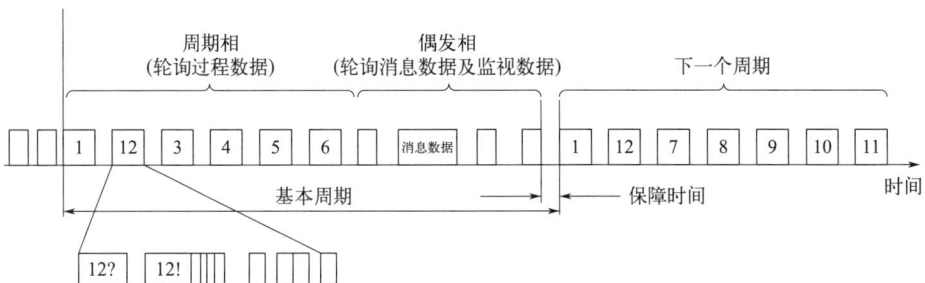

图 4.10　WTB 通信示意图

主节点在预定的周期内轮询各节点的周期性数据即过程数据。在两个周期相间的固定时间内，主节点轮询各节点的偶发性数据，即消息数据及监视数据。

当列车的拓扑改变时，每个节点都将向主节点上报各自所期望被轮询的周期，主节点依次建立新的节点轮询策略。

当车辆数量增加时，周期相增长而偶发相缩短，以此保证周期性数据的可靠传输，但不能无下限地缩短偶发性数据时间，应保证分发偶发性数据有足够的时间。

对于偶发性数据来说，主节点只需按顺序轮询节点。在每个基本周期里，总线主轮询其中一个端节点，以检查列车编组组成的完整性及检测附加的节点。如果端节点是主节点本身，主节点仍然轮询自己并响应它，以便让所有其他节点检查主节点的存在。

6. 初运行

列车总线主设备控制 WTB 的配置，若列车编组发生变化，即多列车重联或解编时，主设备重新组态总线，这个过程叫作列车初运行。

在初运行时，

① 所有节点将各自的电缆段进行电气连接，形成两端有终端器的单一的总线段。

② 每个节点收到一个唯一的节点地址，该地址标识其相对于总线主的位置和取向，各节点通知总线主其特征周期和节点描述符。

③ 每个节点接收一个拓扑结构信息，它包含了其他所有节点的地址、位置和节点描述符。

节点地址分配原则是：

① 主设备（执行初运行的主设备）收到地址 01。

② 不管实际运行方向，根据车辆的一位端和二位端，主设备定义"一位端"为方向 1，"二位端"为方向 2。

③ 在方向 1 上降序排列的主设备节点以地址 63 开始，该方向最后命名节点是底部节点。

WTB 节点寻址方案见图 4.11。

7. WTB 容错

（1）介质冗余技术——1 个信息由 2 条线路传递　WTB 支持介质冗余，即电缆冗余，但节点只有一个。

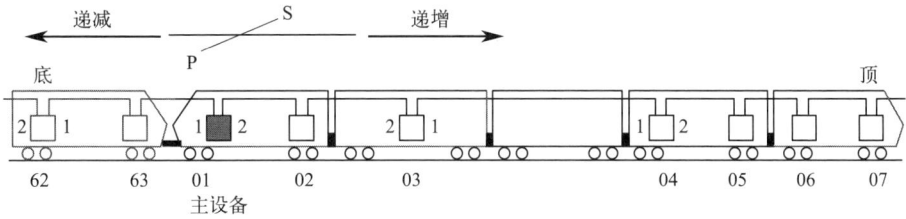

图 4.11　WTB 节点寻址方案

　　节点总是在两路总线上发送数据，每个节点只从一路总线上接收数据，同时监视另一路总线是否正常，因此，解码器需发送"有效数据"信号。一个节点的介质连接装置对每路总线都要有一个线路单元。介质冗余技术示意图如图 4.12 所示。

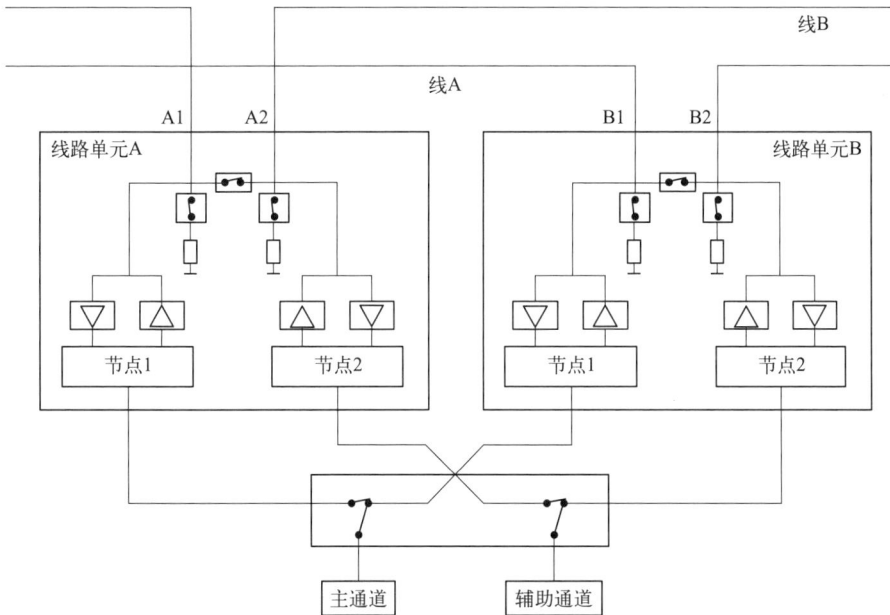

图 4.12　WTB 介质冗余技术示意图

　　（2）主节点冗余技术——2 个主节点　主节点冗余可以保证主节点故障时，不会影响总线的正常工作。这种方法会在初运行结束后制定一个后备节点作为主节点的备份，后备主节点像主节点一样工作，但它不发送帧。它监督主节点的动作，如果主节点出现故障，即在一定时间内没有动作，后备主节点便接管主节点的工作。主节点冗余示意图如图 4.13 所示。

119

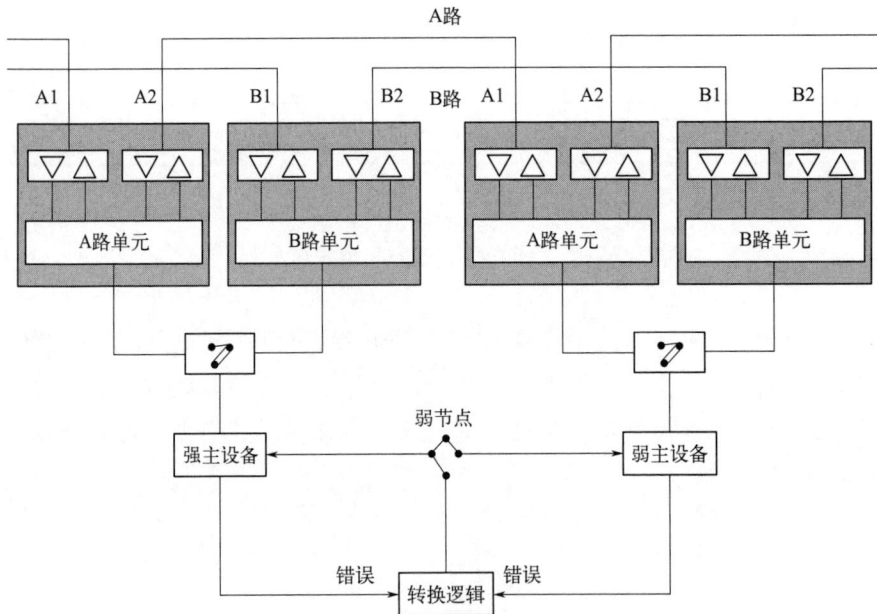

图 4.13　WTB 主节点冗余示意图

二、ARCNET 通信网络

（一）概述

ARCNET 是一种网络访问规程，于 1977 年由美国的 Datapoint 公司制定。从 OSI 参考模型来看，它提供了网络的物理层和数据链路层服务，能方便地在两个节点之间实现数据包的发送和接收。

起初，ARCNET 是作为办公自动化网络发展起来的，经过不断地完善，逐渐演变成了一种嵌入式网络技术，并广泛应用于工业控制领域。ARCNET 传输介质可以是同轴电缆、双绞线及光纤，传输速度可达 2.5Mb/s。

ARCNET 采用了优化的令牌总线协议，因此，它不但继承了令牌总线网的一般特点，还具有网络中每个节点保存有下一个节点的逻辑地址，可以生成一个网络活动节点地址表、设置空闲缓冲区查询帧，规避因目的节点没有空闲缓冲区而引起信息的丢失以及大幅缩减不必要的数据重传，提高网络运行效率等优点。

（二）逻辑环的建立

ARCNET 在工作前，需要建立如图 4.14 所示的逻辑环。逻辑环既可以是网络拓扑结构，也可以是逻辑环结构。

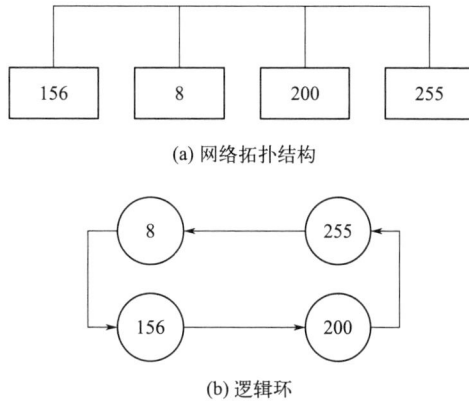

(a) 网络拓扑结构

(b) 逻辑环

图 4.14　逻辑环的建立示意图

（三）节点的进网和退网

当一个节点满足加电或 840ms 未收到令牌的任意一种情况时，节点将发出一个重构脉冲，终止总线所有活动，造成令牌丢失，进而触发系统重构。

当一个节点因故障或断电退出网络时，不会触发系统重构。由于逻辑环的上一个节点（存有退网节点的 ID 值）向它发送令牌时，不能收到其响应，因此令牌发送者将它的 NID 值加 1 重发令牌，直至收到响应。

（四）帧

ARCNET 有 5 种帧类型，但不论哪种类型都由 ALERT 引导，其功能类似于前导码。

1. ITT 帧

ITT 帧（图 4.15）为令牌帧，EOT 是 ASCII 字符集中的传输结束控制符。DID 是终点标识符，即后继工作站的地址信息。双 DID 的目的是增加可靠性。

ALERT	EOT	DID	DID

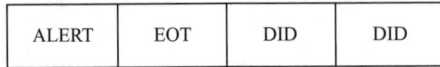

图 4.15　ITT 帧结构图

2. FBE 帧

FBE 帧（图 4.16）为空闲缓冲区询问帧，EOQ 是 ASCII 字符集中的询问字符。它后跟的两个字节 DID 是通过询问了解空闲缓冲器状态的工作站标识符。

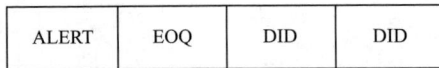

ALERT	EOQ	DID	DID

图 4.16　FBE 帧结构图

3. ACK 帧

ACK 帧（图 4.17）为确认帧，ACK 是 ASCII 字符集中的确认字符。当响应 FBE 帧而发送 ACK 时，表示接收工作站具有可供使用的缓冲器空间。由于 ACK 帧是以广播方式发送的，因此 ACK 帧没有 DID 字段。

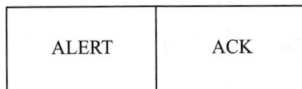

ALERT	ACK

图 4.17　ACK 帧结构图

4. NAK 帧

NAK 帧（图 4.18）为否认帧，NAK 是 ASCII 字符集中的否认字符。当响应 FBE 帧而发送 NAK 时，表示接收工作站不具有可供使用的缓冲器空间。NAK 帧是与 ACK 帧对应的。

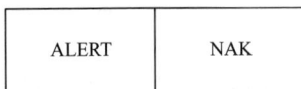

ALERT	NAK

图 4.18　NAK 帧结构图

5. PAC 帧

PAC 帧（图 4.19）为数据传输帧，PAC 帧中 SOH（标题开始）是 ASCII 字符集中的标题开始字符。SID（源点 ID）和 DID（终点 ID）表示源点和终点工作站的地址。CP（连续指针）指示工作站在存储器中找到的传输数据的起点。数据字段 DATA 具有可变长度，在 1 ～ 508 字节之间，用以携带用户数据。2 字节的 CRC 字段用于校验数据传输准确性。

ALERT	SOH	SID	DID	DID	CP	DATA	CRC	CRC

图 4.19　PAC 帧结构图

（五）数据的接发

ARCNET 有短帧和长帧两种模式，前者的用户数据长度为 0 ～ 253 字节，后者的用户数据长度为 0 ～ 507 字节。在数据发送时，协议控制器会自动将其组织到 ARCNET 的数据帧中。传输数据在协议控制器内置的 2K RAM 中存放。

ARCNET 在传输数据时，一旦源节点 CPU 将待发的用户数据写入协议控制器的内部 RAM，在该节点持有令牌时，首先向目的节点发送一个 FBE 帧，确认目的节点缓存是充足的，如果充足则回复一个 ACK 帧，反之则回复一个 NAK 帧。

源节点只有收到来自目的节点的 ACK 帧后才向其发送一个含有用户数据的 PAC 帧。如果目的节点收到了数据，且通过 CRC 校验，则回复一个 ACK 帧，确认数据接收成功，否则不回复任何信息。源节点持续等待目的节点回复，一旦超时，源节点认为数据发送失败，等下一次收到令牌时重发该数据帧。至此，源节点数据传输过程结束，令牌被传递至下一个节点。

ARCNET 支持广播消息。广播消息发出后无须回复确认帧，通过此种方式一次可以将消息传送给网络上的所有节点。ARCNET 数据的传输过程如图 4.20 所示。

（六）安全机制

① 数据发送前通过发送 FBE 帧对目的节点的接收准备进行确认。
② 每个数据帧中都含有一个 CRC-16 的帧校验列。

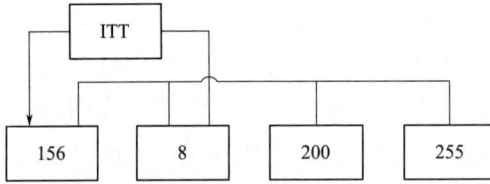

(a) 等待令牌信号

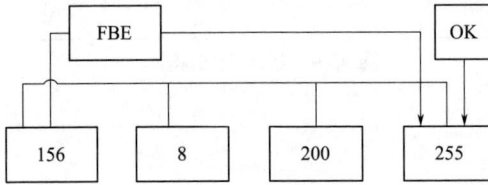

(b) 检查是否可发送

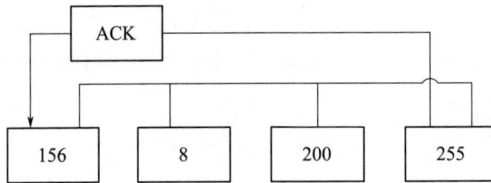

(c) 可发送回答确认

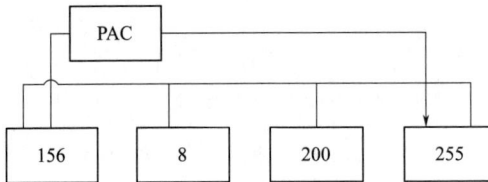

(d) 检查是否可发送

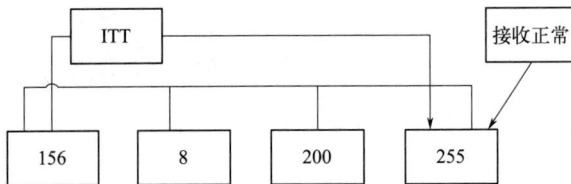

(e) 检查是否可发送

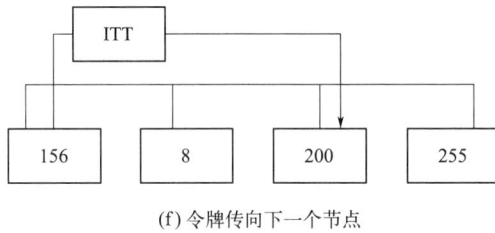

(f) 令牌传向下一个节点

图 4.20　数据的传递过程示意图

③ 一旦令牌丢失，自动重构网络。

④ 协议控制器提供强大的网络故障诊断功能。

三、CAN 总线

（一）CAN 总线概述

CAN 是控制器局域网（Controller Area Network）的缩写。1986 年，它由德国 Bosch 公司开发，主要用于汽车的监测与控制，目的为满足汽车"减少线束的数量，通过多个网络进行大量数据的高速传输"的需求。

CAN 总线是分布式、实时控制的串行通信网络，能够完成数据在电磁干扰的环境下远距离的实时可靠传输。CAN 总线具有如下特性：

① 节点间采用多主通信方式。

② 采用短帧结构，报文帧的有效字节数为 8 个，可满足汽车的实时响应要求。

③ 报文 ID 值越小，优先级越高。报文 ID 可分成不同的优先级，进一步满足汽车网络报文的实时性要求。

④ 非破坏性总线仲裁处理机制。

⑤ 可靠的 CRC 方式，传输数据出错率极低，满足汽车数据传输的可靠性要求。

⑥ 报文帧仲裁失败或传输期间被破坏有自动重发机制。

⑦ 节点在错误严重的情况下具有自动脱离总线的功能，切断它与总线的联系，不影响总线的正常工作。

⑧ 通信距离最远达 10km（速度为 5kb/s 以下）。在工业自动化系统实际应用中，一般用于 2 ～ 3km 左右的通信，为了提高通信品质，可考虑适当增加

中继器。

⑨ 通信速度最高为 1Mb/s（此时距离最长为 40m），考虑到干扰因素，一般在实际应用中的距离要小于 40m。

⑩ 节点数实际可达 110 个。

⑪ CAN 节点设计成本较低，通信介质采用双绞线，为减少信号干扰，两端需装防止信号反射和衰减的电阻（120Ω）。

⑫ CAN 总线使用非归零（NRZ）编码方式。

（二）CAN 的分层结构

从 OSI 参考模型来看，CAN 提供了网络的物理层和数据链路层服务。其中，数据链路层又包括逻辑链路控制（LLC）子层和媒体访问控制（MAC）子层，LCC 子层的主要功能是接收滤波、超载通知以及恢复管理。MAC 子层的主要功能是定义传送规则，以及控制帧结构、执行仲裁、错误检测、出错标定和故障界定。CAN 的分层结构和功能如图 4.21 所示。

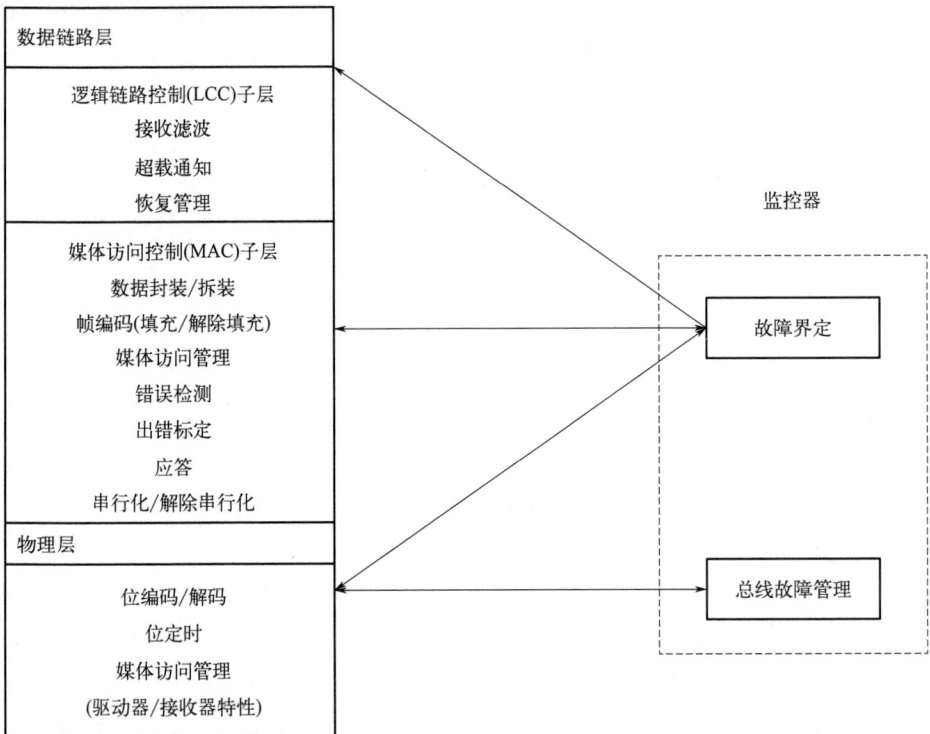

图 4.21　CAN 的分层结构和功能示意图

（三）CAN 报文帧的种类与帧格式

CAN 报文帧分为数据帧、远程帧、错误帧和过载帧 4 种。

1. 数据帧

用于发送节点向接收节点传送数据，是使用最多的帧类型。数据帧可细分为标准帧和扩展帧。无论是标准帧还是扩展帧，均由 7 段组成，分别为帧起始、仲裁段、控制段、数据段、CRC 段、ACK 段和帧结束。数据帧的组成结构如图 4.22 所示。

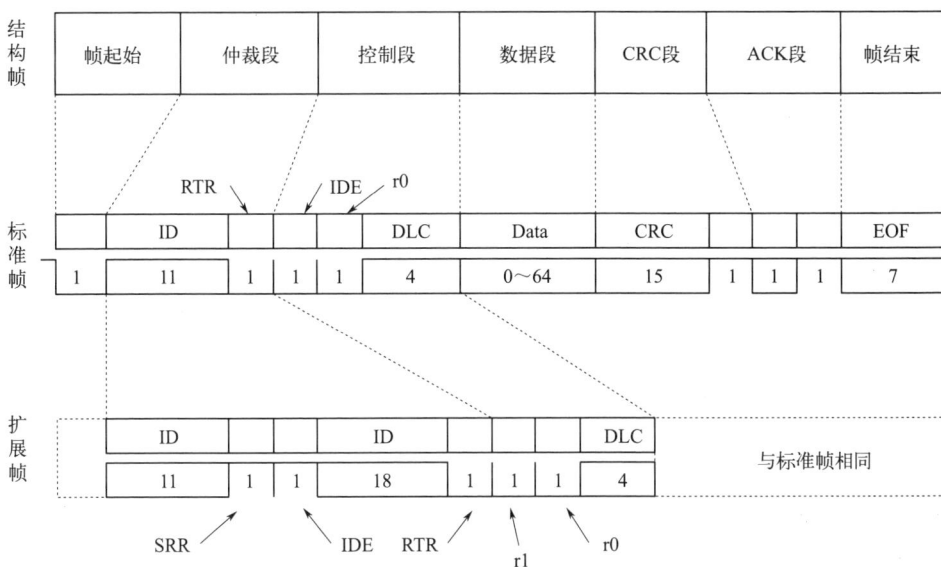

图 4.22　数据帧的组成结构

（1）帧起始（SOF）　由 1 个显性位组成。在总线空闲的时候，发送节点发出帧起始，其他接收节点从这个帧起始位进行同步。

（2）仲裁段　数据帧仲裁段结构见图 4.23。在标准帧中，仲裁段由标识符和远程发送请求（RTR）位组成。其中，标识符占 11bit，按从高到低顺序发送。RTR 为远程帧发送请求位，占 1bit，为显性。

在扩展帧中，标识符占 29bit，前 11 位与标准帧的 11 位 ID 编码位置相同。RTR 功能同标准帧中的 RTR。SRR 为远程帧请求位，占 1bit，为隐性。IDE 为识别符扩展位，占 1bit，在标准帧中该位位于控制段，为显性；在扩展帧中该位位于仲裁段，为隐性。

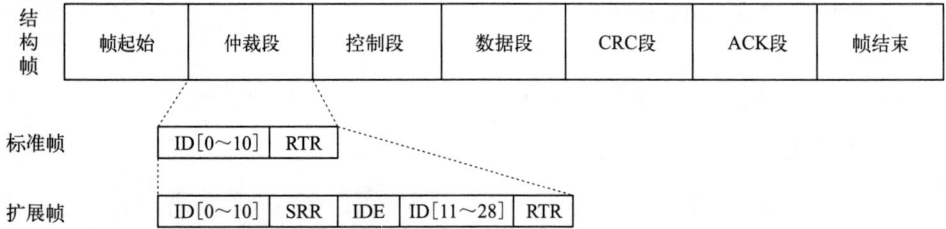

图 4.23　数据帧仲裁段结构

（3）控制段　数据帧控制段结构见图 4.24。IDE 为识别符扩展位，占 1bit，在标准帧中该位位于控制段，为显性；在扩展帧中该位位于仲裁段，为隐性。保留位 r0 和 r1，各占 1bit，总是用显性电平填充。DLC 为数据段的长度码，占 4bit，BCD 编码，其值范围为 0 ~ 8。需要注意的是，接收方对 DLC=9 ~ 15 的情况并不视为错误。

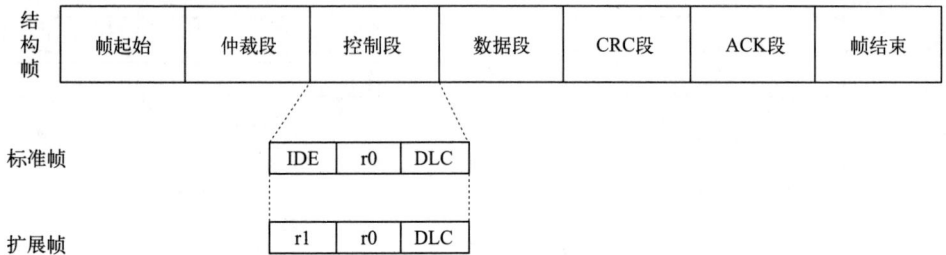

图 4.24　数据帧控制段结构

（4）数据段　数据段包含 8 个字节，即 0 ~ 7，传输时首先发送最高位。

（5）CRC 段　数据帧 CRC 段结构见图 4.25。CRC 段包括 CRC 值以及 CRC 界定符，前者占 15bit，后者占 1bit，为隐性电平。CRC 校验的是帧起始至数据段中的内容，模 2 除多项式 $G(X) = X^{15} + X^{14} + X^{10} + X^8 + X^7 + X^4 + X^3 + 1$，结果存放在 CRC 值中。

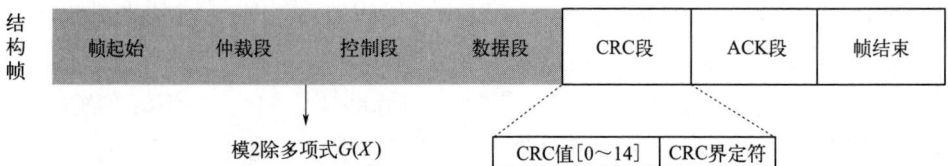

图 4.25　数据帧 CRC 段结构

（6）ACK 段 数据帧 ACK 段结构见图 4.26。ACK 段包含 ACK 应答位和 ACK 界定符，用来确认是否正常接收。对于发送单元来说，在 ACK 段默认 2 个位是隐性位；而对于接收单元来说，接收到正确消息的单元在 ACK 应答位发送显性位，发送节点根据这个显性位来判断是否发送成功。

图 4.26 数据帧 ACK 段结构

（7）帧结束 帧结束由 7 个连续的隐性位组成。

2. 远程帧

用于接收节点向某个发送节点请求数据。远程帧可分为标准远程帧和扩展远程帧。使用远程帧可以从其他任何 CAN 节点请求用户数据（即数据帧）。除了缺少数据段外，远程帧与数据帧结构相同（图 4.27）。

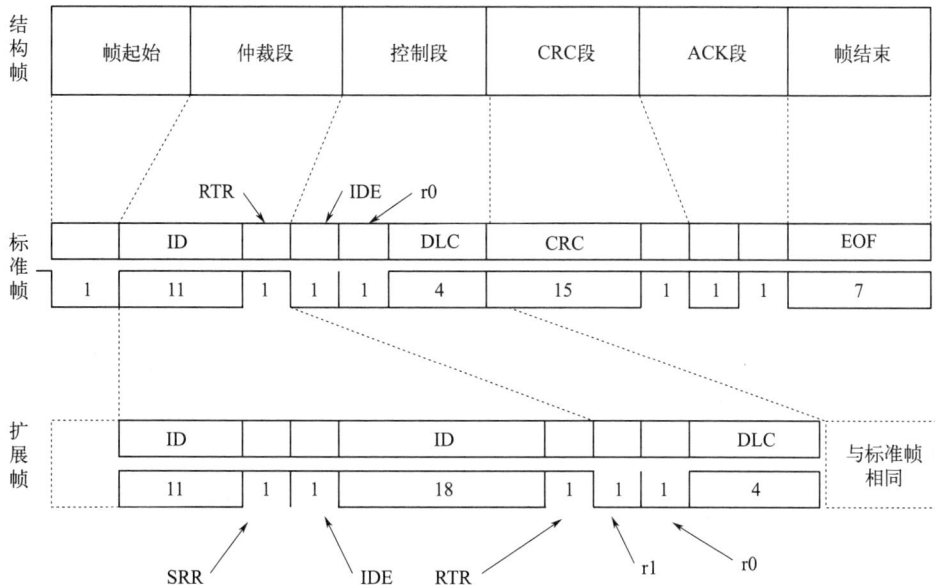

图 4.27 远程帧结构

3.错误帧

用于当某节点检测出错误时向其他节点通知错误的帧。

CAN 是可靠性很高的总线，但是它依然可能出现 5 种错误：CRC 错误、格式错误、应答错误、位发送错误和位填充错误。当发生任何一种错误时，发送节点或接收节点将发送错误帧以告知参与通信的其他节点当前传输的数据错误。

错误帧由错误标志和错误界定符两部分组成。

错误标志又分为主动错误标志和被动错误标志。处于主动错误状态的单元检测出错误时输出的错误标志为主动错误标志（6 个位的显性位）；处于被动错误状态的单元检测出错误时输出的错误标志为被动错误标志（6 个位的隐性位）。

错误界定符由 8 个位的隐性位构成。当错误标志发生后，每个 CAN 节点监视总线，直至检测到一个显性电平的跳变。此时表示所有的节点已经完成了错误标志的发送，并开始发送 8 个隐性电平的界定符。

以主动错误为例，如果一个主动错误节点检测到了总线错误，那么该节点通过产生主动错误标志来中断当前消息，由于主动错误标志由 6 个连续的显性位组成，这是一种违反位填充规则的序列（CAN 协议中规定，当相同极性的电平持续 5 位时，则添加一个极性相反的位）。其他节点接收到这种非法序列后，会以此发出各自的错误帧，极有可能破坏固定位场（CRC 界定符、ACK 界定符及 EOF）的固定格式，诱发其他节点发送错误标志或造成出现错误标志叠加的情况，所以错误标志可能由一个或多个节点产生，由 6 到 12 个显性位组成，错误帧结构如图 4.28 所示。

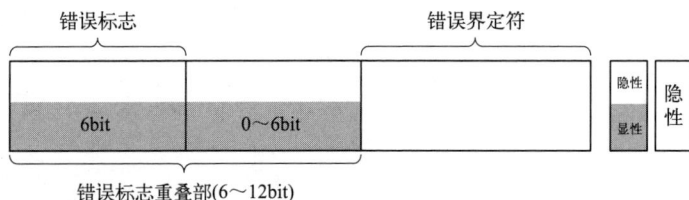

图 4.28　错误帧结构

4.过载帧

用于接收节点向发送节点通知自身接收能力的帧。

当某个接收节点没有做好接收下一帧数据的准备时，将发送过载帧以通知发送节点。节点最多可产生两条连续的过载帧来延迟下一条报文的发送。

过载帧结构如图 4.29 所示，其格式和错误帧类似，由过载标志和过载界定符组成。

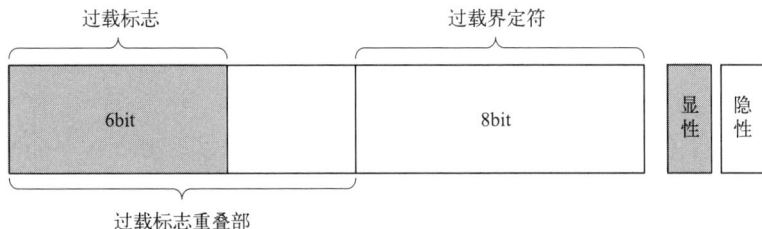

图 4.29 过载帧结构

过载标志由 6 个连续显性位组成，其形式破坏了间歇场的固定格式，使其他所有节点也检测到了一个出错状态，因此，这些节点将各自发出一个过载帧。由于存在多个节点同时过载且过载帧发送存在时间差问题，因此可能出现过载标志的叠加，并且叠加后可能超过 6 个位。

过载界定符由 8 个位的隐性位组成，其构成与错误界定符的构成相同。过载标志发送完毕后，每个节点都对总线进行监视，直到检测到一个隐性位为止。此时，每个节点均已发送完各自的过载标志，接着所有节点还要同时开始发送 7 个隐性位，配齐长达 8 位的过载界定符。

5. 帧间隔

帧间隔是将数据帧或远程帧与前面的帧分离的帧。当连续发送数据帧或远程帧时，其中间会有一小段间隔，这个间隔被称为帧间隔。但超载帧和错误帧前面没有帧间隔。

帧间隔的构成分为两种情况：帧间隔过后，如果无节点发送帧，则总线进入空闲状态；帧间隔过后，如果被动错误节点要发送帧，则先发送 8 个隐性电平的传输延迟，再发送帧，具体如图 4.30 所示。

帧间隔包括间歇场和总线空闲场以及延迟传送场。

间歇场由 3 个隐性位组成，间歇期间不允许启动发送数据帧或远程帧，它仅起标注超载条件的作用。总线空闲场全部为隐性电平，周期可为任意长度，此时总线是开放的，在此状态下，任何需发送的单元均可访问总线。延迟传送场是紧随间歇后发送出的 8 个隐性位，是只在处于被动错误状态的单元刚发送一个消息后的帧间隔中包含的段。

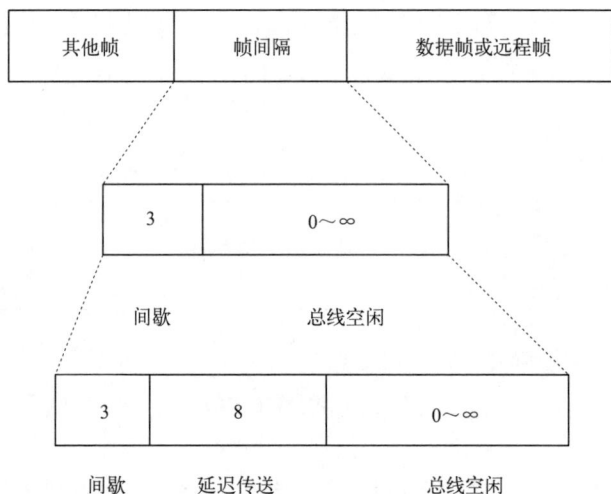

图 4.30　帧间隔结构

四、LonWorks 总线

（一）概述

LonWorks 总线是由美国 Echelon 公司于 1991 年推出的一种全面的现场总线测控网络，也被称为局部操作网（Local Operating Network，LON），它是一个开放的、全分布式的监控系统专用网络。LonWorks 技术提供了一个完整的开发控制网络系统的平台，包括设计、配置安装和维护控制网络所需的硬件和软件，强大的便捷性受到了工程师们的青睐。如今，LonWorks 技术被广泛应用于轨道交通、智能楼宇以及电力等诸多行业。LonWorks 总线技术具有以下特点。

① 网络拓扑结构灵活多变：LonWorks 网络支持多种网络拓扑结构（如总线型、星形、环形和混合型等），可根据信息采集点的布局结构采用不同的连接方式，最大限度地降低布线的复杂性和减少工作量，提高系统的可靠性和可维护性。

② 支持多种通信介质：LonWorks 支持双绞线、电缆、光纤和红外线等多种通信介质，可以根据实际应用需求选择合适的通信介质。

③ 对等网络：LonWorks 网络是一个对等网络，这意味着网络中任意一个节点的故障不会导致整个系统的瘫痪。一个信息采集节点的损坏或关闭不会

影响其他信息采集节点的运行。

④ 易于调整和扩充升级：LonWorks 网络节点之间使用逻辑连接，可以很容易地添加或修改节点，便于系统的调整和扩充升级。

⑤ 易于系统开发：神经元芯片内置了现成的 I/O 对象和 LonTalk 协议，可以使用高级语言编程，这大大降低了系统开发的难度和减少了工作量。

（二）网络结构

LonWorks 控制网络结构包括网络设备（节点、路由器、网关、网络接口和 Web 服务器）、网络协议、网络传输媒体、执行机构以及管理软件五部分。具有分布控制与通信联网功能的大规模集成的神经元芯片构成各个节点，通过网络收发器及网络通信媒体将各节点构成全分布式局部操作网络，网络内各设备采用统一的通信协议通信。典型的 LonWorks 网络架构如图 4.31 所示。

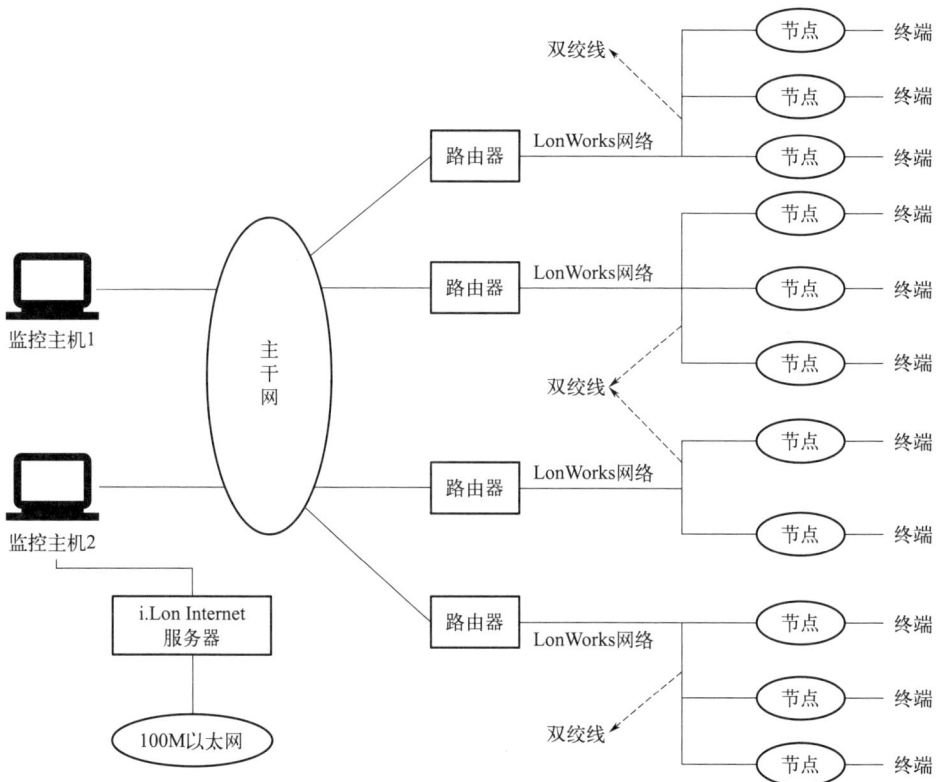

图 4.31　LonWorks 网络架构示意图

1. 网络设备

（1）节点　通常情况下，节点由神经元芯片（Neuron 芯片）、电源、收发器以及控制设备和传感器等组成。典型的 LonWorks 网络节点架构如图 4.32 所示。

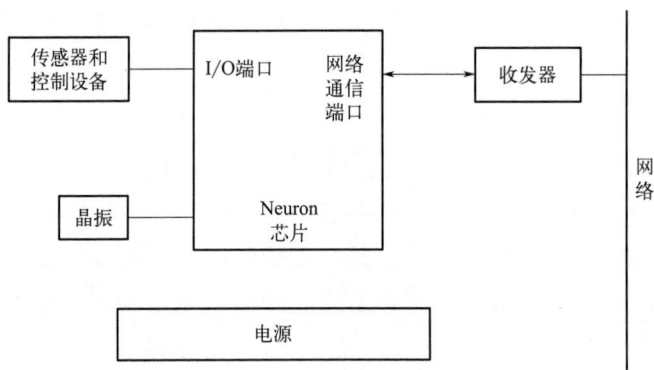

图 4.32　LonWorks 网络节点架构示意图

① 神经元芯片（Neuron 芯片）。神经元芯片是 LonWorks 技术的核心，它既是一个网络通信处理器，又是一个应用程序处理器，包括了完整的 LonWorks 的 LonTalk 协议。神经元芯片内部结构如图 4.33 所示。

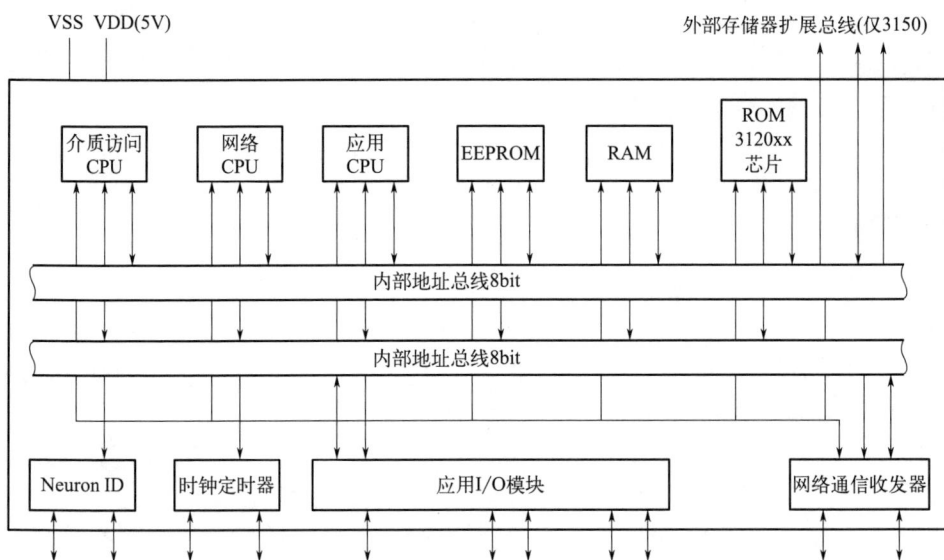

图 4.33　神经元芯片内部结构示意图

神经元芯片具有高度集成（集成有 LonTalk 协议、I/O 驱动程序和事件驱动多任务调度程序）、所需外部器件少、通信速度高（可达 610b/s ～ 1.25Mb/s）等特点。

神经元芯片包括 3 个 8bit 的 CPU。

CPU-1：是媒体访问 CPU，主要处理 LonTalk 7 层协议栈的第一层和第二层，包括驱动通信子系统硬件以及执行 MAC 算法。CPU-1 和 CPU-2 通过共享内存中网络缓冲区通信。

CPU-2：是网络处理 CPU，处理 LonTalk 协议栈的 3 ～ 6 层，即处理网络变量、寻址、事务处理、权限认证、背景诊断、软件定时器和网络管理。CPU-2 通过网络缓冲区与 CPU-1、CPU-2 通信。

CPU-3：是应用 CPU，运行用户编写的代码和应用代码调用的操作系统命令。编程语言是 Neuron C。CPU 结构如图 4.34 所示。

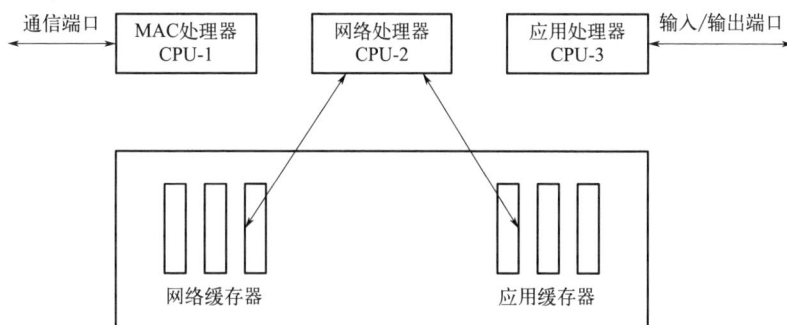

图 4.34　芯片 CPU 结构

每个 CPU 有各自的寄存器设置，但它们可共享数据、ALU 的地址以及在存储区访问电路。3 个 CPU 的最短周期分别间隔一个系统周期，以便在每个最短周期内，每个 CPU 可以访问存储器和 ALU 各一次。系统对 3 个 CPU 采用了流水线技术，在不影响性能的情况下，大大减少了对硬件的需求。3 个 CPU 并行工作时，可避免因中断和上下文交换导致的耗时。

② 电源。为节点提供可靠且优质的电能。

③ 收发器。每个网络设备都有一个收发器。收发器在一个 LonWorks 设备与 LonWorks 之间提供了一个物理通信接口。不同通信媒介之间需使用路由器相连。

④ 传感器和控制设备。传感器和控制设备可以通过 I/O 端口接入神经元芯片。

LonWorks 有两种节点类型，一种是基于 Neuron 芯片的节点，另一种是基于主机的节点（图 4.35）。前者运行在一个节点的 Neuron 芯片上，总线地址为 8bit，最高主频为 10MHz，可以实现所有的应用和通信处理，但无法完成复杂控制。而后者将神经元芯片作为协作处理器，高级主机作为主处理器（微机控制器等），用于完成复杂的控制功能。

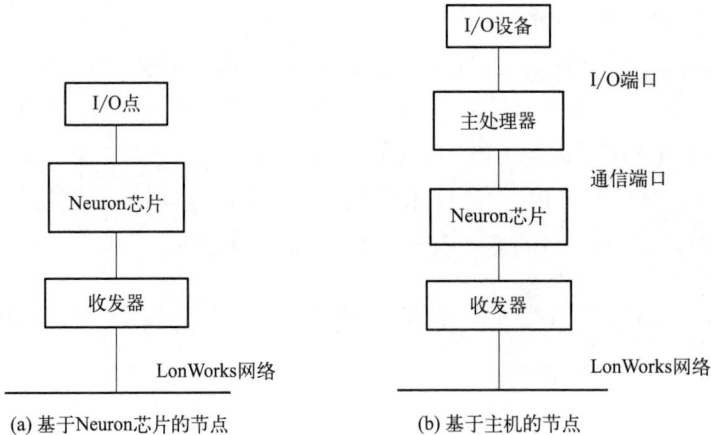

图 4.35　LonWorks 节点类型示意图

（2）路由器　路由器能够用于控制网络交通和分割网络，增加网络吞吐量和容量。它使 LonWorks 总线突破了传统现场总线的限制，也使其通信不受通信介质、通信距离和通信速度的影响。LonWorks 路由器包括中继器和网桥（桥接器）等。

（3）网关　网关允许专用的控制系统连接到 LonWorks 系统。一个网关具有对异型系统设备或总线的物理接口，它的应用程序为异型系统提供专用的通信协议。网关的应用极大地提高了 LonWorks 的扩展能力。

（4）网络接口　任意的主机（如 PC）可以通过网络接口（如 PCLTA-20 LonTalk 适配器）使用 LonWorks 工具（如 LonMaker），实现主机与 LonWorks 其他节点的通信。

（5）Web 服务器　i.Lon100 是 Echelon 公司推出的一种高性能网络接口设备。i.Lon100 将 LonWorks 收发的数据进行 IP 数据包处理后，利用 IP 网络传输。通过 i.Lon100 可更方便地将 LonWorks 和互联网连接起来，使用户能够在互联网上访问到 LonWorks 控制网上的设备（图 4.36）。

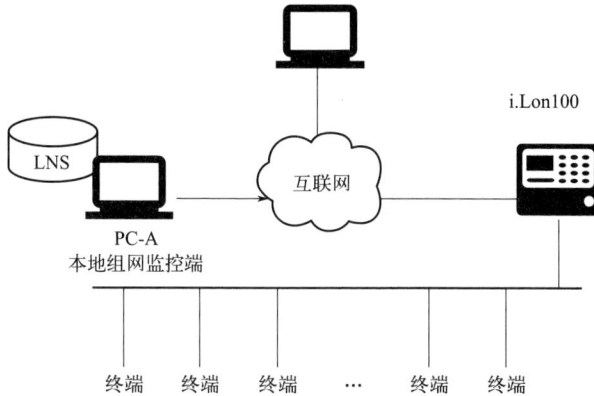

图 4.36　i.Lon100 应用示意图

2. 网络协议

LonTalk 是 LonWorks 的通信协议，固化在神经元芯片内。LonTalk 协议遵循 ISO 定义的开放系统互连（OSI）模型，它除了为 LonWorks 控制网络实现可互操作性提供条件，还提供了 OSI 参考模型所定义的全部七层服务，并可使简短的控制信息在各种介质中非常可靠地传输。LonTalk 协议是直接面向对象的网络协议，具体采用网络变量的形式来实现。通过网络变量的互相连接即可实现节点之间的通信，在神经元芯片的加持下，满足了实时性和接口的直观、简洁等现场总线的应用要求。LonTalk 协议层见表 4.3。

表 4.3　LonTalk 协议层

	模型分层	目的	服务
7	应用层	应用程序	标准对象和类型、配置属性、网络服务等
6	表示层	数据解释	网络变量、应用、报文、外来帧
5	会话层	远程行动	对话、远程程序调用、连接恢复
4	传输层	端到端传输可靠性	端到端确认、业务类型、数据包排序、检测
3	网络层	目的地寻址	单路/多路传输、目的地寻址、数据包路由选择
2	数据链路层	介质访问与组帧	组帧、编码、CRC、介质访问、冲突检测
1	物理层	电气连接	介质特定细节、收发器类型、物理连接

（1）LonTalk 寻址体系　网络地址有 3 层结构，分别是域、子网和节点，LonTalk 寻址体系如图 4.37 所示。

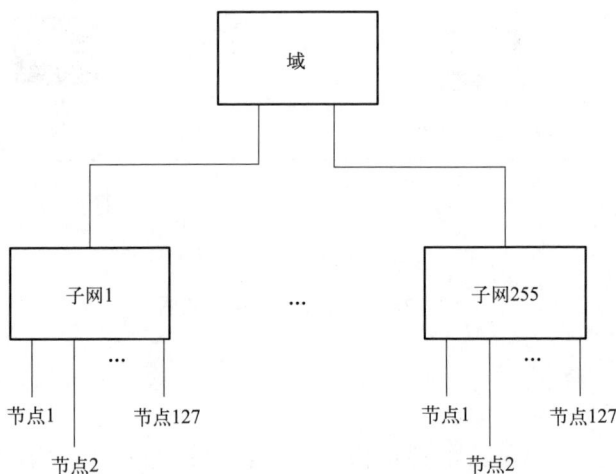

图 4.37　LonTalk 寻址体系示意图

第 1 层结构是域。域是一个或多个信道上节点的逻辑集合，只能在配置为相同域的节点之间进行通信，因此一个域便形成了一个虚拟网络。

第 2 层结构是子网。每个域最多有 255 个子网。一个子网最多可以包括 127 个节点。一个子网是一个域内节点的逻辑集合。

第 3 层结构是节点。子网内每个节点被赋予一个在该子网内唯一的节点号。因此，一个域内最多可有 255×127=32385 个节点。

一个域内节点的逻辑集合称为组。组不需要考虑节点的物理位置。组包括路由器，一个组可在一个域中跨越多个子网或几个通道。每个组最多可包含 64 个需应答服务的节点，而对无应答服务的节点个数不限，一个节点最多可以同时属于 15 个组，一个域最多可以有 256 个组，组地址的长度为 1 个字节，这种结构可以使一个报文同时被多个节点所接收。

神经元芯片有一个独一无二的 48 位 ID 地址，神经元芯片出厂时自带 ID 地址，这个地址是全球唯一的，一般只在网络安装和配置时使用，可以作为产品的序列号。

（2）通信服务　LonTalk 协议提供四种基本报文服务：

① 确认服务：一个报文被发送给一个或一组节点，发送节点将等待来自每个接收节点的确认报文。如果没有接收到确认且已经超时，发送节点重新

发送报文。发送时间、重试的次数和接收时间全部是通信参数，可以设置。确认部分由网络处理器处理。LonTalk 确认服务示意图见图 4.38。

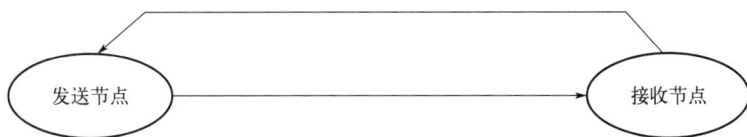

图 4.38　LonTalk 确认服务示意图

② 请求 / 响应服务：是协议中最可靠的通信服务，一个报文被发送给一个或一组节点，发送节点将等待来自每个接收节点的响应报文。输入报文由接收端的应用在响应生成之前处理。发送时间、重试的次数和接收时间全部是通信参数，可以设置。响应部分由网络处理器处理。响应报文中包含数据，可以实现远程调用或客户端 / 服务器应用。LonTalk 请求 / 响应服务示意图见图 4.39。

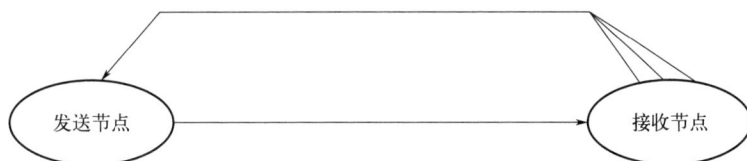

图 4.39　LonTalk 请求 / 响应服务示意图

③ 非确认重复服务：一个报文被多次发送给一个或一组节点，发送节点不需要得到响应，通信量比起应答类的通信服务要少得多。LonTalk 非确认重复服务示意图见图 4.40。

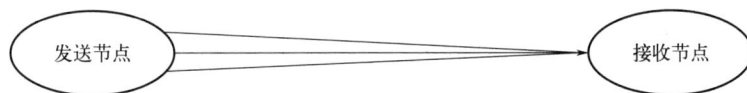

图 4.40　LonTalk 非确认重复服务示意图

④ 非确认服务：一个报文只有一次被发送给一个或一组节点，发送节点不需要得到响应。LonTalk 非确认服务示意图见图 4.41。

图 4.41　LonTalk 非确认服务示意图

（3）优先级　LonTalk 协议有选择地提供优先级机制以延长对重要数据包的响应时间。协议允许用户在信道上分配优先级时间槽，专用于提供优先级服务的节点。当节点内生成一个优先级包后，传输过程中节点放在优先级队列，路由器放在优先级槽中传送。

（4）冲突检测　LonTalk 协议支持冲突检测以及自动重发。一旦收发器检测到冲突，LonTalk 协议便能立刻重发因冲突而损坏的消息。

（5）认证　LonTalk 协议支持报文认证服务，报文接收者来决定发送者是否有权通信，只有验证通过才能通信，否则无法通信（图 4.42）。

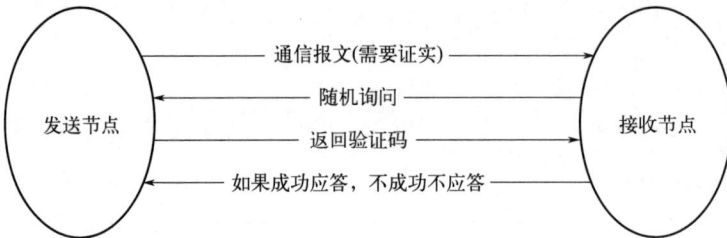

图 4.42　LonTalk 认证服务示意图

LonWorks 技术的核心是神经元芯片（Neuron Chip）。这是一种由美国 Motoma 公司和日本 Toshiba 公司共同开发的多处理器芯片，具有完整的系统资源，内部集成了 3 个 CPU，其中一个用于执行用户编写的应用程序，另外两个则专门用于完成网络任务。

五、WorldFIP 总线

（一）概述

WorldFIP 全称为 World Factory Instrument Protocol。20 世纪 80 年代，其由 Alstom 等几家法国公司联合开发，随即成为法国国家标准（FIP）。在 FIP 的发展过程中，又采纳了 IEC 61158-2 国际标准，并更名为 WorldFIP。1996 年，

正式被确认为欧洲现场总线标准 EN 50170-3。

为了推动 WorldFIP 的发展和应用，1987 年成立了 WorldFIP 现场总线组织。目前，该组织已包括 Alstom、Schneider、Honeywell 在内的 100 多家工控领域知名公司。

WorldFIP 作为一种用于自动化系统的现场总线，提供现场设备与控制器之间的数字化连接，适合集中式、分散式和主从式等各种应用结构，使分布智能控制成为可能，使不同制造厂家的设备能够互操作。因此，WorldFIP 被广泛地应用于能源、化工以及交通运输等工业领域。

（二）WorldFIP 总线体系结构

WorldFIP 总线体系结构如图 4.43 所示。

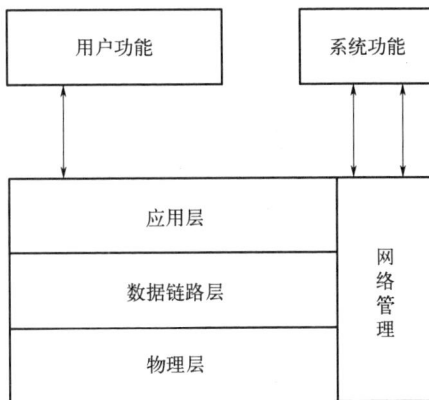

图 4.43　WordFIP 体系结构

1. 应用层

WorldFIP 应用层提供变量和消息两种访问服务。

2. 数据链路层

数据链路层负责数据传输、差错和访问控制。它具有周期和非周期两种数据交换方式、变量寻址和报文寻址两种寻址空间。其介质访问控制采用总线仲裁器方式，通信方式采用生产者 / 消费者模式，支持单播和多播。

WorldFIP 有询问帧（ID-DAT）和响应帧（RP-DAT）两种类型帧，每帧均由帧起始序列（FSS）、帧校验序列（FCS）和帧结束序列（FES）3 部分组成。WorldFIP 帧格式如图 4.44 所示。

FSS	控制	标识符	FCS	FES
2字节	1字节	2字节	2字节	1字节

FSS	控制	数据	FCS	FES
2字节	1字节	n字节($n \leq 128$)	2字节	1字节

图 4.44　WorldFTP 的帧格式

WorldFIP 使用曼彻斯特码进行编码和解码，可以同时传递数据和时间同步信号。

3. 物理层

物理层为通信实体提供物理连接所必需的功能，传输介质可以是屏蔽双绞线或光纤，各种介质传输速度与传输距离的关系如表 4.4 所示。

表 4.4　传输速度与传输距离

传输速度	双绞线介质传输最长距离 /km	光纤介质传输最长距离 /km
31.25kb/s	5 ～ 20	
1Mb/s（典型值）	1 ～ 4	
2.5Mb/s	0.5 ～ 1.5	40
5Mb/s	0.3 ～ 0.7	
25Mb/s	0.08 ～ 0.2	

WorldFIP 网络最多可以由 4 个网段构成。需要注意的是，在双绞线连接中，各网段间需由中继器连接，双绞线介质的多网段网络拓扑如图 4.45 所示。

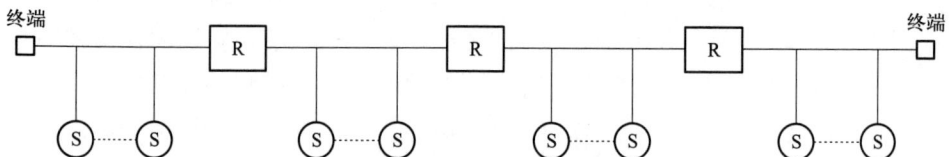

图 4.45　总线拓扑结构

每个子段最多可有 32 个物理连接点，通过使用分线盒可以连接 256 个站点。所谓的站点就是连接到 WorldFIP 总线上的设备，具体功能有：

① 总线仲裁器：管理对传输介质的访问（只调度通信，不调度进程）。

② 生产者 / 消费者模式：向总线发布或接收信息。总线上任何一个站点均可以充当总线仲裁器，但在某一时刻，总线上有且只有一个总线仲裁器。所有要传递的变量均由一个 16 位的逻辑地址来标识。每个变量的值只能由一个"生产者"产生，可被一个或多个"消费者"所使用。

（三）WorldFIP 的数据类型

WorldFIP 总线上允许 3 种类型的数据传输，如表 4.5 所示。

表 4.5　WorldFIP 的数据类型

数据类型	场合	特点
周期变量	时间严格的闭环控制	总在传递，针对控制
事件变量	显示、报警	有要求或状态改变时传递
消息报文	诊断、维护	非临界时间，针对信息服务

变量指的是周期性地在总线上传输的数据。它由一个独有的 16 位数据标识，按照预先设定的传输周期在总线上周期性传输，通常用于实时状态及控制信息的传输，如重要的 I/O 信号等。

消息指的是事件信息等非周期性数据，一般在应用程序提出传输申请后一次性地在网络上传输。

（四）WorldFIP 的介质访问

WorldFIP 的介质访问是基于总线仲裁器的集中式介质访问控制，在同一时刻，有且只有一个总线仲裁器和生产者。总线仲裁器负责调度总线上的通信，根据应用程序所要求的服务来调配总线上信息的传输顺序，能够实现扫描周期性变量、扫描非周期性变量以及传输消息三种功能。

总线仲裁器发布带标识符的查询帧，生产者需在规定的时间内应答。总线仲裁器收到响应帧后发布下一个查询帧，以此类推，循环往复。基于总线仲裁器的集中式介质访问控制如图 4.46 所示。

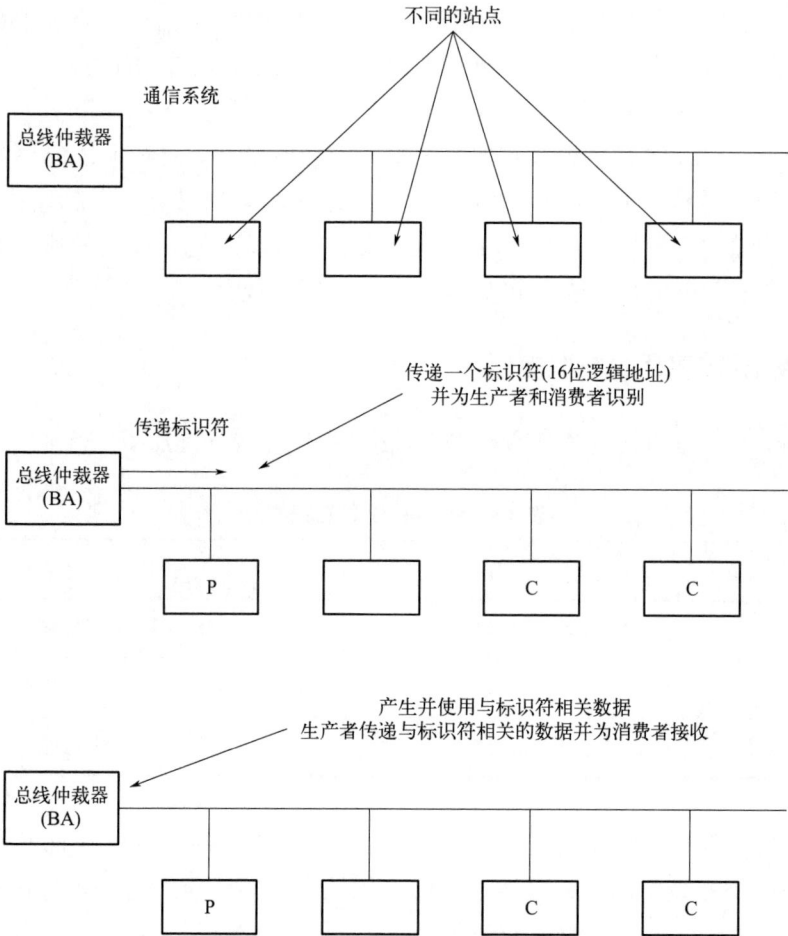

图 4.46　基于总线仲裁器（BA）的集中式介质访问控制

　　这种传输模式称作"生产者 - 消费者"传输模式，该传输模式如图 4.47 所示。在这种传输模式中，生产者是报文的发送者，消费者是报文的接收者，同一时刻有且只有一个生产者，但可以存在多个消费者。

　　WorldFIP 的介质访问控制类似于"令牌"网，"令牌"是对介质的访问权。"令牌"按照预先确定的时间在多个通信子站之间传递。"令牌"的传递过程由通信控制器完成，无须应用程序的干预。变量的生产者按照预先设定好的周期将变量在网络上广播，消费者同时接收变量。在变量中有一个字节的控制信息，控制信息中包含一位消息发送请求，在通信站中有消息需要发送时，该位置为有效位，向总线提出消息发送申请。在规定的时间间隔内，当所有通信子站生产的变量数据发送完毕后，"令牌"被传递给提出发送消息请求的通信子站，此时得到"令牌"的通信子站将消息在网络上广播，这使得变量与消息的传输具有独立性，非周期消息与周期变量的传输互不影响。这一特点促进了 WorldFIP 在实时性要求较高的工控场所的应用。WorldFIP 传输的基本操作过程如图 4.48 所示。

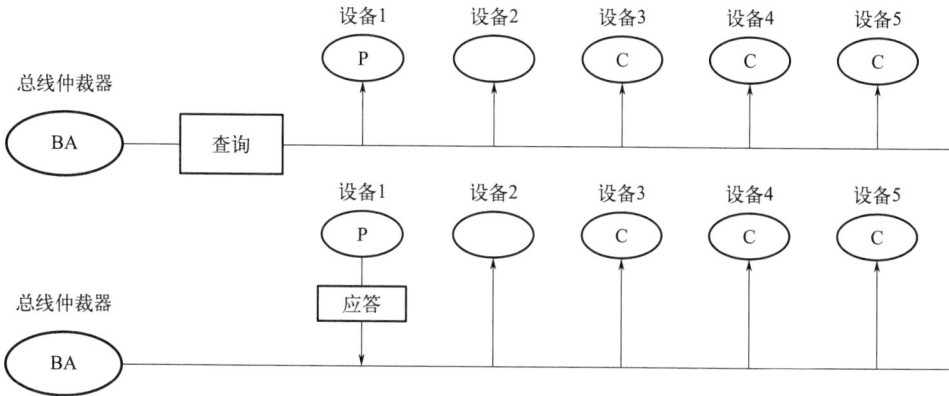

图 4.47　"生产者 - 消费者"传输模式

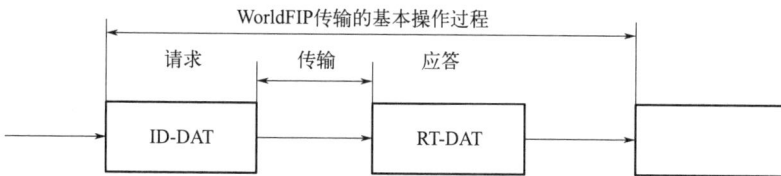

图 4.48　WorldFIP 传输的基本操作过程

非周期传送请求由响应的控制字段中的变量传送请求位或消息传送请求位来控制。在非周期窗口中，总线仲裁器指示请求者传送请求或传送消息，请求者以一列要传送的变量标识符作为响应帧，总线仲裁器则在另一列中记下该列标识符，或请求者发送的消息，等待下一个查询的发布。之后，总线仲裁器根据时间的长短依次广播一个或多个变量标识符查询帧。

（五）WorldFIP 介质分配周期性数据传输

总线仲裁器通过发送 ID_DAT 帧向总线广播变量标识符的名字（图 4.49）。连接到总线上的所有站点侦听该信息，但只有一个站点匹配自己是该标识符的产生者，其余站点匹配自己是该变量的使用者。

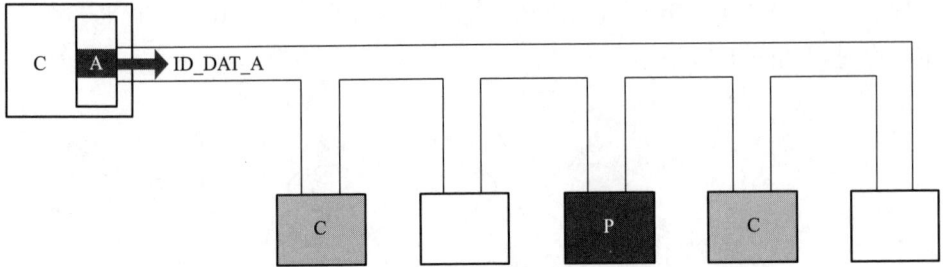

图 4.49　问题广播

匹配到自己是该标识符的产生者的站点以响应帧（RP_DAT）广播标识符的值（图 4.50）。连接到总线上的所有其他站点将捕获到该信息。接下来，总线仲裁器开始扫描变量扫描表中的下一个标识符，以此往复。

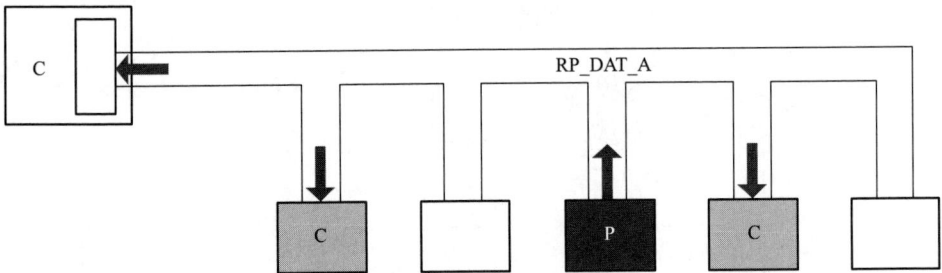

图 4.50　响应广播

（六）WorldFIP 介质分配非周期性数据传输

对于只是偶尔进行交换的变量来说，WorldFIP 提供了一种非周期性传输机制，变量的产生者、使用者和第三方变量均可以提出非周期性传输请求。该机制可以分为以下阶段。

阶段一：在为周期性传输设置的窗口时间内，总线仲裁器广播一个标识符 A 的问题帧，变量 A 的产生者以相应的值回答，并在响应帧的控制段中设置非周期性请求位（图 4.51）。总线仲裁器则在一个用于变量传输请求的队列中记下标识符 A。非周期性请求有紧急和普通两类优先级，总线仲裁器有两个队列分别对应于每一类优先级。

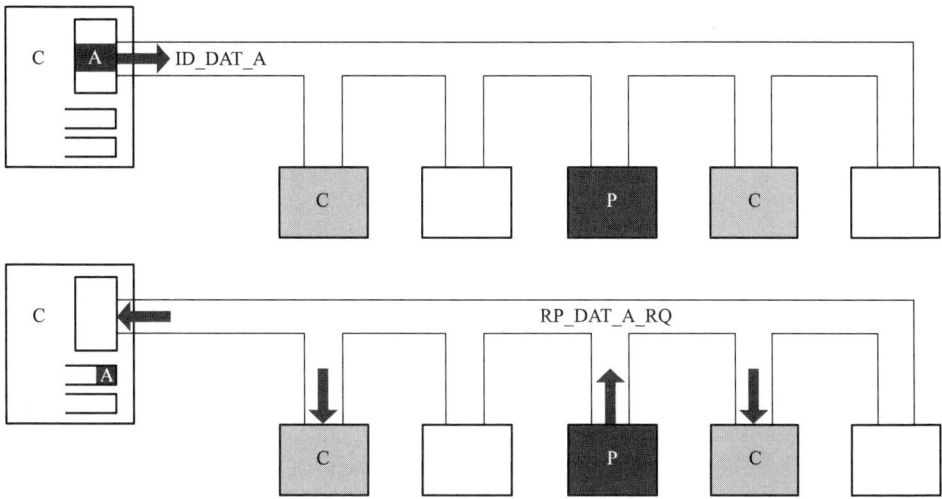

图 **4.51**　非周期性数据传输第一阶段

　　阶段二：在为非周期性传输设置的窗口时间内，总线仲裁器使用标识请求帧要求标识符 A 的产生者发送其请求，并以标识符列表响应（图 4.52）。

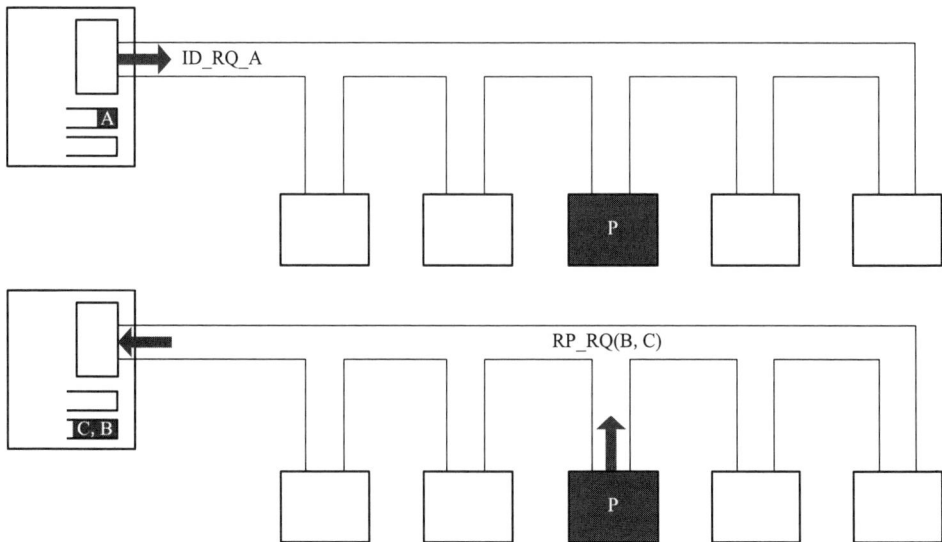

图 **4.52**　非周期性数据传输第二阶段

　　阶段三：在非周期性窗口中发生，总线仲裁器利用基本循环后可用的时间完成一个或多个非周期性传输请求（图 4.53）。

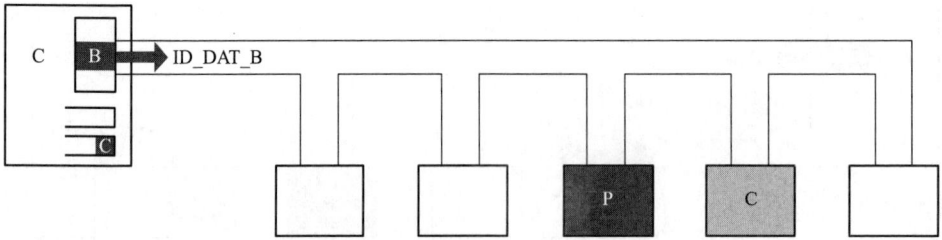

图 4.53　非周期性数据传输第三阶段

（七）WorldFIP 介质分配无确认消息传输

WorldFIP 提供了一种点对点或广播模式的无确认消息传输，与非周期性变量传输请求类似。该机制可以分为以下阶段。

阶段一：总线仲裁器广播一个标识符 B 的问题帧，B 的产生者以相应的值回答，并在响应帧的控制段中设置 MSG 位，用以表示它有一个消息传输请求（图 4.54）。总线仲裁器在消息请求队列中记下标识符 B 有一个请求。

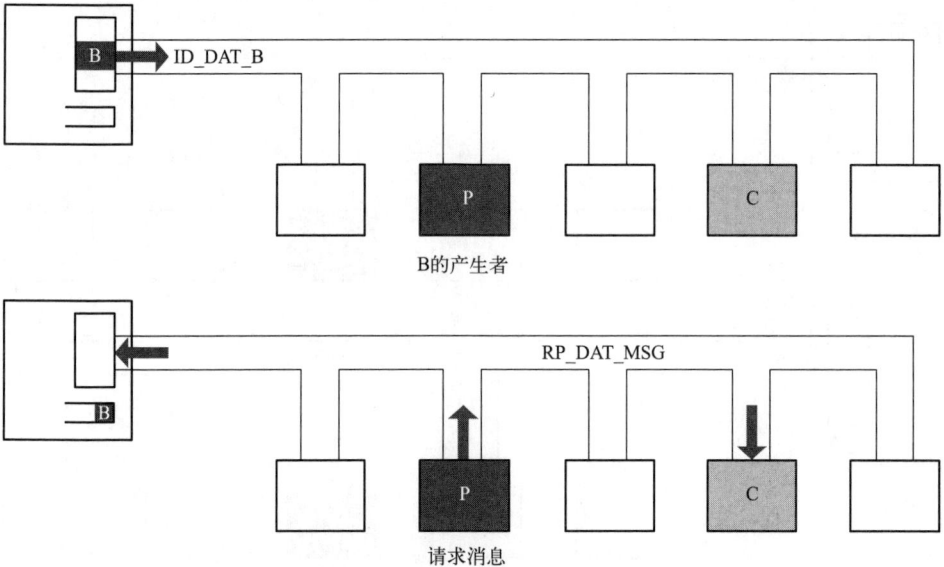

图 4.54　无确认消息传输第一阶段

阶段二：在非周期性窗口中发生，总线仲裁器允许标识符 B 的产生者"发言"，标识符 B 开始传输消息，消息以 RP_MSG_NOACK 类型的帧传输，帧内容包含自身地址和目的地址（图 4.55）。总线仲裁器等待接收指示消息传输处理结束帧。

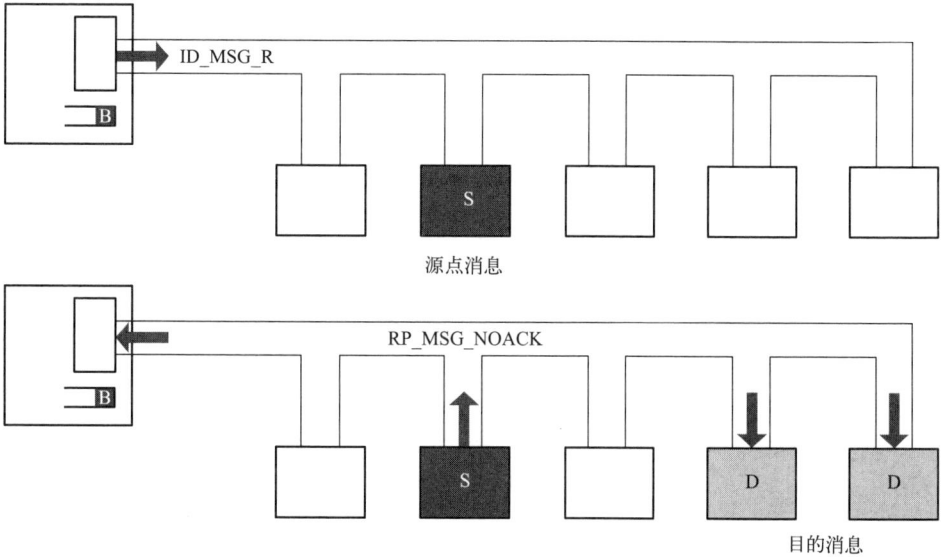

图 **4.55**　无确认消息传输第二阶段

阶段三：在向总线上发送消息后，消息发送者将发出一个 RP_FIN 帧，以告知总线仲裁器消息处理结束（图 4.56）。

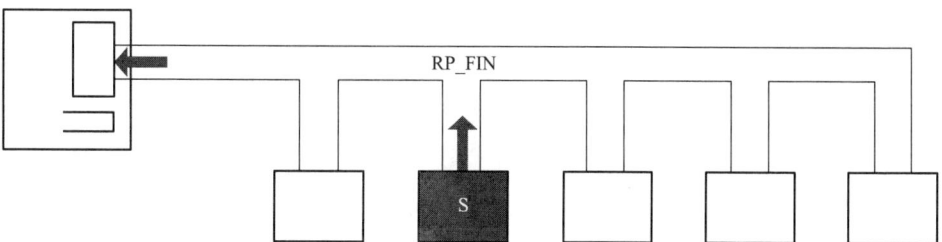

图 **4.56**　无确认消息传输第三阶段

（八）WorldFIP 介质分配有确认消息传输

为了能够让点到点的交换更可靠，WorldFIP 提供了有确认消息传输的服务。该服务同样分为 3 个阶段。

阶段一：传输过程与无确认服务相同。

阶段二：消息以 RP_MSG_ACK 类型的帧传输，交换是点到点的（图 4.57）。

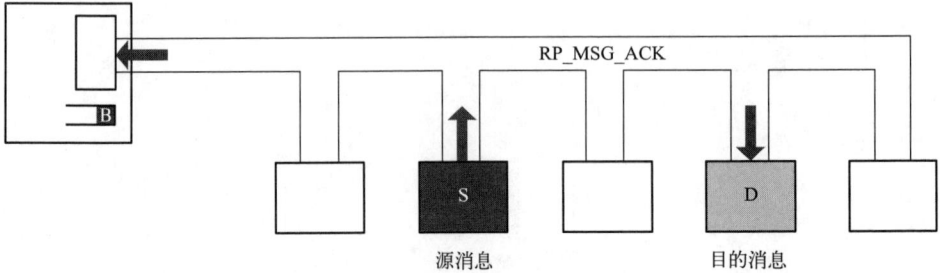

图 4.57　有确认消息传输第二阶段

阶段三：目的站点以确认帧回应，消息发送者将发出一个 RP_FIN 帧，以告知总线仲裁器消息处理结束（图 4.58）。

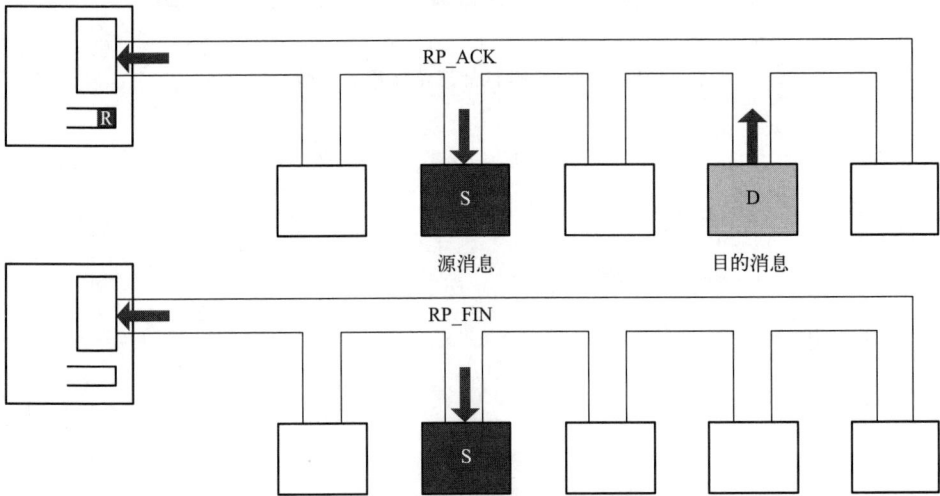

图 4.58　有确认消息传输第三阶段

WorldFIP 技术已经被广泛应用在世界上 70 多个国家的能源、化工、电力、空间技术以及汽车制造等工业领域。法国 Alstom 公司将 WorldFIP 作为标准通信协议，在其基础上开发的 AGATE 列车控制系统成功地应用于 IGV 高速列车、城市轨道交通领域，并且助力轮轨车辆实现 574.8km/h 的运行速度。

六、工业以太网

(一)工业以太网概述

相较于上述网络,工业以太网在列车通信网络系统中的应用有如下优点。

① 传输速度快:随着轨道交通装备制造业的发展,百兆和千兆以太网已广泛应用于各行各业,10Gb/s 以太网技术也日趋成熟。目前,我国城市轨道交通车辆逐步向着舒适化、智能化及多功能化的方向发展,车辆集成度越来越高,通信数据量越来越大,面向乘客服务信息也越来越丰富,传统的通信网络已无法满足列车对高速、大数据传输及强集成性等网络性能的需求。以太网以强大的、高效的传输性能很好地适应了未来列车网络的需求。

② 组网灵活:工业以太网支持多种网络拓扑,为了实现不同级别的冗余,物理拓扑可以是线性的,也可以是环形的或是梯形的等多种网络拓扑结构。组网简单方便,易于管理。

③ 兼容性强:传统列车网络技术具有一定的应用局限性,而工业以太网采用了国际开放标准,广泛应用于各行各业,这极大地方便了列车网络拓展各类基于工业以太网技术的终端设备,用户可选择的硬件产品更加丰富,良好的可拓展性使得寻求建立集列车网络控制及乘客信息服务等诸多功能于一体的新型网络平台、实现列车多业务融合成为可能。

(二)列车以太网架构

基于工业以太网的列车网络拓扑是由列车骨干网络(Ethernet Train Backbone,ETB)和编组网络(Ethernet Consist Network,ECN)构成的二级分层结构。以太网列车骨干网络和以太网编组网络分别包含一个或多个子网络,终端设备可以直接连接到 ETBN(以太网列车骨干网节点)通信,或者通过编组网交换机连接。列车以太网架构如图 4.59 所示。

1. 以太网列车骨干网络

以太网列车骨干网呈线性拓扑结构贯穿全列车。ETB 组成包括以太网列车骨干网节点(ETBN)和节点间的通信链路。ETBN 负责 ETB 与 ECN 之间的通信。骨干网是动态网络,当列车上的电或编组发生改变时,ETB 可自行完成初运行，即对 ETBN 和编组网进行编号，并为网络中的设备分配 IP 地址，建立物理拓扑结构和逻辑拓扑结构。

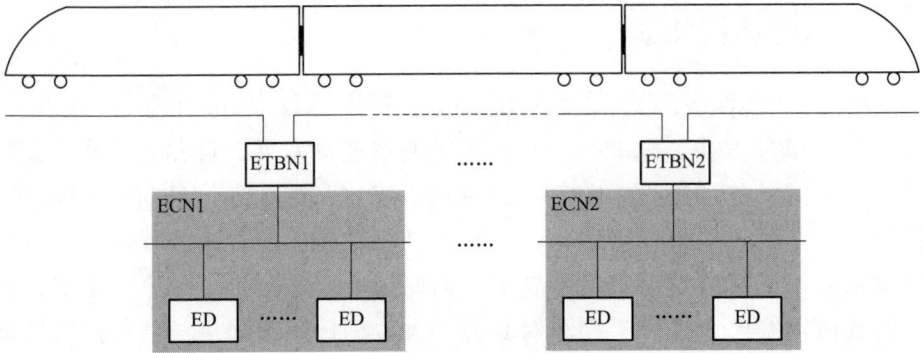

图 4.59　列车通信网络分层拓扑结构示意图

2. 以太网编组网络

终端设备直接接入 ECN。ECN 必须经过一个或一组冗余的 ETBN 连接到列车骨干网，ETBN 可以在 ECN 与 ETB 之间转发用户数据包，冗余的 ETBN 可以选择性地在 ECN 与 ETB 之间转发用户数据包。一个 ECN 一般由交换机、连接器、传输介质以及终端设备组成。一个 ECN 可以包含若干个子网络，并部署与子网连接的路由器。ECN 逻辑拓扑结构如图 4.60 所示。

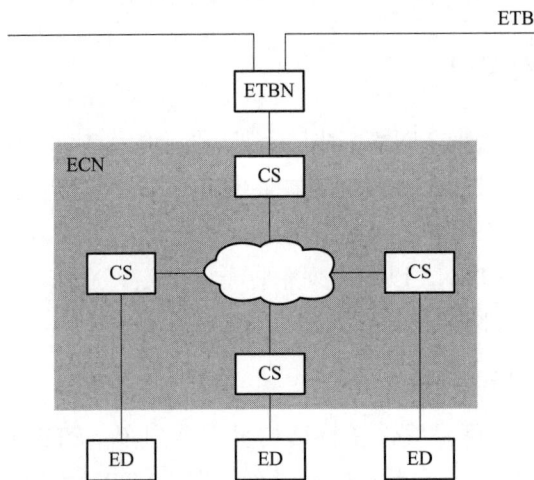

图 4.60　ECN 逻辑拓扑结构示意图

以太网编组网络是列车重新编组时重构列车网络拓扑的基本单元，以编组为单位增减车辆，每个 ECN 内至少含有一个 ETBN，还可以有冗余的 ETBN。如图 4.61 所示，描述了一列 3 编组网列车的网络拓扑，编组网 1 中含有 2 个互为冗余的 ETBN。除此之外，列车还可以使用旁路中继和链路聚合机制实现物理层面的冗余。

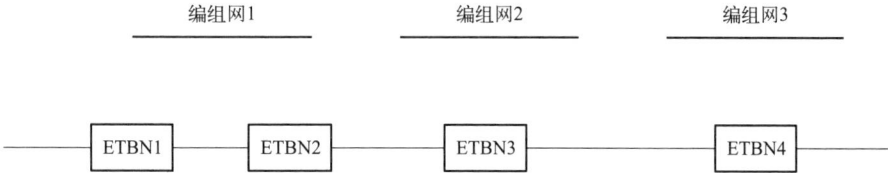

图 4.61　多编组以太网列车骨干网拓扑结构示意图

如图 4.62 所示，描述了一列没有 ETBN 冗余的多编组列车网络拓扑，各节车厢均设有一个交换机，终端设备接入交换机，交换机接入 ETBN。ECN1 内部为线性拓扑，ECN2 为环形冗余拓扑，ECN3 中 CS 为双归式线性冗余拓扑。此外，双归式环形或双归式梯形等拓扑结构也是可供选择的方案，不同的拓扑结构对应的冗余级别不同。

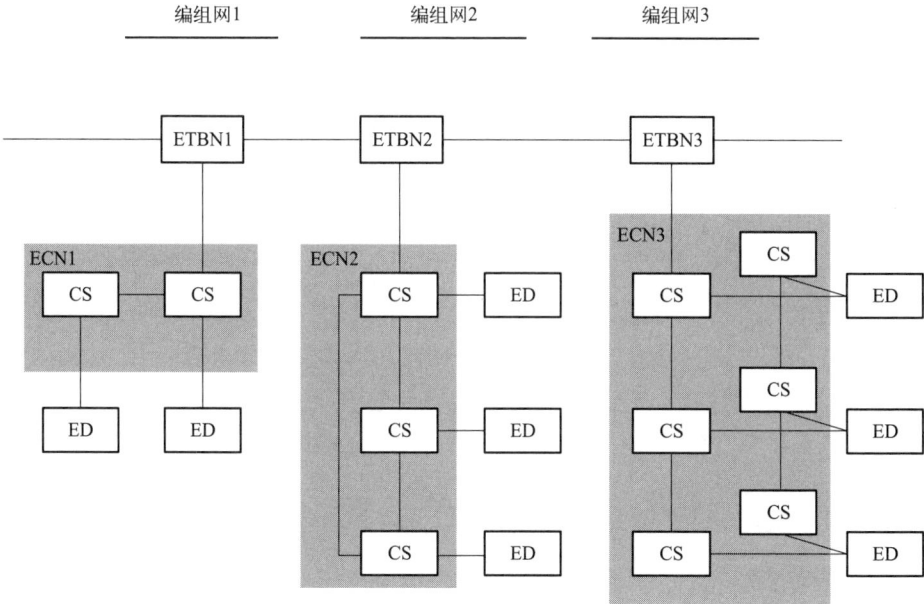

图 4.62　多编组列车通信网络分层拓扑结构示意图

3.列车以太网数据传输类型

在 IEC 61375-3-4 标准中，定义了 5 种轨道交通车辆通信网络数据类别。每种数据类别的典型服务参数值如表 4.6 所示。

表 4.6　列车通信网数据类别及参数

类别	最短周期 /ms	最大数据帧 /B	最长延迟时间 /ms	最长抖动时间 /ms	描述
监管数据	10	1500	10	10	列车监视、控制，周期性发送，具有高可靠性、低延时
过程数据	20	1500	10	10	列车监视、控制，非周期性发送，具有高可靠性、中等延时
消息数据	—	1500	100	—	列车网络操作数据
流数据	—	1500	125	25	视频流、声音流数据
最大努力数据	—	1500	—	—	文件下载

各类数据对传输实时性需求不同，对不同类别数据区分对待可以充分利用网络资源，保证网络实时性。按照数据的传输特性将上述 5 种数据归类为 3 种。

（1）实时周期性数据　包括监视数据和过程数据。监视数据用于列车拓扑管理信息，过程数据是由控制单元发出的控制命令以及列车变送器向上反馈的状态监视信息。这类数据由控制单元、传感器节点周期性产生，具有周期性，对实时性有严格要求。

（2）实时非周期性数据　包括消息数据和流数据。它主要指列车设备故障的报警信号、列车紧急操作指令等。这类数据具有突发性，对实时性也有较高要求，尤其是故障报警信号对数据的响应时间要求最严格。

（3）非实时数据　包括最大努力数据。它主要指列车视频监控、数据统计、程序下载和文件传输等乘客服务信息。这类数据对实时性没有要求。

（三）列车实时数据协议

列车实时数据协议（Train Real-Time Data Protocol，TRDP）是新一代的列车通信网络通信协议，是轨道交通专属实时以太网络。新一代列车通信网络采用以太网作为通信介质，物理层和数据链路层均与工业以太网类似，支持 100/1000Mb/s 两种速度，可以保证铁路控制系统延迟时间在 50ms 左右。

TRDP 在基于标准 TCP/IP 的协议栈基础上进行了应用层封装与通信规则的固定。TRDP 在 OSI 网络结构中的位置如图 4.63 所示。

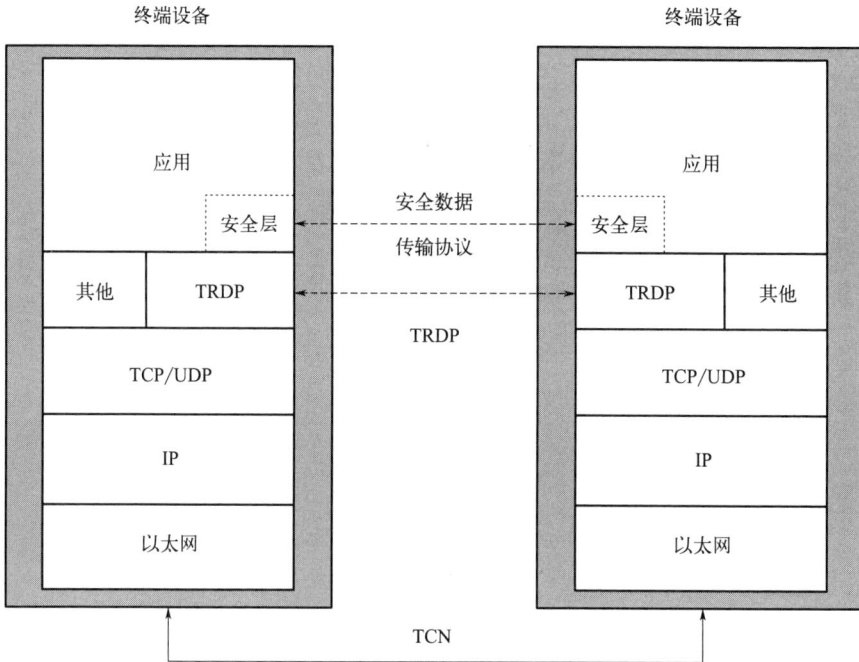

图 4.63　TRDP 在 OSI 网络结构中的位置示意图

与 MVB 类似，为了能在列车上应用，也是要对应有"过程数据"和"消息数据"。为了像 MVB 一样可以广播通信，TRDP 常用的是组播通信方式。例如，表 4.7 为某系统设备 IP 地址分配表。节点要接收什么数据就配置对应的组播地址和 COMID，节点要发送什么数据就往对应的组播地址上发送（表 4.8）。

表 4.7　某系统设备 IP 地址分配表

车型	TC	M	M	M	M	TC	备注
设备	ED1					ED6	
IP	10.0.1.140					10.0.6.140	

表 4.8　某系统设备逻辑地址分配表

COMID	数据长度/B	轮询周期/ms	传输方向	TC CCU	M ED1	M ED2	M ED3	M ED4	TC ED5	ED6	组播地址
1001	128	20	CCU →各系统	源	宿	宿	宿	宿	宿	宿	239.255.0.110
1040	128	500	CCU → EDX	源	宿	宿	宿	宿	宿	宿	239.255.0.115
2150	128	500	ED1 → CCU	宿	源						239.255.0.116

为了保证包的数据完整性与实时性，TRDP 一般是在 UDP 包头部定义前 40 个字节。其中，核心字段只有序号计数器、协议版本、通信端口。通信端口即为 COMID，功能类似于 MVB 的端口号。

TRDP 过程数据报文格式如图 4.64 所示。

图 4.64　TRDP 过程数据报文格式示意图

① 序号计数器：报文的序号，每发送一个报文，计数器加一。

② 协议版本：报文协议的版本号。

③ 通信模式：推模式或拉模式的通信标识。

④ 通信端口标识：通信端口号。

⑤ 列车静态拓扑序列：用于标识静态网络拓扑的序列，随列车网络组成不同而改变。

⑥ 列车运行拓扑序列：用于标识运行状态下网络拓扑的序列，随列车运行方向不同而改变。

⑦ 应用数据长度：实际应用数据的长度，不包括报文首部。

⑧ 保留：保留字段，用于后续扩展。

⑨ 应答数据通信端口标识：在拉模式通信情况下，应答数据需要传输的通信端口标识；在推模式下为 0。

⑩ 应答数据通信 IP 地址：在拉模式通信情况下，应答数据需要传输的目的端 IP 地址；在推模式下为 0。

⑪ 首部校验和：过程数据报文首部校验和。

⑫ 应用数据：报文的核心载荷部分，包含了需要传输的实际过程变量值。其具体内容和格式由报文头中的通信端口标识（comld）唯一确定。

第五章

列车网络控制系统应用

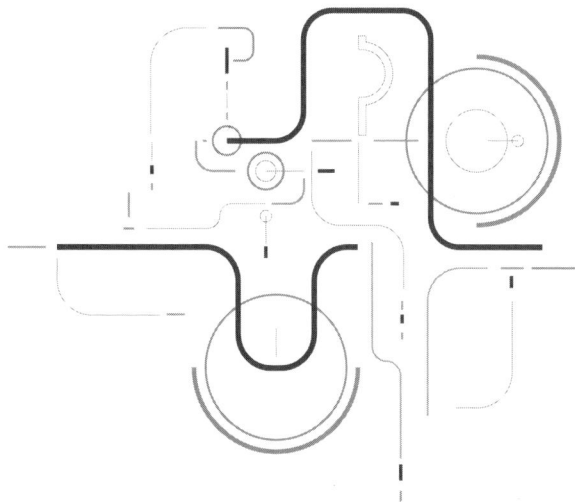

第一节　地铁列车概述

地铁是城市轨道交通线路制式的一种，指在城市中修建的，快速、大运能、用电力牵引的轨道交通。列车在全封闭的线路上运行，位于中心城区的线路基本设在地下隧道内，位于中心城区以外的线路一般设在高架桥或地面上。地铁是涵盖城市地区各种地下与地上的路权专有、高密度和大运能的城市轨道交通系统。

地铁列车的编组有多种形式，比较常见的编组有四编组、六编组和八编组。地铁列车的车型同样有多种形式，比较常见的车型有 A 型车和 B 型车两种。地铁列车按照各节车辆的功能通常有带驾驶室的拖车、无驾驶室的拖车、带受电弓的动车和无受电弓的动车四种。

列车网络控制系统可以应用于各种不同类型的地铁列车，可以实现各个子系统之间的互联互通和集成控制，对提高列车的运行效率和安全性等方面起着至关重要的作用。

第二节　基于 MVB 的地铁列车网络控制系统

一、车辆概述

地铁车辆网络控制系统用于监视车载牵引系统、制动系统等列车内各主要设备的状态，实现车辆的管理、监视和诊断功能，同时通过使用专用事件记录仪，将车辆运行过程中一些重要的行车数据与故障数据记录下来，便于车辆的维护保养。

（一）车辆编组

列车编组图见图 5.1。

（二）运行环境

① 海拔高度：不超过 1200m。

② 环境温度：−25 ～ +40℃。

③ 相对湿度：不大于 90%。

图 5.1 列车编组图
Tc—带司机室的拖车； Mp—带受电弓的动车； M—无受电弓的动车

（三）冲击与振动

1.冲击

车辆上所有设备和悬挂部分按 IEC 61373—1999 标准要求承受各种力的冲击，设备任何部分不发生脱离，车体不发生永久性变形。

安装于车体上设备的悬挂装置在任何方向能承受的最大冲击加速度根据 EN 12663 标准：纵向为 $3g$，其中 $g=9.81\text{m/s}^2$；横向为 $1g$，其中 $g=9.81\text{m/s}^2$；垂向为 $(1+C)\,g$，其中在车端 $C=2$，在车辆中间 $C=0.5$，$g=9.81\text{m/s}^2$。

车辆的各种设备能承受车辆在联挂和正常运行时的冲击和振动，列车联挂速度小于或等于 5km/h。

列车纵向冲击率小于或等于 0.75m/s^3。

2.振动

车辆上的各种设备按 IEC 61373—1999 标准要求，能承受在纵向、横向和垂向三个方向上规定的振动频率的要求。

在 0 ～ 80km/h 范围内，车辆的各种设备与车体不产生共振。

（四）供电条件

① 额定电压：DC 1500V。

② 变化范围：DC 1000V ～ DC 1800V。

③ 再生制动时：不高于 DC 1950V。

④ 受电方式：接触网受电弓受电。

⑤ 控制电压：DC 110V。

（五）车辆特性

① 最高运行速度：80km/h。

② 构造速度：90km/h。

③ 联挂和洗车速度：3～5km/h。

④ 退行最大速度：10km/h。

⑤ 车辆轮径范围：770～840mm。

（六）电磁兼容

① 车辆及其电气设备的电磁兼容性符合 EN 50121 标准的规定。

② 在车辆设计中采取一切措施消除电磁辐射、感应、传导和静电释放等干扰对车辆上安装设备的影响。

③ 防止车辆上安装设备的电磁干扰影响其他车载设备在运营范围内以及附近系统的正常工作。

④ 在所有设备正常工作状态下，确保由列车产生的任何静态或交变的磁场不得干扰乘客的磁性介质物品的正常使用。

（七）防火要求

① 车辆所用材料符合 DIN 5510 标准的规定，即采用阻燃或难燃材料，满足低烟、低毒的排放标准。

② 客室和司机室必须按照有关消防规定配置适当数量适用于电气装置及其他设施灭火的消防设备。

③ 一旦发生火灾，车辆设计应满足乘客迅速疏散的要求。

二、网络控制系统

（一）系统概述

地铁车辆网络控制系统符合 IEC 61375-1 标准要求，该系统使用了两级总线结构，其中列车总线和车辆总线均采用多功能车辆总线（MVB），电气接口为电气中距离（EMD）介质，传输速度为 1.5Mb/s。

连接到多功能车辆总线（MVB）上各个子系统的控制单元包括车载

ATC 装置、牵引控制单元（TCU）、制动控制单元（BCU）、辅助控制单元（ACU）、空调控制单元（HVAC）、电子门控单元（EDCU）、乘客信息系统（PIS）、烟火报警单元（FAU）等。所有的子系统必须提供 MVB（EMD）电气接口。整个列车网络控制系统包括设备硬件、操作系统、控制软件、诊断软件、监视软件和维护工具等。网络控制系统为所有子系统设备留有标准的通信接口，并具有成熟可靠的接口通信规范，使得所有车辆子系统能可靠地接入。

（二）网络拓扑

网络控制系统按照 IEC 61375 标准规定的列车通信网络组建。TCMS 使用了两级总线：其中四个中继器（RPT）之间使用了列车总线，为 MVB 列车网络和 EMD 介质；每个中继器下面有一个车辆总线，同样为 MVB 网络和 EMD 介质。具体网络拓扑结构如图 5.2 所示。

如图 5.2 所示，全车使用了 4 个中继器（RPT），其中 Tc 车与 Mp 车共用一个 RPT，这样 Tc 车与 Mp 车的 MVB 设备在同一个车辆总线上；M 车上的所有 MVB 设备单独在一个车辆总线上。中央控制单元（CCU）1/2 位于 Tc1/2 车，两个 CCU 都是 MVB 的主设备，运行中互为热备份。列车总线和车辆总线使用的 MVB EMD 电缆，其 A、B 两路位于同一条电缆内。

TCMS 与车辆各设备间采用硬线连接或网络通信，其中多数电气控制设备与 TCMS 间采用硬线连接，连接接口为 DI、DO、AX 等，具有 MVB 接口的子系统（如 HVAC、PIS、EDCU、ATC、TCU 等）与 TCMS 之间直接通过 MVB 网络相连。出于车辆运行安全考虑，将司机控制器的信号同时通过列车硬线分别传输到 TCU、BCU 与 ATC，这样在网络故障时，在降级模式下可以通过硬线控制车辆运行，将影响正常运行的故障降到最低。

网络控制系统设备主要包括中央控制单元（CCU），实现了车辆的 MVB 管理与列车运行控制功能；事件记录仪（ERM）实现了故障数据与运行数据的记录功能；中继器（RPT）将 TCMS 分为列车总线与车辆总线；RIOM 用于实现 TCMS 与车辆硬线信号的交互（硬线信号的输入与输出）；HMI 用来显示车辆与子系统的状态及提供人机交互的接口。

列车事件记录仪（ERM）对列车主要设备的运行状态和故障进行了自动信息采集与记录。列车事件记录仪（ERM）与 Tc 端的中央控制单元（CCU）安装在同一个 3U-42TE 的机箱，可以通过车辆总线获得列车主要控制单元和部件的状态信息并记录保存。

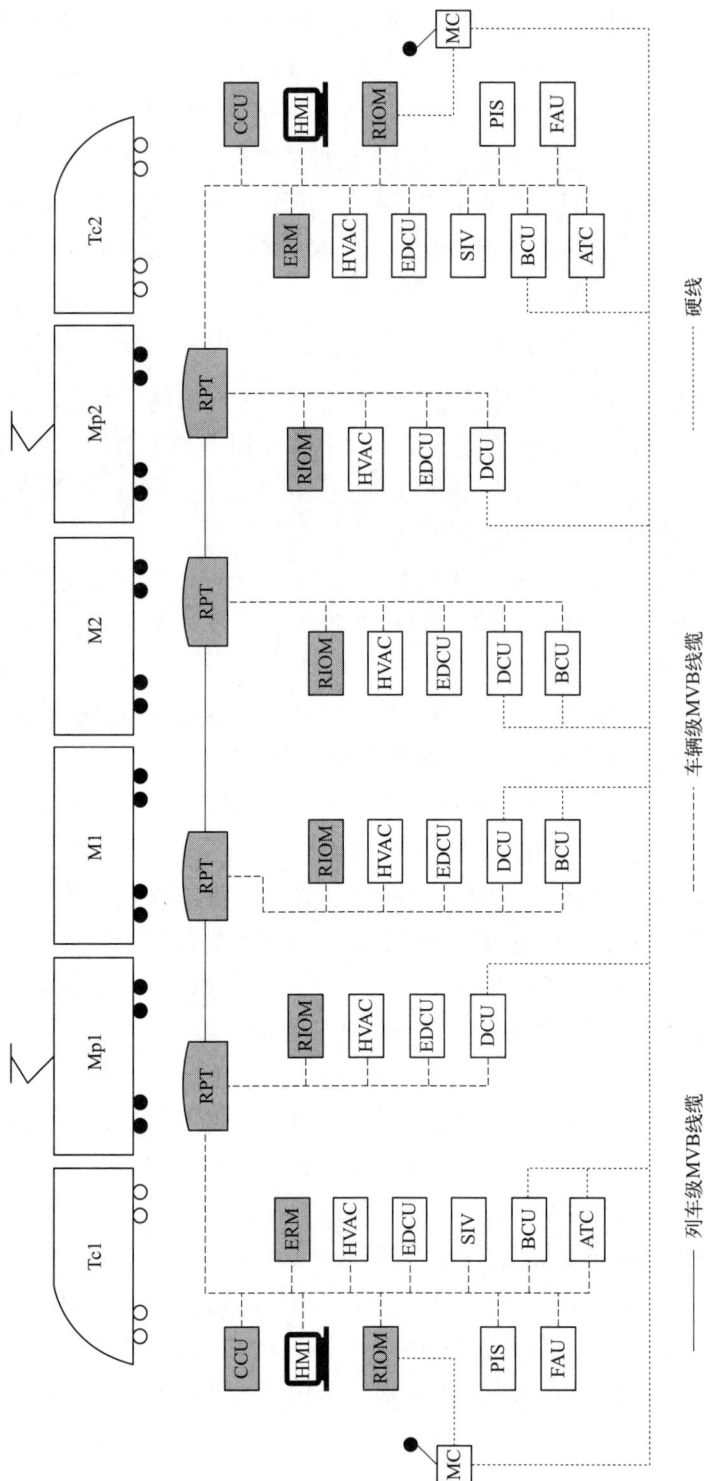

图 5.2　列车网络控制系统网络拓扑图

TCMS 与车辆各设备间采用网络通信或硬线连接，为了满足列车安全性、可靠性的要求，MVB 都采用双线冗余结构，符合 IEC 61375-1 标准。对于与行车安全有关的输入输出信号采用网络加硬线的冗余设计，优先采用网络信号，当网络出现故障时，采用硬线连接。

（三）显示单元 HMI

在 Tc 车司机台上有一台触摸屏式彩色液晶显示器。该显示器具有如下特性：处理速度与诊断系统的性能相适应，屏蔽性、抗干扰性、耐振动能力，显示的内容对不同的使用者（如司机、维修人员等）有不同的权限（通过密码进行保护）。显示屏显示的形式易于操作，可以方便调节显示屏的亮度。智能显示单元外观见图 5.3。

图 5.3　智能显示单元外观

1. 硬件配置

HMI 硬件配置见表 5.1。

表 5.1　HMI 硬件配置

显示器类型	12.1 SVGA 液晶屏幕
最大分辨率	1024×768
颜色	18bit

续表

点尺寸 /mm²	0.24×0.24
可视角度 / (°)	±80
亮度 / (cd/m²)	500
平均故障间隔 /h	50000
尺寸 (W×H×D)	345mm×249.3 mm×65 mm
CPU	Intel Atom 1.33 GHz, Core Z520 ST
内存	512MB
闪存	2GB
防护	前面板 IP65 防护
USB 接口	2 个 USB2.0
以太网接口	1 路 M12
MVB 接口	2 个 DB9，一公头一母头

2. 环境参数

HMI 环境参数见表 5.2。

表 5.2　HMI 环境参数

参数	值	单位	描述
工作温度	−25 ～ 70	℃	
储存温度	−40 ～ 85	℃	
相对湿度	10 ～ 95	%	40℃

3. 电气参数

HMI 电气参数见表 5.3。

表 5.3　HMI 电气参数

参数	值	单位	描述
输入电压	16.8 ～ 137 （额定 24 或 110）	V DC	
额定功率	30	W	

（四）中央控制单元机箱

中央控制单元机箱中主要装有 CCU 与 ERM。在正常运行情况下，Tc1 车机箱内的 CCU 与 Tc2 车机箱内的 CCU 互为冗余，当主激活的 CCU 出现故障时，HMI 弹出故障提示司机，同时 TCMS 自动将备用 CCU 接替作为主 CCU，执行主控的功能，以保障整个列车正常运行。CCU 通过多功能车辆总线（MVB）与 ERM、HMI 和 RIOM 等设备交换数据。

列车中央控制单元（CCU）至少具有下列功能：

① 控制列车总线系统上的数据通信。

② 管理多功能车辆总线。

③ 自校验。

④ 具有便携式测试单元（PTU）接口。

⑤ 具有 MVB 接口和 RS232 接口。

CCU 有足够标准的串、并行接口与信号及通信设备连接，并有专用的处理器及存储设备转换通信数据格式并记录所有接口的交换数据，所有的记录数据可通过便携式测试单元读取。

列车事件（数据）记录仪（ERM）直接接入 MVB 网络，从网络中获取相关的数据进行存储，用户可以通过以太网接口进行数据下载，通过专用的数据分析软件对记录的数据进行分析评估，供列车维护等工作使用。ERM 与 CCU 在硬件上完全相同，但在软件功能上有所不同。Tc 车 CCU 机箱外观见图 5.4。

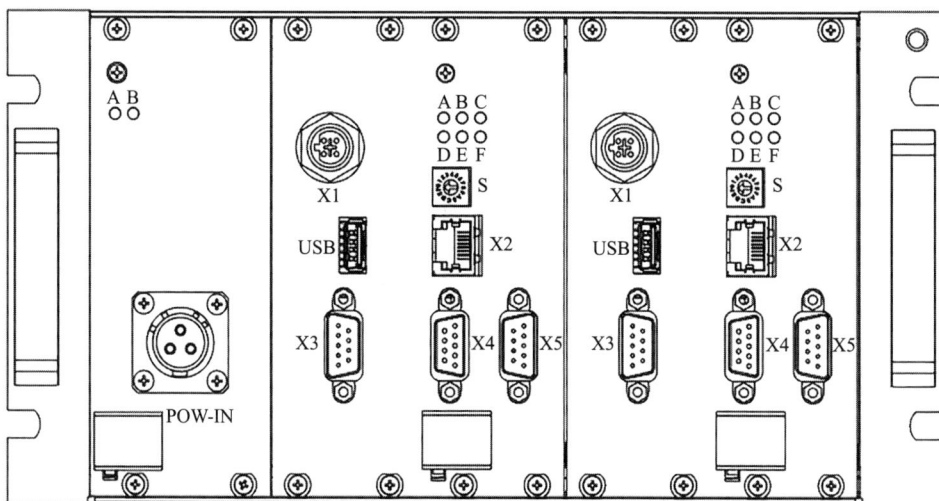

图 5.4　Tc 车 CCU 机箱外观

1. 硬件配置

CCU 硬件配置见表 5.4。

表 5.4 CCU 硬件配置

项目	配置
CPU	500MHz
内存	256MB
网口	1 个 10/100 M Base-T 网口
EDOM	2GB EDOM
PC-104	1 个 PC-104 扩展槽
面板接口	1 个 DB9（针座）用于串口， 1 个 DB9（针座）和 1 个 DB9（孔座）用于 MVB 通信， 1 个 USB 接口， 1 个以太网接口
设备 ID 设置	1 个 16 位设备 ID 设置旋转编码开关，通过旋转 编码开关可以设置主机 ID 号
防护等级	前面板 IP40
测试要求	EN 50155、EN 50121
工作温度	EN 50155 T3 等级，-25 ~ 70℃（箱体内部温度）
振动冲击	EN 50155、EN 61373 CLASS A

2. 电气参数

CCU 电气参数见表 5.5。

表 5.5 CCU 电气参数

参数	值	单位	描述
输入电压	77 ~ 137.5（额定 110）	V DC	
额定功率	20	W	

3. 环境参数

CCU 环境参数见表 5.6。

表 5.6　CCU 环境参数

参数	值	单位	描述
工作温度	$-25 \sim 70$	℃	
储存温度	$-40 \sim 80$	℃	
相对湿度	95	%	

（五）RIOM-Ⅰ型机箱

RIOM-Ⅰ型机箱由标准 6U 结构的电源板和其他输入输出板卡、通信板卡组成，具备输入输出电气接口、RS485 接口和 MVB 通信接口。动车 RIOM 机箱外观见图 5.5。

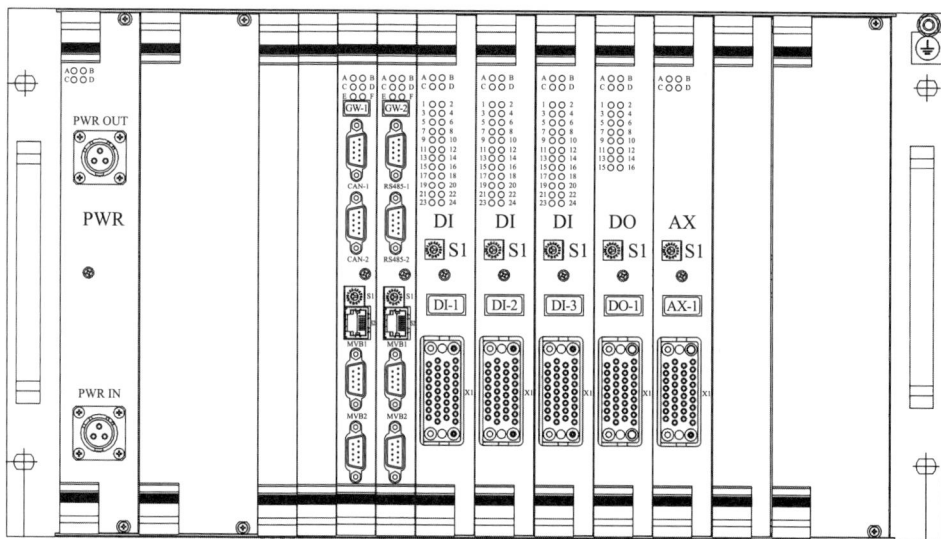

图 5.5　动车 RIOM 机箱外观

1. 硬件配置

RIOM-Ⅰ硬件配置见表 5.7。

表 5.7　RIOM-Ⅰ硬件配置

编号	板卡说明	数量 / 块	备注
1	电源板	1	冗余电源设计

编号	板卡说明	数量/块	备注
2	MVB 中继	1	实现列车级 MVB 与车辆级 MVB 的分级管理
3	MVB 网关	1	将后面的 I/O 板卡通信接入 MVB 网络
4	DC 110V DI 板	4	单板 24 路通道
5	DC 110V DO 板	1	单板 16 路通道
6	模拟量板	1	单板 8 路输入，4 路输出

2. 接口规范

RIOM-Ⅰ 110V 数字量输入接口见表 5.8。

表 5.8 RIOM-Ⅰ 110V 数字量输入接口

接口	DC110V 数字量输入，光耦隔离
公共点	0V
电源	DC 110V，车辆提供
电流 (I_{in})	2mA（典型值）
单板通道数	24 路

RIOM-Ⅰ 110V 数字量输出接口见表 5.9。

表 5.9 RIOM-Ⅰ 110V 数字量输出接口

接口	DC 110V 继电器隔离输出
公共点	0V
电源	DC110V，车辆提供
电流 (I)	小于 300mA，负载不小于 10mA
单板通道数	16 路

RIOM-Ⅰ 模拟量输入接口见表 5.10。

表 5.10 RIOM-Ⅰ 模拟量输入接口

接口	输入范围：0～10V（DC）或 4～20mA
单板输入通道数	8 路
单板输出通道数	4 路

3.电气参数

RIOM-Ⅰ电气参数见表 5.11。

表 5.11 RIOM-Ⅰ电气参数

参数	值	单位	描述
输入电压	77～137.5（额定 110）	V DC	
输入电流	6（额定）	A	

4.环境参数

RIOM-Ⅰ环境参数见表 5.12。

表 5.12 RIOM-Ⅰ环境参数

参数	值	单位	描述
环境温度	−25～70	℃	
储存温度	−40～70	℃	
相对湿度	95（最大）	％	

（六）RIOM-Ⅱ型机箱

RIOM-Ⅱ型机箱由标准 6U 结构的电源板和其他输入输出板卡、通信板卡组成，具备输入输出电气接口、RS485 接口和 MVB 通信接口。拖车 RIOM 机箱外观见图 5.6。

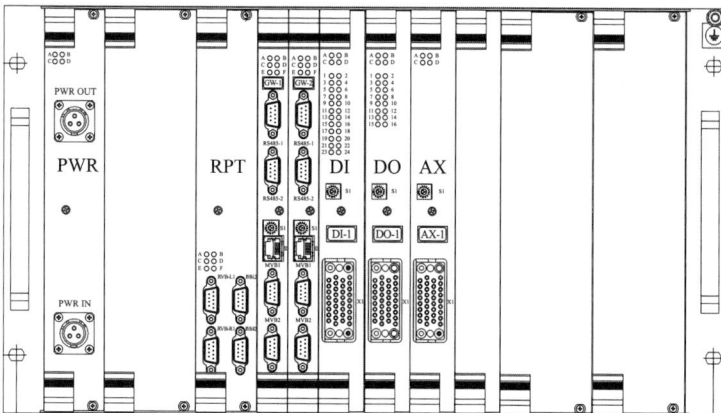

图 5.6 拖车 RIOM 机箱外观

1. 硬件配置

RIOM-Ⅱ硬件配置见表5.13。

表 5.13　RIOM-Ⅱ硬件配置

编号	板卡说明	数量	备注
1	电源板	1	冗余电源设计
2	MVB 中继	1	实现列车级 MVB 与车辆级 MVB 的分级管理
3	MVB 网关	1	将后面的 I/O 板卡通信接入 MVB 网络
4	DC 110V DI 板	1	单板 24 路通道
5	DC 110V DO 板	2	单板 16 路通道

2. 接口规范

RIOM-Ⅱ 24V 数字量输入接口见表5.14。

表 5.14　RIOM-Ⅱ 24V 数字量输入接口

接口	DC 24V 数字量输入，光耦隔离
公共点	24V
电源	24V，TCMS 提供
电流 (I_{out})	10mA（典型值）
单板通道数	24 路

RIOM-Ⅱ 110V 数字量输入接口见表5.15。

表 5.15　RIOM-Ⅱ 110V 数字量输入接口

接口	DC 110V 数字量输入，光耦隔离
公共点	0V
电源	DC 110V，车辆提供
电流 (I_{in})	2mA（典型值）
单板通道数	24 路

RIOM-Ⅱ 110V 数字量输出接口见表5.16。

表 5.16 RIOM-Ⅱ 110V 数字量输出接口

接口	DC 110V 继电器隔离输出
公共点	0V
电源	DC 110V，车辆提供
电流（I）	小于 300mA，负载不小于 10mA
单板通道数	16 路

3. 电气参数

RIOM-Ⅱ电气参数见表5.17。

表 5.17 RIOM-Ⅱ电气参数

参数	值	单位	描述
输入电压	77 ～ 137.5（额定 110）	V DC	
输入电流	6（额定）	A	

4. 环境参数

RIOM-Ⅱ环境参数见表5.18。

表 5.18 RIOM-Ⅱ环境参数

参数	值	单位	描述
环境温度	−25 ～ 70	℃	
储存温度	−40 ～ 70	℃	
相对湿度	95（最大）	%	

三、系统主要功能

列车网络控制系统对列车牵引系统、制动系统、辅助系统、乘客信息系统、列车自动保护（ATP）系统、空调系统、门控系统、烟火报警系统等进行控制、监视、故障诊断和运行记录。

（一）控制功能

1.牵引系统

① 牵引制动指令传输：TCMS 采集司机控制器牵引控制信号，包括运行方向指令（向前、向后、无方向）、牵引／制动指令（牵引、制动、牵引禁止）和牵引级位。

② 运行操作模式（洗车模式、快加速模式、反向运行等）控制等。

③ 轮径设定。

④ 监视牵引系统状态：接收牵引控制器发送的状态信号。

⑤ 监视牵引系统故障显示。

⑥ 时钟同步。

⑦ 监视与 TCU 的通信状态。

2.制动系统

① 牵引制动指令传输：TCMS 发送给 BCU 的控制信号，如牵引／制动指令（牵引、制动）和制动级位。

② 发起制动系统自检。

③ 监视制动系统状态：接收制动系统控制器发送的状态信号（包括载荷信号，轴速、制动和缓解状态，保持制动状态、紧急制动状态、转向架隔离状态、空转和滑动状态，硬线控制信号反馈等）。

④ 空压机运行时间清零。

⑤ 监视空压机运行状态：空压机启停状态。

⑥ 监视制动系统故障：网关阀故障、RIO 阀故障、控制信号超范围、通信故障、传感器信号故障或信号超范围等。

⑦ 监视与制动系统网关阀的通信状态。

⑧ 时钟同步。

3.辅助系统

① 监视与 SIV（辅助电源系统）的通信状态。

② 时钟同步。

③ TCMS 接收 SIV 的状态信号：输入电压、输出电压、输出频率、输出电流、蓄电池电压、故障类型代码。

④ TCMS 接收 SIV 的故障信号：滤波电容过压、输出过压、输出过流等。

4.乘客信息系统

① 站点（起始站、终点站、当前站）设置。

② 监视 PIS 的通信状态。

③ 监视每节车的乘客警报器状态。

④ 时钟同步。

5.列车自动保护系统

① 监视 ATP 系统的通信状态。

② 时钟同步：获取信号系统发送的时间并进行同步。

6.空调系统

① 监视空调系统的通信状态。

② 空调运行模式设定。

③ 制冷、制热目标温度设定。

④ 空调顺序启动控制。

⑤ 维护人员可通过 TCMS 的显示单元传输空调工作模式指令给空调系统。

⑥ TCMS 接收空调控制器的状态信号和故障信号，在显示单元特定界面进行显示或提示。

⑦ 时钟同步。

7.门控系统

① 时钟同步。

② 监视车门控制器的通信状态。

③ 监视车门开关状态和故障状态。

8.烟火报警系统

① 时钟同步。

② 监视烟火报警系统的通信状态。

③ 监视烟火报警系统的报警状态。

④ 监视烟火报警系统的故障状态。

（二）监视功能

　　列车网络控制系统监视车载主要设备的状态，并在需要时通过显示器显示状态信息。在每个运行模式界面将显示如操作端、列车方向、列车速度、网压、牵引制动状态、总风压力等信息。

1. 网络状态

网络状态页面显示了车辆网络系统中可以检查到的最小可更换单元的状态情况。如图 5.7 所示，灰色表示设备在网络中工作正常，白色表示设备出现严重故障导致离线（不在车辆网络中）。

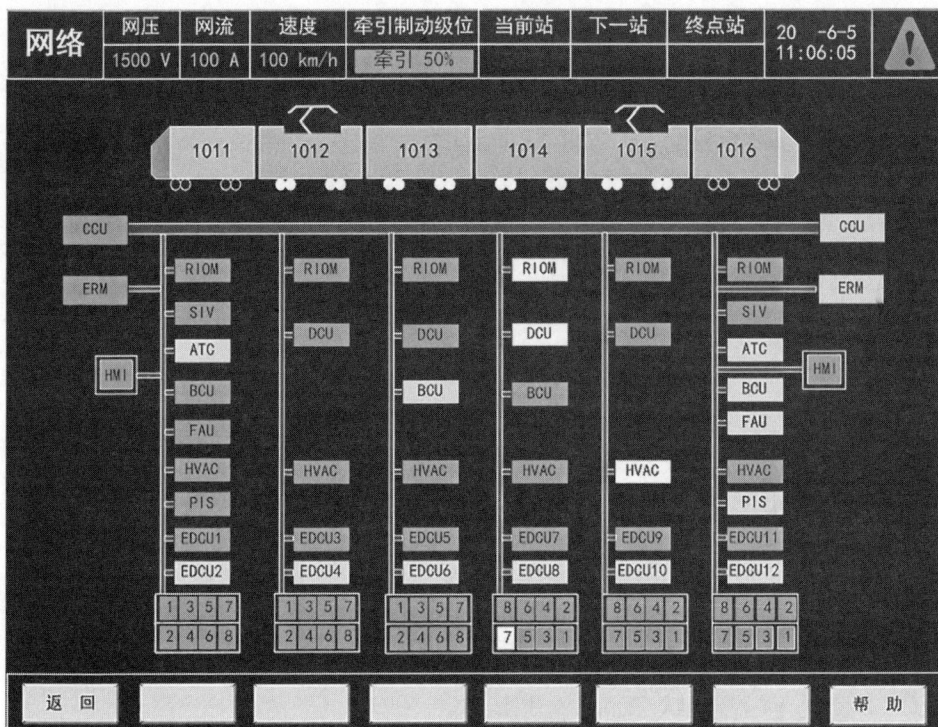

图 5.7　网络状态界面

2. 车辆状态

车辆状态界面根据子系统提供状态信息的多少可以分为多个界面，通过右下角的向左与向右箭头切换。车辆状态页面显示了子系统（牵引、辅助、制动、弯路、空调等）的详细状态信息，如图 5.8 所示。

3. 空调设置界面

通过该界面（图 5.9）可以设置空调的工作状态，如强冷、弱冷、全暖、半暖、通风、紧急通风等。

运行	网压	网流	速度	牵引制动级位	当前站	下一站	终点站	20 -6-5 11:06:05	⚠
	1500 V	100 A	100 km/h	牵引 P3					

车　号	1		2		3		4		5		6		
辅助系统	380 V		—		扩展供电		—		—		380V		旁路
牵引系统状态	—				✕								
制动缸压力	7.1	7.3	7.1	7.3	7.1	7.3	7.1	7.3	7.1	7.3	7.1	7.3	烟火
制动隔离	✕												
1侧门	1 3 5 7		1 3 5 7		1 3 5 7		8 6 4 2		8 6 4 2		8 6 4 2		
2侧门	2 4 6 8		2 4 6 8		2 4 6 8		7 5 3 1		7 5 3 1		7 5 3 1		
车内温度(℃)	26		26		26		26		26		26		
空压机状态					—		—						
停放制动											(P)		
乘车率	65 %		75 %		75 %		75 %		75 %		75 %		

ATO模式　网络模式　洗车模式

主菜单　运　行　制动状态　牵引状态　辅助状态　旁路状态　空调状态　帮　助

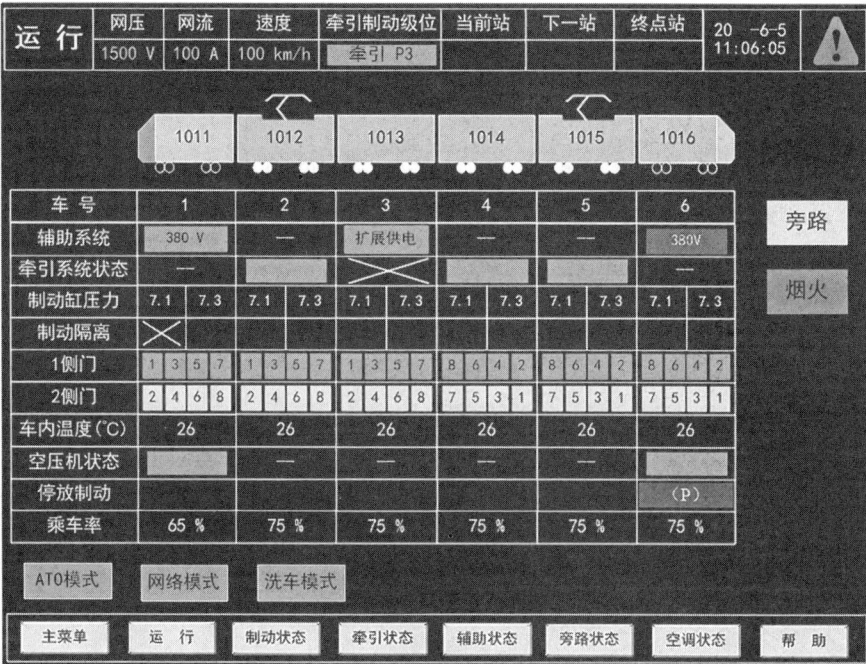

图 5.8　车辆状态界面

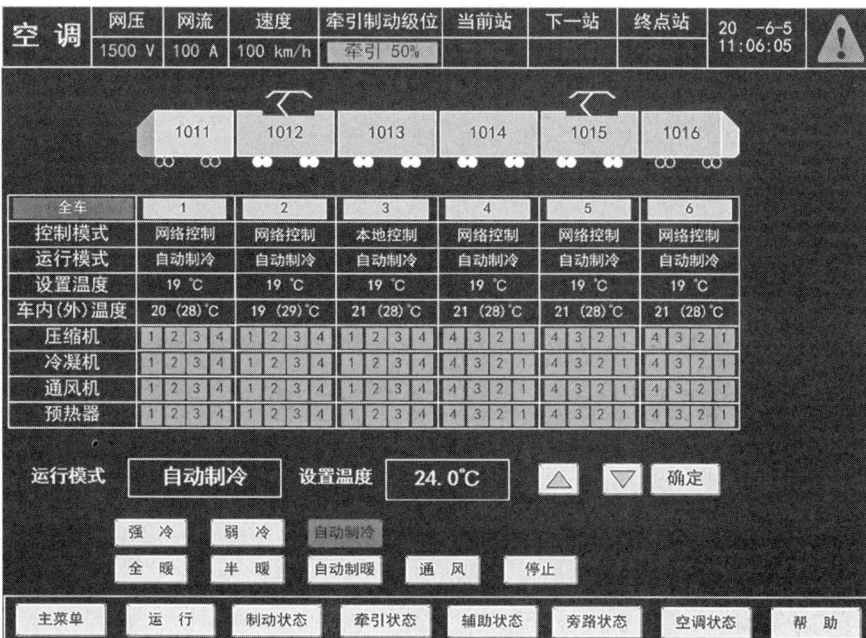

空调	网压	网流	速度	牵引制动级位	当前站	下一站	终点站	20 -6-5 11:06:05	⚠
	1500 V	100 A	100 km/h	牵引 50%					

全车	1	2	3	4	5	6
控制模式	网络控制	网络控制	本地控制	网络控制	网络控制	网络控制
运行模式	自动制冷	自动制冷	自动制冷	自动制冷	自动制冷	自动制冷
设置温度	19 ℃	19 ℃	19 ℃	19 ℃	19 ℃	19 ℃
车内(外)温度(℃)	20 (28)℃	19 (29)℃	21 (28)℃	21 (28)℃	21 (28)℃	21 (28)℃
压缩机	1 2 3 4	1 2 3 4	1 2 3 4	4 3 2 1	4 3 2 1	4 3 2 1
冷凝机	1 2 3 4	1 2 3 4	1 2 3 4	4 3 2 1	4 3 2 1	4 3 2 1
通风机	1 2 3 4	1 2 3 4	1 2 3 4	4 3 2 1	4 3 2 1	4 3 2 1
预热器	1 2 3 4	1 2 3 4	1 2 3 4	4 3 2 1	4 3 2 1	4 3 2 1

运行模式　自动制冷　设置温度　24.0℃　△　▽　确定

强 冷　弱 冷　自动制冷
全 暖　半 暖　自动制暖　通 风　停止

主菜单　运　行　制动状态　牵引状态　辅助状态　旁路状态　空调状态　帮　助

图 5.9　空调设置界面

4. 维修界面

通过该界面（图 5.10）可以实现密码、参数、时间和自检设置等功能。

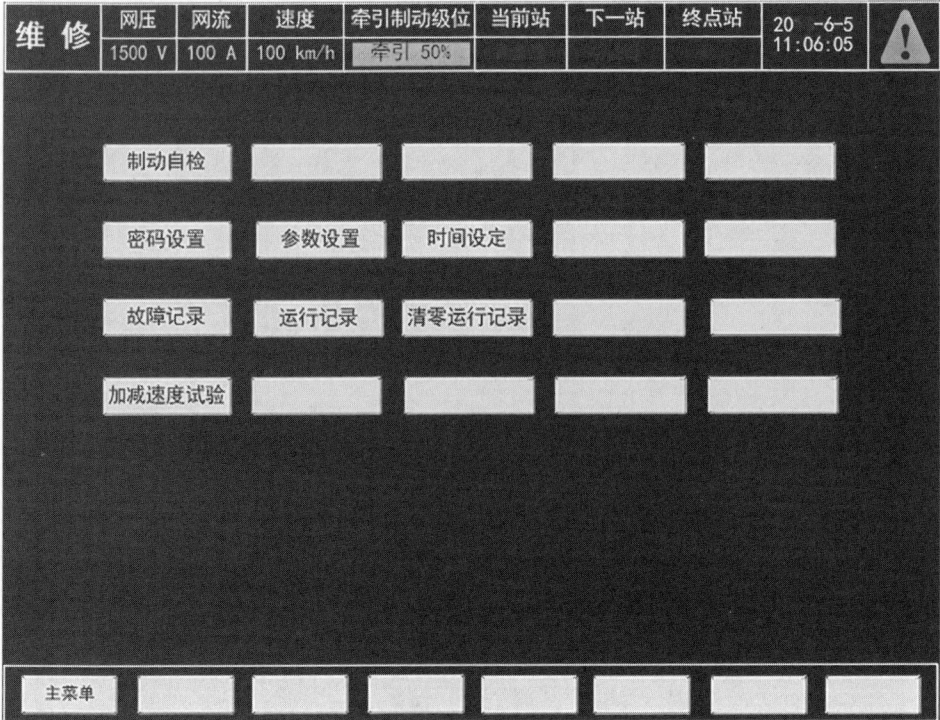

维 修	网压	网流	速度	牵引制动级位	当前站	下一站	终点站	20 -6-5 11:06:05	⚠
	1500 V	100 A	100 km/h	牵引 50%					

制动自检

密码设置　参数设置　时间设定

故障记录　运行记录　清零运行记录

加减速度试验

主菜单

图 5.10　维修界面

5. 其他界面

此外，显示屏还包括实时故障界面、历史故障界面、帮助界面等。

（三）记录功能

1. 运行记录

① 记录频率：1 条 /100ms。

② 记录容量：数据分为 5 个文件循环记录，每个文件记录一天的运行数据（即第 6 天的记录将覆盖第 1 天的记录）。

③ 记录项目：记录内容从 MVB 传输的数据中进行选择，包括网络信号和 I/O 信号。

④ 记录格式：每条记录由记录时间和记录内容组成，如表 5.19 所示。

表 5.19 记录格式

记录日期	记录时间	记录信号 1	记录信号 2	...	记录信号 n

对以下信号进行记录：

① 模拟通道信号清单：列车速度；交流输出线电压；交流输出线电流；直流输出线电压；距离下一站的距离；列车载荷；制动管压力；ATC 限速数值；起始站编码；终点站编码；当前站编码；下一站编码。

② 数字通道信号清单：自动驾驶；手动驾驶；ATC 切除模式；后退方向；前进方向；牵引指令；制动指令；牵引级位；PWM 信号；惰行指令；警惕事件；洗车模式；倒车模式；HSCB（高速断路器）状态；牵引安全环路建立；空转滑行信号；电制动退出信号；转向架隔离；转向架切除；零速信号；烟火报警；主制动管隔离；ACU 正常运行；电制动 OK；保持制动缓解；停放制动缓解；强迫缓解常用制动；所有制动缓解；ATC 施加紧急制动；ATC 将要开左侧门；ATC 将要开右侧门；ATC 模式；右侧门关好；左侧门关好；右侧门关命令；左侧门关命令；右侧门开命令；左侧门开命令；右侧门使能命令；左侧门使能命令。

2. 故障记录

① 记录频率：故障发生时记录。

② 记录容量：故障记录分为 3 个文件循环记录，每个文件记录 10000 条，累计 30000 条。

③ 记录项目：根据用户需求具体定义，如表 5.20 所示。

表 5.20 记录项目

故障日期	故障时间	故障子系统	故障等级	故障代码	故障发生解除	当前站	手柄级位	车速	网压	列车编号

3. 记录下载

用户可使用笔记本连接记录仪，下载记录数据。

4. 记录分析

用户可使用 TCMS 提供的记录数据分析软件，以列表或曲线的形式查看和打印记录。

（四）其他功能

1. 累计功能

本系统累计并存储数据（累计运行距离、列车在牵引时的耗电量、列车在再生时的再生电量、空压机工作时间），并可以通过便携式测试单元读出。

2. 具有乘车率记录及显示功能

本系统计算数据（日期和时间、车站名称、每辆车的乘车率），并可以显示和通过便携式测试单元（PTU）读出。

3. 具有列车运行信息记录功能

至少包括累计以下数据：1 天的运行距离（单位为 10m、可设置）、1 天的运行时间（单位为分钟）、自最后设置起的运行里程（单位为 1km）、牵引电量、再生电量、空气压缩机工作时间、辅助电源电量。

4. 具有试运行测试功能

本系统通过 HMI 上的列车性能测定画面的起始操作，对至少下列数据（加速性能、减速性能）进行测定并记录和显示测试结果，还可以通过便携式测试单元（PTU）读出。

① 加速性能（起点为主电路开始有电流时）：平均加速度 1（0～40km/h）、平均加速度 2（0～80km/h）、牵引级位。

② 减速性能（起点为制动指令发出时）：平均减速度、制动初速度（制动指令发出时）、制动级位、制动距离（单位为 1m）、制动模式（电制动／空气制动）。

5. 具有密码功能

记录数据的删除只能在输入正确的密码后实现，通过显示器可对密码进行更改。

第三节 基于工业以太网的地铁列车网络控制系统

一、车辆概述

该 TCMS 用于监视车载牵引系统、制动系统和列车内各主要设备的状态，实现车辆的管理、监视和诊断功能。该 TCMS 采用以太网网络，列车级及车辆级均由 ECN 构成。主控单元具有热备冗余功能，最大程度地确保系统安全，同时通过事件记录仪的使用，将车辆运行过程中一些重要的行车数据与故障数据记录下来，便于车辆的维护保养。

二、车辆主要指标

（一）车辆编组

列车为 4 辆编组，两动两拖，具体编组形式见图 5.11。

图 5.11 列车编组图
Mc—带司机室的动车；T—拖车

（二）冲击与振动

整套系统电子设备要求、防振要求，符合 EN 50121、EN 50155、IEC 61373 标准。

（三）电磁兼容

从设计阶段开始考虑降低列车网络控制系统对其他设备的干扰，同时考虑降低其他设备对车辆上列车网络控制系统相关设备的干扰，列车网络控制系统的电磁兼容应满足 EN 50121 标准要求。

三、网络控制系统

（一）系统概述

网络控制系统是车辆指挥中枢，它实现了各子系统信息传输共享，协调中央控制系统与各子系统的控制、监视与诊断任务，汇总各子系统工作状态和故障诊断信息，提供信息显示和人机交互接口，完成整车级的控制、故障诊断、状态监视等工作。

网络控制系统采用两级总线式拓扑结构，即列车级总线和车辆级总线。列车级及车辆级总线均采用 ECN。具有以太网接口的系统设备直接与车辆 ECN 相连。

网络系统采用 6 个交换机，即 2 个二层 12 口以太网交换机（ECN1/5），2 个二层 20 口以太网交换机（ECN2/6），2 个三层 20 口以太网交换机（ECN3/4）。每个交换机都有用于百兆及千兆的以太网通信接口，分别连接 CCU、WTM、HMI、RIOM、TCU、ACU、BCU、EDCU、PIS 和 FAU 等设备。为了保证每节车所有设备连接到车辆 ECN，两节头车各配置 2 个二层以太网交换机，两节拖车配置 2 个三层以太网交换机，所有交换机在列车内部形成列车网冗余。

（二）网络拓扑

网络拓扑图见图 5.12。

TCMS 由列车总线和车辆总线组成，均采用 ECN 总线。车辆内以太网符合 IEC 61375-3-4—2014《铁路电子设备列车通信网络（TCN）-3-4：以太网编组网（ECN）》标准，支持 TRDP 过程数据报文。

两个带司机室的动车内有中央控制单元（CCU），运行中热备冗余，一个 CCU 激活，另一个备用。当激活的 CCU 发生故障时，备用的自动激活继续执行 CCU 的工作。

两个带司机室的动车内有数据记录单元，即 ERM，对列车主要设备的运行状态和故障进行自动信息采集、循环记录，并可通过无线传输模块（WTM）把车辆运行数据通过 Wi-Fi 传输到地面服务器。

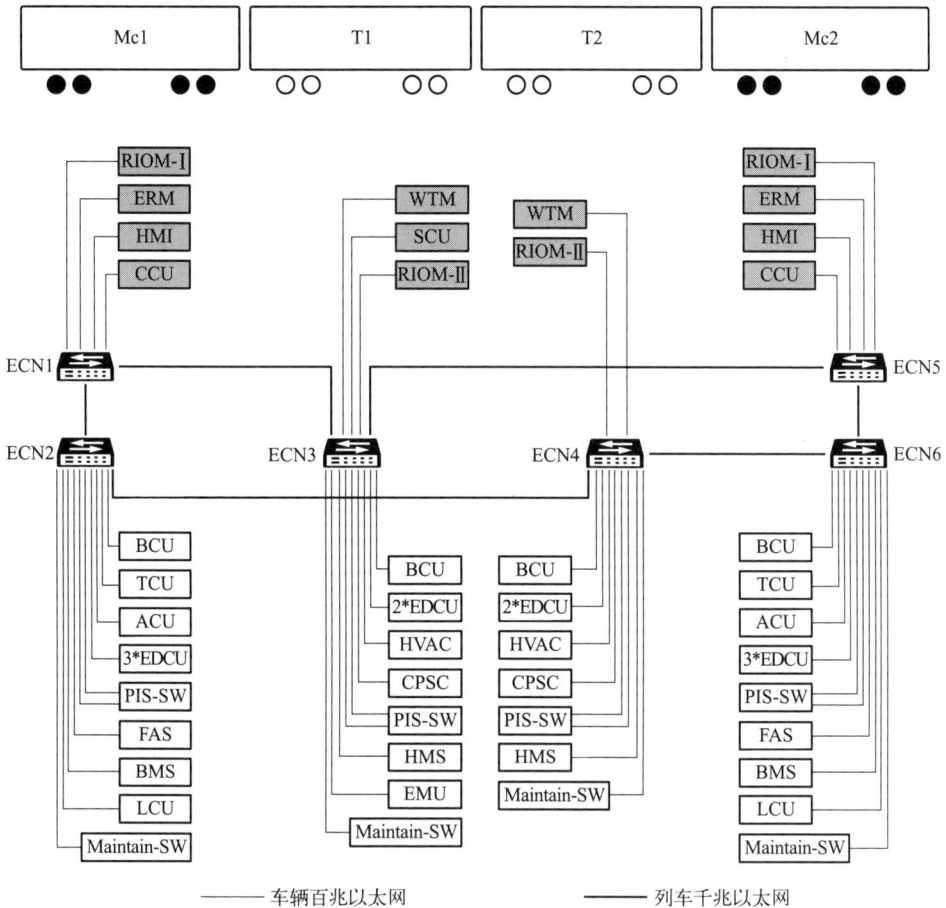

图 5.12　网络拓扑图

　　每节车辆有一个 RIOM 机箱，RIOM 机箱通过以太网接口和车辆 ECN 总线连接，实现对控制电路的主要控制信号采集及控制。

　　无线传输模块（WTM）建立起地面与车辆设备之间通信的无线通道，通过 WTM 可以把车载运行数据实时传输到地面服务器，也可以实现在地面对车上连接到以太网上的设备进行远程维护。

　　安全控制模块（SCU）实现对系统有安全等级要求的零速控制、警惕控制的输出及速度信号的采集功能。

（三）子网划分网络拓扑

　　将全车以太网划分为 4 个子网：过程数据子网（VLAN1）、视频数据子网

（VLAN2）、维护数据子网（VLAN3）以及车地无线传输子网（VLAN4），其
中各子网中所包含设备如图 5.13 所示。

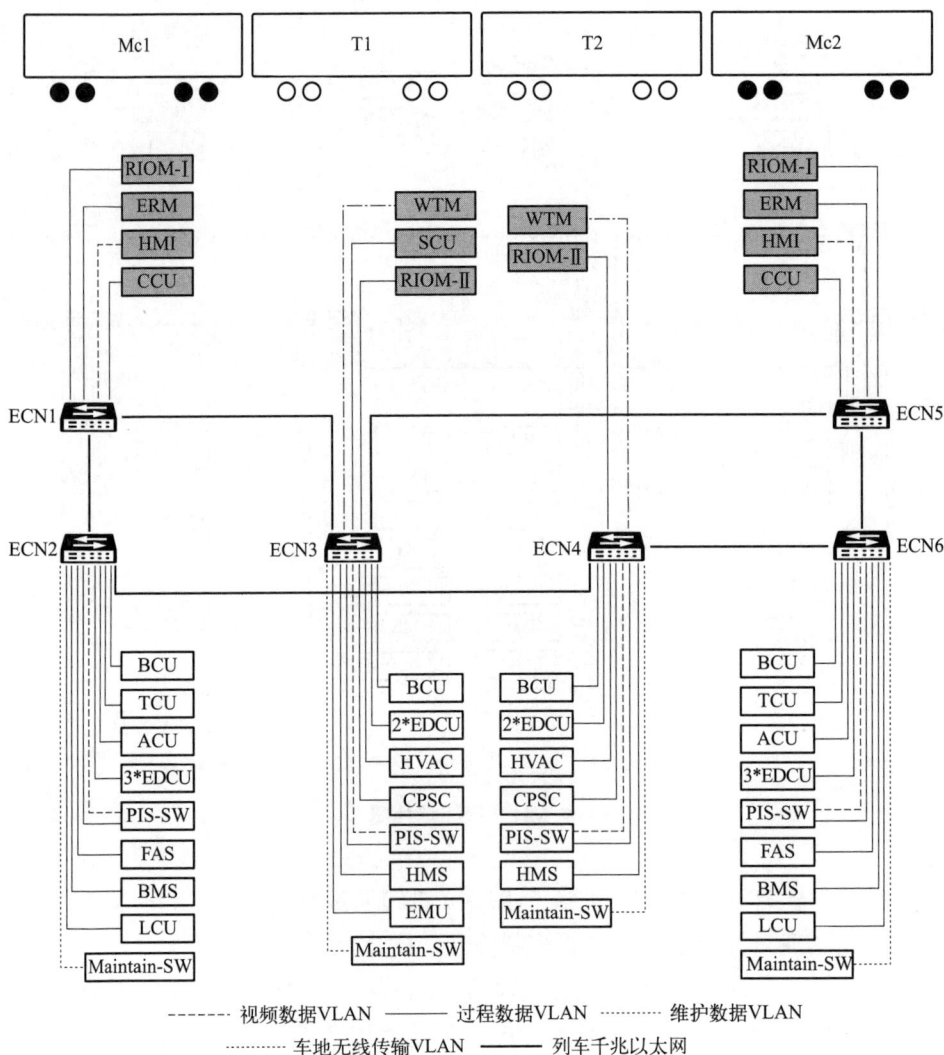

图 5.13　子网划分拓扑图

（四）ECN 的 IP 配置

交换机 IP 配置见表 5.21。

表 5.21　交换机 IP 配置

VLAN	ECN					
	ECN1	ECN2	ECN3	ECN4	ECN5	ECN6
VLAN1	10.0.0.11	10.0.0.12	10.0.0.13 VIP：10.0.0.1	10.0.0.14 VIP：10.0.0.1	10.0.0.15	10.0.0.16
VLAN2	—	—	—	—	—	—
VLAN3	—	—	X20 为维护口	X20 为维护口	—	—
VLAN4	—	—	10.0.192.13	10.0.192.14	—	—

（五）设备子网掩码和默认网关

子网掩码为 18 位（255.255.192.0），其中 192 所在字节的高两位用于子网划分。现在高两位全为 0 代表过程数据子网、01 代表视频数据子网、10 代表维护数据子网、11 代表车地无线传输子网。过程数据子网的 IP 地址设定为 10.0.0.0/18，视频数据子网的 IP 地址设定为 10.0.64.0/18，维护数据子网的 IP 地址设定为 10.0.128.0/18，车地无线传输子网的 IP 地址设定为 10.0.192.0/18。

（六）系统配置

TCMS 设备采用机箱形式的安装结构，各个机箱和显示屏在车辆上的分布如表 5.22 所示。

表 5.22　TCMS 硬件配置

序号	硬部件名称	安装位置	总数量
1	CCU	Mc1、Mc2	2
2	ERM	Mc1、Mc2	2
3	WTM	T1、T2	2
4	SCU	T1	1
5	RIOM-I 型	Mc1、Mc2	2
6	RIOM-II 型	T1、T2	2

序号	硬部件名称	安装位置	总数量
7	ECN1 交换机	Mc1、Mc2	2
8	ECN2 交换机	Mc1、Mc2	2
9	ECN3 交换机	T1、T2	2
10	HMI	Mc1、Mc2	2

（七）以太网通信接口

该车辆列车级总线及车辆级总线采用 ECN，所有的终端设备与车辆 ECN 连接。每个网络的接口速度为 100Mb/s(100BASE-TX)，并采用全双工通信模式。

需要使用 TRDP 进行通信的终端设备支持符合 IEC 61375-2-3 规范的 TRDP。

过程数据周期最快需支持 20ms，响应时间在 10ms 以内，抖动时间在 10ms 以内，仅可采用 UDP 进行传输，支持单播和组播。

四、系统冗余设计

（一）CCU 主控冗余方案

车辆中央控制单元（CCU）分别安装在两辆 Mc 车上，两台 CCU 硬件完全相同，具备同样的功能，互为热备冗余，因此它们在工程实现上具备相同配置，即相同的应用级过程数据源端口及宿端口配置。在正常情况下，节点号小的 CCU 激活作为主控 CCU，实现网络管理与运行控制功能；节点号大的 CCU 作为备用 CCU，执行监视功能。当主控 CCU 出现故障时，自动退出主控功能，备用 CCU 转为主控 CCU，接替原来的 CCU 工作，从而确保网络系统的正常运行。

（二）ECN 网络冗余方案

为提高列车运行的安全性和可靠性，列车 ECN 采用冗余线路连接，如果冗余线路连接的一路产生中断，也不会导致整列车网络的中断，连接到总线上的所有设备仍然能够正常运行；当一个 ECN 交换机发生故障时，能够保证除连接在该交换机上的设备之外的设备正常工作。车辆 ECN 采用环形冗余连接，即使环形冗余线路连接的一路产生中断，不会导致车辆内部设备的连接异常。

（三）关键信号冗余方案

列车控制的关键 I/O 信号，如列车运行方向信号、牵引 / 制动级位等，均有两路不同的通道同时进行采集。牵引指令、制动指令、方向指令、紧急制动指令和车门控制指令以及信号系统所需的关键车辆信号等同时具有硬件电路作为备用。

（四）数据记录冗余方案

在两辆 Mc 车上分别安装一个事件记录仪（ERM），实现对车辆实时运行数据的冗余记录。

（五）车地无线传输冗余方案

在两辆 Mc 车上分别安装一个无线传输模块（WTM），两个无线传输模块互为冗余关系，其中一个为主控设备，另一个为备份，当主设备故障时，备份设备自动投入工作。

五、构成单元描述

（一）中央控制箱

1.技术规格

中央控制单元机箱内包含中央控制单元（CCU）和事件记录仪（ERM）。Mc1 车机箱内的 CCU 与 Mc2 车机箱内的 CCU 互为冗余，当激活的主 CCU 出现故障时，备用 CCU 自动接替为主 CCU，执行主控的功能，以保障整个列车正常运行。CCU 通过以太网与 WTM、HMI 和 RIOM 等设备交换数据。

事件记录仪（ERM）接收各个子系统通过以太网总线传输的数据。ERM

根据需求将列车的运行数据、故障数据和累计数据进行存储。在正常情况下，Mc1 车和 Mc2 车的两台 ERM 同时工作，记录以太网网络收发的重要数据和故障信息。ERM 主要是通过以太网网络对列车主要设备的运行数据、故障等相关信息进行记录和存储，维护人员可以从任意一台 ERM 下载数据记录。CCU 机箱前面板图如图 5.14 所示。

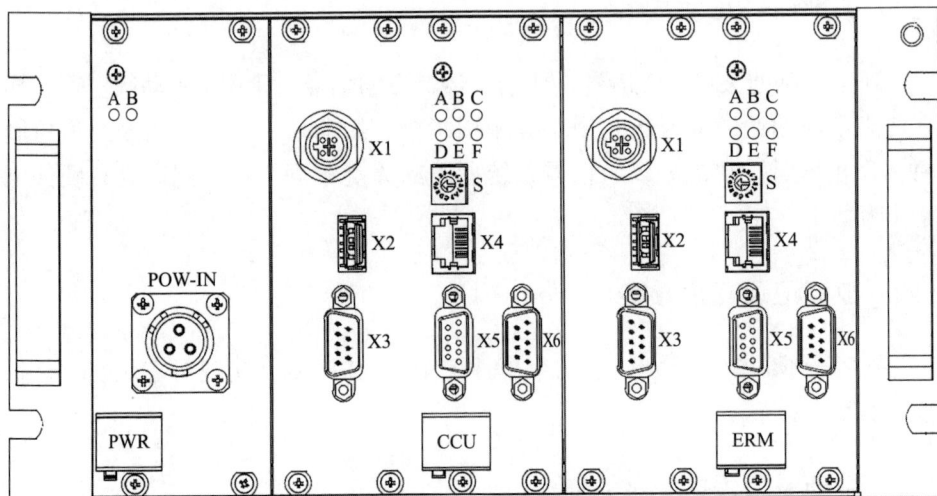

图 5.14　CCU 机箱前面板图

CCU 和 ERM 电气参数如表 5.23 所示。

表 5.23　CCU 和 ERM 电气参数

尺寸	3U 机箱，宽度为 42TE（1TE=5.08mm），深度为 330mm（包括接线半径）
输入电压	电源输入，DC 24V
功率消耗	<30W
操作温度	GB/T 25119—2010（箱体内部温度：-40 ~ 70℃；PCB 周围空气温度：-40 ~ 85℃）
安装方式	前面板螺栓安装
外壳防护等级	IP20
总线接口	ETH
板卡组成	电源板、CCU 板、ERM 板

2.接口说明

CCU 接口说明见表 5.24。

表 5.24　CCU 接口说明

板卡	接口标识	电气接口类型	物理接口类型
PWR 电源板	PWR-IN	电源插头	圆形孔型航空电源插头
CCU 板	X1	以太网端口	M12-D 孔型连接器
	X2	USB 调试口	USB TYPE-A
	X3	串行通信接口	DB9 针型
	X4	RJ45 以太网接口	RJ45

（二）司机显示单元 HMI

1.技术规格

人机界面（HMI）作为列车网络控制系统的关键设备，是列车的人机接口单元，能够实时显示列车运行状态，向列车输出控制命令，记录列车故障信息，从而让列车驾驶员能够时刻了解列车的综合运行情况，合理操作列车。每一列车有两个人机接口单元，分别位于两辆 Mc 车。HMI 对外接口定义集成于背面，如图 5.15 所示。

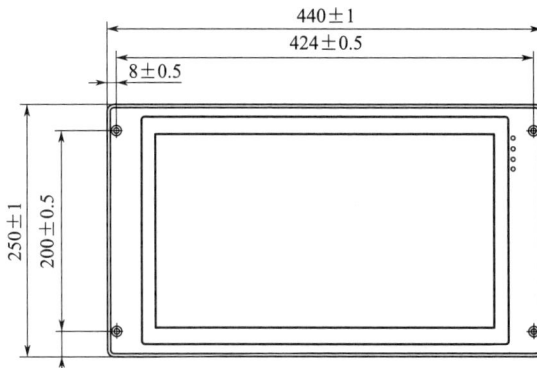

图 5.15　HMI 前面板图

HMI 硬件配置如表 5.25 所示。

表 5.25 HMI 硬件配置

显示器类型	15.6 英寸 TFT 彩色显示屏
最大分辨率	1920×1080
色彩数	16.7M
可视角度	水平 -80°～+80°，垂直 -65°～+80°
亮度	不小于 450cd/m²
平均故障间隔	不小于 100000h
CPU	四核 1.4 GHz
内存	2GB
闪存	2GB
防护等级	前面板 IP65
USB 接口	2 个 USB2.0
以太网接口	2 个 M12
RS485 接口	1 个 RS485 接口

HMI 环境参数如表 5.26 所示。

表 5.26 HMI 环境参数

参数	值	单位	描述
工作温度	-20～70	℃	
储存温度	-25～80	℃	
相对湿度	95	%	

HMI 电气参数如表 5.27 所示。

表 5.27 HMI 电气参数

参数	值	单位	描述
输入电压	30（最大）	V DC	
	16.8（最小）	V DC	
功率	不大于 50	W	

（三）远程输入输出模块 RIOM-Ⅰ 和 RIOM-Ⅱ

1.技术规格

远程输入输出模块（RIOM）由电源模块、通信网关模块及各种输入/输出板卡组成。RIOM-Ⅰ 和 RIOM-Ⅱ 型机箱外形尺寸相同，宽度为50TE、短3U欧式机箱，最多具有8个IO板位。IO的前面板采用欧式48芯插头，前面板不带有指示灯，RIOM机箱所使用的板卡数量可以根据需要进行配置。其面板如图5.16所示。

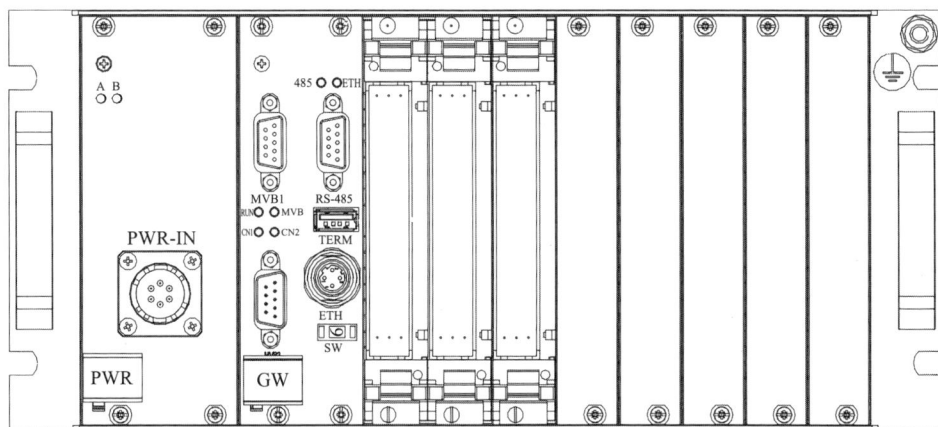

图 5.16　RIOM 机箱前面板图

RIOM-Ⅰ 机箱配置如表 5.28 所示。

表 5.28　RIOM-Ⅰ 硬件配置

项目	配置个数
RIOM 网关板	1
DI 板	4
DO 板	1
AX 板	1
电源板	1

RIOM-Ⅱ 机箱配置如表 5.29 所示。

表 5.29　RIOM-Ⅱ 硬件配置

项目	配置个数
RIOM 网关板	1
DI 板	2
DO 板	1

2. 电源板

电源板设计为 DC 24V 电压输入，为整个 RIOM 机箱提供 DC 5V 电源。电源板参数如表 5.30 所示。

表 5.30　RIOM-Ⅱ 电源板参数

参数	最小	典型	最大	单位	备注
输入电压	16.8	24	32	V	
输出电压	4.8	5	5.2	V	为内部电路板供电
输出功率	5	25	30	W	为内部电路板供电

3. ETH 接口网关

网关板的主要功能是以太网和背板 CAN 总线互连。网关板可以将 CAN 总线的数据打包处理成以太网格式数据传送到以太网总线上，同时网关板从以太网总线接收信号传送到相应的 CAN 总线上。

网关板参数如表 5.31 所示。

表 5.31　RIOM-Ⅱ 网关板参数

参数		数值	单位	备注
输入电压	标称值	5	V DC	
	允许波动范围	4.75 ～ 5.25	V DC	

4. 数字量输入（DI）板

数字量输入板卡内部集成 24 路 24V 数字量采集单元。通过 F 形插头内部集成的 CAN 通信介质与主控单元进行数据交换。

数字量输入（DI）板主要参数如表 5.32 所示。

表 5.32　RIOM-Ⅱ数字量输入（DI）板参数

参数	最小	典型	最大	单位	备注
数字量电压采集（高）	16	24	32	V	
数字量电压采集（低）	0	0	9.1	V	
数字量采集电流（单通道）		10	13.6	mA	
数字量采集功率（单通道）	0.3	0.9	2.5	W	无负载功耗
通道数		24			

5.数字量输出（DO）板

数字量输出板卡采用继电器作为开关元件，具有 16 路输出。通过背板集成的 CAN 通信介质与主控单元进行数据交换。数字量输出板参数如表 5.33 所示。

表 5.33　RIOM-Ⅱ数字量输出（DO）板参数

参数		最小	典型	最大	单位	备注
数字量驱动能力	DC 24V	0.02		0.3	A	

6.模拟量输入输出（AX）板

模拟量输入输出板卡内部集成脉冲信号采集、模拟量输入采集和模拟量输出采集。通过 CAN 接口进行数据交换。AX 板具有 2 路脉冲输入、5 路模拟输入以及 2 路模拟输出。

模拟量输入输出板参数如表 5.34 所示。

表 5.34　RIOM-Ⅱ模拟量输入输出（AX）板参数

参数	数值	单位	描述
精度	1	%	满量程
分辨率	12	Bits	
输入脉冲信号	（高电平≥9V；低电平≤2V）		FI1、FI2 为 15V 脉冲信号输入
输入电压	0～10V		AI1 为直流电压输入
输入电流	0～20mA		AI2～AI5 为直流电流输入
输出电流	0～20mA		AO1、AO2 为直流电流输出
输出电压	15V		直流恒压输出（3W 负载功率）

（四）ECN 交换机

采用的 ECN 以太网交换机分为 3 种：2 个二层 12 口以太网交换机（ECN1 见图 5.17），2 个二层 20 口以太网交换机（ECN2 见图 5.18），2 个三层 20 口以太网交换机（ECN3 见图 5.18）。每个交换机都有用于百兆及千兆的以太网通信接口。

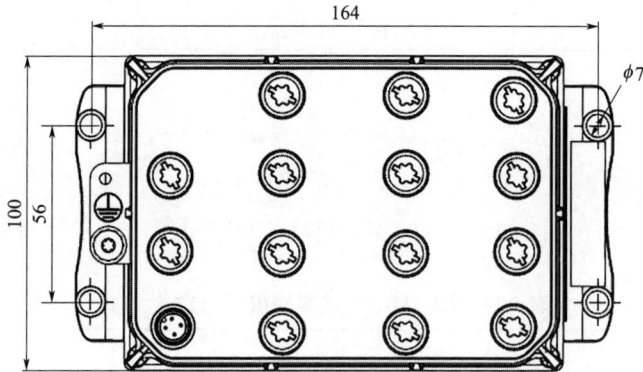

图 5.17　ECN1 交换机示意图

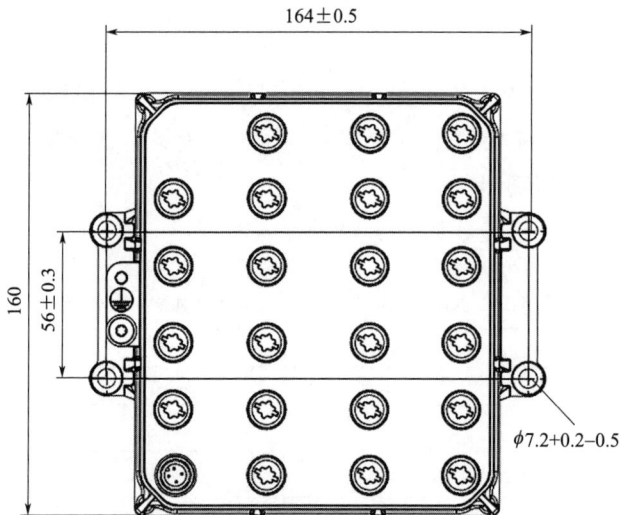

图 5.18　ECN2/ ECN3 交换机示意图

交换机环境参数如表 5.35 所示。

表 5.35　交换机环境参数

参数	值	单位	描述
工作环境温度	−40 ～ 70	℃	依据 EN 60068-2-1
储存温度	−55 ～ 85	℃	依据 EN 60068-2-2
相对湿度	95（最大）	%	依据 EN 60068-2-30
海拔	2000（最大）	m	

交换机电气参数如表 5.36 所示。

表 5.36　交换机电气参数

参数	值	单位
输入电压	143（最大）	V DC
	24 ～ 110（额定）	V DC
	16.8（最小）	V DC

（五）安全控制单元

安全控制单元（SCU）由 CPU 板卡、AOM 板卡、DIO 板卡、HAS 板卡及电源模块组成。使用 44TE 3U 机架安装各板卡。AOM 板卡、DIO 板卡及 HAS 板卡所有数据通过背板总线与 CPU 板卡进行交互。CPU 板卡以太网通信接口可满足项目需求中的列车以太网通信要求，支持包括 UDP、TCP/IP 及 TRDP 等以太网通信协议；CPU 中内置 Linux 操作系统，通过相关配置运行 ISaGRAF PLC 软件，执行相关逻辑功能实现 I/O 板卡与 CPU 板卡的数据交互。其面板如图 5.19 所示。

安全控制单元配置如表 5.37 所示。

表 5.37　安全控制单元配置

项目	功能	配置个数
CPS2258A 模块	CPU 模块	1
AOM3371A 模块	模拟量输出模块	1
DIO2908A 模块	SIL 数字量输入输出模块	1

续表

项目	功能	配置个数
HSA2620B 模块	高速模拟量输入模块	1
PSV 1133B 24VDC 模块	VME 供电及电源滤波模块	1
PIU2056A 模块	24V 直流电源输入模块	1

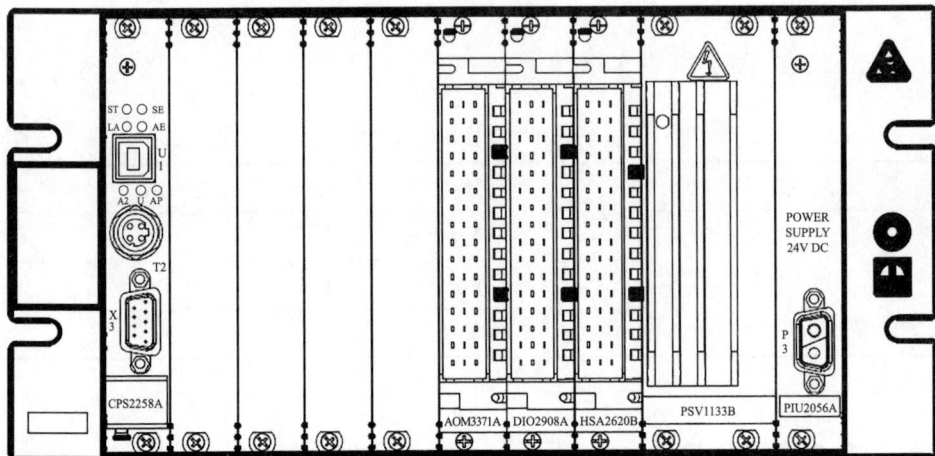

图 5.19　SCU 前面板图

六、系统主要功能

网络控制系统对列车牵引系统、制动系统、辅助系统、乘客信息系统、空调系统等进行控制、监视、故障诊断和运行记录。本节对 TCMS 功能要求进行概括性描述。

（一）控制功能

1. 牵引系统

① 牵引制动指令传输：TCMS 采集司机控制器牵引控制信号，包括运行方向指令（向前、向后、无方向）、牵引/制动指令（牵引、制动、牵引禁止）和牵引级位。

② 运行操作模式（洗车模式、反向运行等）控制等。

③ 轮径设定。

④ 监视牵引系统状态：接收牵引控制器发送的状态信号。

⑤ 监视牵引系统故障显示。

⑥ 时钟同步。

⑦ 监视与 TCU 的通信状态。

⑧ 本车作为施救车辆拖动另外一辆进入"救援模式"的列车或在上坡道启动时，向牵引系统发送请求额外牵引力指令（只发送请求，TCMS 并不计算具体牵引力的大小）。

2. 制动系统

① 牵引制动指令传输：TCMS 发送给 BCU 的控制信号，如牵引 / 制动指令（牵引、制动）和制动级位等。

② 发起制动系统自检。

③ 监视制动系统状态：接收制动系统控制器发送的状态信号（包括载荷信号，轴速、制动和缓解状态，保持制动状态、紧急制动状态、转向架隔离状态、空转和滑动状态，硬线控制信号反馈等）。

④ 空压机运行时间清零。

⑤ 监视空压机运行状态：空压机启停状态。

⑥ 监视制动系统故障：网关阀故障、RIO 阀故障、控制信号超范围、通信故障、传感器信号故障或信号超范围等。

⑦ 监视与制动系统网关阀的通信状态。

⑧ 时钟同步。

3. 辅助系统

① 监视与 SIV 的通信状态。

② 时钟同步。

③ TCMS 接收 SIV 的状态信号：输入电压、输出电压、输出频率、输出电流、蓄电池电压、故障类型代码。

④ TCMS 接收 SIV 的故障信号：滤波电容过压、输出过压、输出过流等。

4. 乘客信息系统

① 站点设置、监视等相关功能。

② 监视 PIS 的通信状态。

③ 监视每节车的乘客警报器状态。

④ 时钟同步。

5. 空调系统

① 监视空调系统的通信状态。

② 空调运行模式设定。

③ 制冷、制热目标温度设定。

④ 空调顺序启动控制。

⑤ 维护人员可通过 TCMS 的显示单元传输空调工作模式指令给空调系统。

⑥ TCMS 接收空调控制器的状态信号和故障信号，在显示单元特定界面进行显示或提示。

⑦ 时钟同步。

6. 门控系统

① 时钟同步。

② 监视车门控制器的通信状态。

③ 监视车门开关状态和故障状态。

（二）监视功能

TCMS 通过 MVB 总线获取列车各系统设备信息和当前车辆状态，并将其发送到 TCMS 的主控 CCU。主控 CCU 将这些信息进行处理后发给 HMI，HMI 将这些信息以图形或报表的形式直观地显示给司乘人员，以保证行车安全。建议的 HMI 显示屏方案如图 5.20 所示。

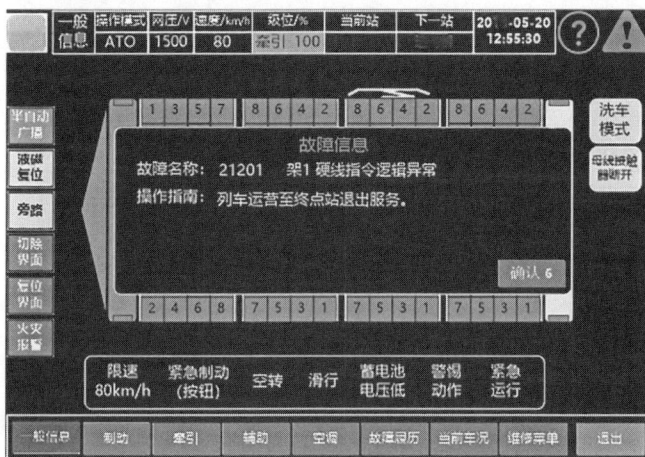

图 5.20　显示方案图

（三）故障诊断功能

在列车运行过程中，TCMS 对列车的故障数据进行实时监控。当故障发生时，主控 CCU、ERM 和 HMI 能够检测到该故障，HMI 根据当前故障信息，能够识别出故障的名称、故障等级、故障位置、故障处理措施以及故障发生时的环境参数，并给予司机相应的故障提示，以便司机做出及时的处理。同时，ERM 能够记录并储存故障发生前后一段时间（时间的长度足以对事故进行分析）内的所有列车状态值以及与事件相关的环境参数，以便于后期的故障分析和列车维护。

根据故障对子系统或列车的性能或安全性的影响划分为不同的故障等级。其中，用于列车诊断的故障分为以下 3 个等级：

一级故障：列车必须在最近一站停靠、疏散乘客，空车返回基地。

二级故障：允许列车维持完成运行图规定的本次交路后，再返回基地。

三级故障：允许列车完成运行图规定的全天运行交路后，再返回基地。

子系统部件故障划分为以下 3 个故障等级：

轻微故障：不影响部件系统功能的故障。

中等故障：限制部件系统功能的故障。

严重故障：严重影响系统的故障，系统自动关闭。

在子系统部件单个故障发生时，故障诊断系统根据整列车的故障情况及该子系统部件故障对列车运营的影响程度对故障进行综合评估，并给出合适的应急指引。

（四）数据记录功能

TCMS 具有列车运行数据和故障数据的记录和存储功能，数据记录和存储采用 FIFO（先进先出）的设计原则。其中，ERM 负责实现列车近期一周内运行数据和故障数据的实时记录和存储功能，并且数据记录不会因为列车断电而丢失，主要面向检修维护人员进行列车维护和故障分析。维修人员可以利用便携式测试单元（PTU）实现对 ERM 所记录的列车运行数据和故障数据的访问、下载及打印，分析列车的运行情况，实现对列车的安全维护。HMI 仅具有故障数据记录和存储功能，主要面向司乘人员和检修维护人员进行近期列车故障记录的查看，操作方便。

1. 运行记录

① 记录频率：1 条 /100ms。

② 记录容量：每条数据 500 字节，至少记录 7 天（7×24 小时）数据。

③ 记录项目：记录内容从以太网传输的数据中进行选择，包括网络信号和 I/O 信号。

2. 故障记录

① 记录频率：故障发生、消失时记录。

② 记录容量：故障记录不少于 30000 条。

③ 记录项目：根据实际需求具体定义。

3. 累计数据记录

① 累计运行距离。

② 累计运行时间。

③ 空压机运行时间。

④ 牵引能耗。

⑤ 再生制动能耗。

⑥ 电阻制动能耗。

⑦ 辅助能耗。

第四节　基于 CAN 网络的有轨电车网络控制系统

一、车辆概述

TCMS 用于监视车载牵引系统、制动系统和列车内各主要设备的状态，实现车辆的管理、监视和诊断功能。TCMS 车辆总线采用符合 IEC 61375 标准的 CANopen 总线和实时以太网总线，列车总线采用了 WTB，其中主控单元具有热备冗余功能，最大程度地确保了系统安全。同时，通过使用专用事件记录仪将车辆运行过程中一些重要的行车数据与故障数据记录下来，便于车辆的维护保养。

二、车辆主要指标

（一）车辆编组

列车为 5 辆编组，两动两浮一拖形式，其编组示意图如图 5.21 所示。

Mc	F1	Np	F2	Mc

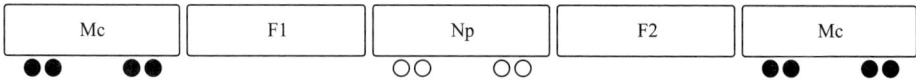

图 5.21　列车编组图

Mc—安装动力装置的车厢；F—未安装动力装置的悬浮车厢；
Np—未安装动力装置安装受电弓的车厢

（二）冲击与振动

1. 振动

车辆上的各种设备按 IEC 61373 标准要求，能承受振动在纵向、横向和垂向三个方向上规定的振动频率的要求。

在 0 ～ 80km/h 范围内，各种设备与车体不产生共振。

2. 设备耐冲击振动性能

安装于车体上设备的悬挂装置，在各方向上能承受的最大冲击加速度为：

纵向为 3g，其中 $g=9.8 \text{m/s}^2$；横向为 1g，其中 $g=9.8 \text{m/s}^2$；垂向为 $(1+C)g$ 其中在车端 $C=2$，在车辆中间 $C=0.5$，$g=9.8 \text{m/s}^2$。

（三）供电条件

控制电压：DC 24V。

（四）电磁兼容

① 车辆及其电气设备的电磁兼容性符合 EN 50121 标准的规定。

② 在车辆设计中采取一切措施消除电磁辐射、感应、传导和静电释放等干扰对车辆上安装设备的影响。

③ 防止车辆上安装设备的电磁干扰影响其他车载设备在运营范围内以及附近系统的正常工作。

④ 在所有设备正常工作状态下，确保由列车产生的任何静态或交变的磁场不得干扰乘客的磁性介质物品的正常使用。

（五）防火要求

① 车辆所用材料符合 DIN 5510 标准的规定，即采用阻燃或难燃材料，满

足低烟、低毒的排放标准。

② 客室和司机室必须按照有关消防规定配置适当数量适用于电气装置及其他设施灭火的消防设备。

③ 一旦发生火灾，车辆设计应满足乘客迅速疏散的要求。

三、网络控制系统

（一）系统概述

列车网络控制系统符合 IEC 61375 标准要求，该系统采用 CANopen 总线和实时以太网总线作为车辆总线，采用 WTB 作为列车总线，用于进行车辆总线的重联工作，由具备以太网接口的 WTB 网关实现。

连接到车辆网络上各个子系统的控制单元包括牵引控制单元（TCU）、制动控制单元（BCU）、列车辅助电源系统（SIV）、空调控制单元（HVAC）、电子门控单元（EDCU）、乘客信息系统（PIS）以及电池管理系统（BMS）等。

整个列车网络控制系统包括设备硬件、操作系统、控制软件、诊断软件、监视软件和维护工具等。列车网络控制系统为所有子系统设备留有标准的通信接口，并具有成熟可靠的接口通信规范，使得所有车辆子系统均能可靠地接入。

（二）网络拓扑

列车网络控制系统（TCMS）按照 IEC 61375 标准规定的 CANopen 列车通信网络和实时以太网通信网络组建，具体网络拓扑结构见图 5.22。

TCMS 与车辆各设备间采用硬线连接或网络通信，其中多数电气控制设备与 TCMS 间采用硬线连接，连接接口为 DI、DO、AX 等，通过协议转换网关将数据转发至车辆网络上。具有 CANopen 接口的子系统（如 SIV、PIS、EDCU 和 TCU 等）与 TCMS 之间直接通过 CANopen 网络相连，HMI、ERM、WTB 网关和车载智能系统等设备通过实时以太网总线连接到一起。

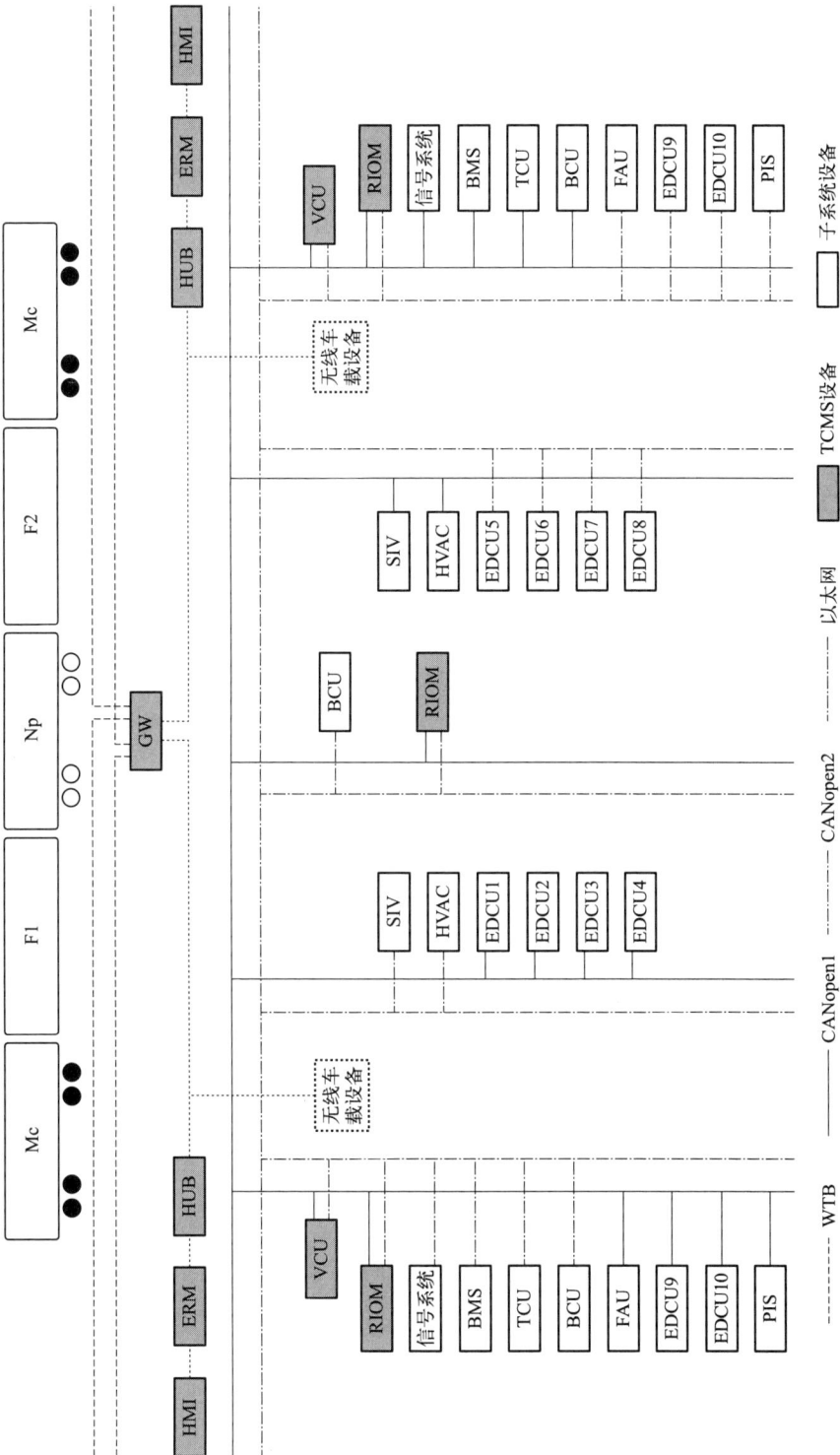

图 5.22　网络拓扑图

如图 5.22 所示，网络控制系统设备主要包括车辆控制单元 VCU，实现了车辆的 CANopen 总线管理与列车运行控制功能；事件记录仪（ERM）实现了故障数据与运行数据的记录功能；RIOM 用于实现 TCMS 与车辆硬线信号的交互（硬线信号的输入与输出）；HMI 用来显示车辆与子系统的状态及提供人机交互的接口；WTB 网关实现了列车总线和车辆总线实时以太网之间的转换功能；牵引、辅助等子设备配置作为示意。

列车事件记录仪对列车主要设备的运行状态和故障进行了自动信息采集与记录，即通过车辆总线获得了列车主要控制单元和部件的状态信息并记录保存。

TCMS 的 VCU、RIOM 等均具备两路 CAN 接口，可以同时采集两路 CAN 总线的数据，能够避免数据在两路 CAN 总线的转发，降低负载的同时提高了冗余性能。

WTB 网关、HMI、ERM 在车辆级总线级别采用了以太网总线，通过 WTB 网关集成的机箱进行连接，采用以太网总线连接可以大幅度地提升车辆总线级别的传输效率，并可以有效地降低总线负载。以两车重联为例，WTB 最大可传输双向 128 字节，结合既往项目经验，在 250kb/s 的速度下，可有效地降低负载率，保证各个总线段上的负载率小于 40%。

TCMS 与车辆各设备间采用网络通信或硬线连接，对于与行车安全有关的输入输出信号，采用网络加硬线的冗余设计，优先采用网络信号。当网络出现故障时，采用硬线连接。

（三）车辆总线 ETH

该项目车辆总线采用 ECN，每个网络的接口速度为 100Mb/s(100BASE-TX)，并采用全双工通信模式。

需要使用 TRDP 进行通信的终端设备支持符合 IEC 61375-2-3 规范的 TRDP。TRDP 使用了 UDP/TCP 的 20548 端口和 20550 端口，其他应用层协议禁止使用这些端口。

过程数据周期最快需支持 20ms，响应时间在 10ms 以内，抖动时间在 10ms 以内，仅可采用 UDP 进行传输，支持单播和组播。

（四）系统配置

按照硬件组成及各个硬件在车辆中的安装位置不同，TCMS 设备主要包含车辆控制单元、事件记录仪、RIOM 机箱、显示屏和列车总线网关等。

各个部件在车上的分布如表 5.38 所示。

表 5.38　TCMS 硬件配置

设备名称	Mc1	F1	Np	F2	Mc2	重量 /kg	功率 /W
车辆控制单元（VCU）	1	—	—	—	1	1.05	3.6
列车事件记录仪（ERM）	1	—	—	—	1	2.5	15
远程输入输出机箱 RIOM- Ⅰ 型	1	—	—	—	1	5	20
远程输入输出机箱 RIOM- Ⅱ 型	—	—	1	—	—	4	20
司机显示单元 HMI	1	—	—	—	1	4	30
列车总线网关（GW）	—	—	1	—		2.2	40

四、系统冗余设计

（一）主控设备冗余方案

车辆控制单元分别安装在两辆 Mc 车车辆控制机箱中，两台 VCU 硬件完全相同，具备同样的功能，互为热备冗余，因此它们在工程实现上具备相同配置，采用拨码开关区分主从。

在正常情况下，节点号小的 VCU 激活作为主控 VCU，实现网络管理与运行控制功能；节点号大的 VCU 作为备用 VCU，执行监视功能。当主控 VCU 出现故障时，自动退出主控功能，备用 VCU 转为主控 VCU，接替原来的 VCU 工作，从而确保网络系统的正常运行。

（二）关键 I/O 信号采集冗余方案

Tc1 车和 Tc2 车各配置两台 RIOM 机箱，以实现对一些列车控制的关键 I/O 信号（如运行方向信号、牵引 / 制动级位等）的冗余采集。关键 I/O 信号通过两根硬线分别接入到两台 RIOM 设备中，若关键 I/O 信号的其中一路由于 RIOM 设备故障或硬线故障等原因无法正常采集时，另外一台 RIOM 仍可实现对该关键 I/O 信号的正常采集，从而保障列车正常运行。

关键 I/O 信号的冗余采集接线方式如图 5.23 所示。

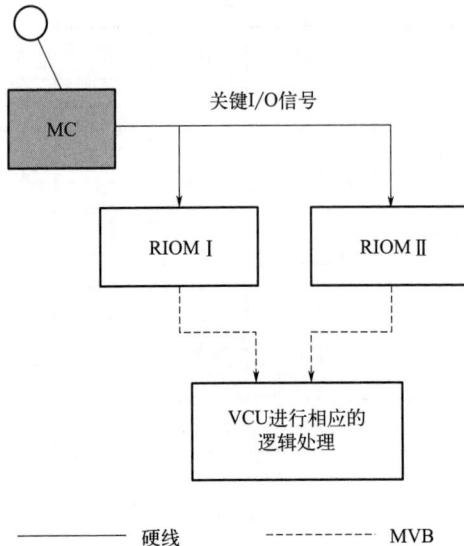

图 5.23　关键 I/O 信号的冗余采集示意图

（三）显示信息冗余方案

TCMS 通过 RIOM 单元的 I/O 通道可以输出电气信号来驱动仪表、指示灯进行必要信息显示，在 HMI 故障时可以确保车辆在降级模式下运行。

（四）硬线冗余方案

在 TCMS 中，所有的信号都可以通过网络传输，但是出于车辆安全考虑，对于与行车安全相关的信号（如牵引指令、制动指令、方向指令、紧急制动指令和车门控制指令等），需要同时通过硬线传输到相关的子系统，确保车辆在网络故障的情况下仍然可以进入降级模式维持车辆运行。

（五）CANopen 多路冗余方案

CANopen 多路冗余方案采用了双 CAN 的方式进行网络子设备的分配，有效地降低了网络负载，同时保证车辆在一路 CAN 通信故障的情况下能够自行降级运营，不会因单路 CAN 通信故障导致车辆救援。

同时，TCMS 提供的 VCU、RIOM 机箱等设备均具备双 CANopen 接口，也可以有效地提升系统的冗余性能。

五、构成单元描述

（一）显示屏

人机界面（HMI）作为列车网络控制系统的关键设备，是列车的人机接口单元，能够实时显示列车运行状态，向列车输出控制命令，记录列车故障信息，从而让列车驾驶员能够时刻了解列车的综合运行情况，合理操作列车。每列车有两个人机接口单元，分别位于两辆 Tc 车。列车显示屏示意图见图 5.24。

(a) 显示屏前面板图

图 5.24

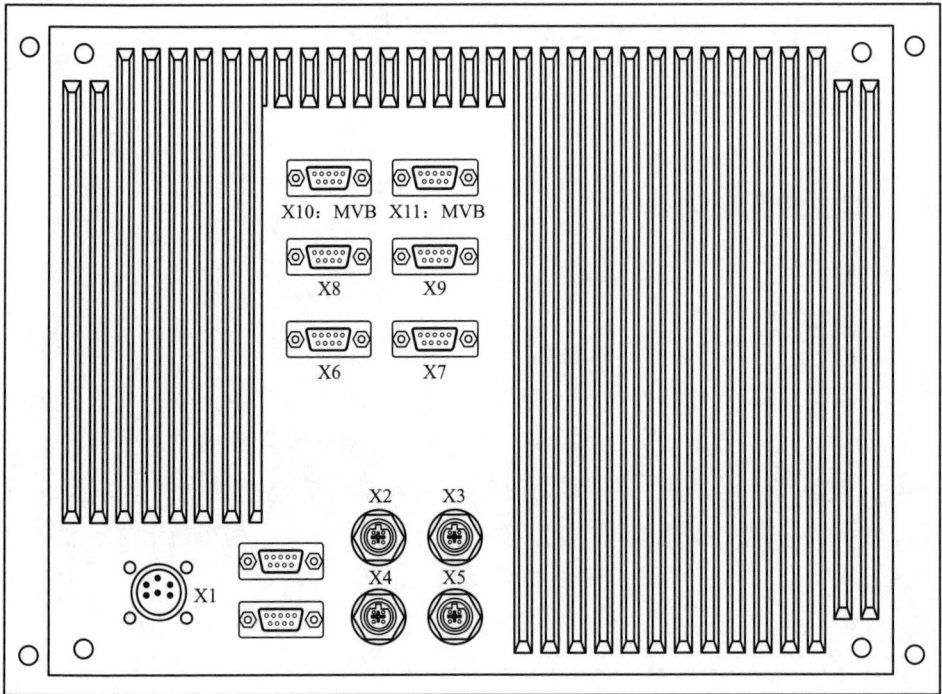

(b) 显示屏后面板图

图 5.24　列车显示屏示意图

1. 硬件配置

HMI 硬件配置见表 5.39。

表 5.39　HMI 硬件配置

显示器类型	10.4 寸液晶屏幕
最大分辨率	800×600
颜色	色彩数 16.7M
点尺寸 /mm²	0.24×0.24
可视角度 / (°)	±85
亮度（cd/m²）	450
尺寸（$W×H×D$）	310mm×214mm×67mm
CPU	4 核 1G CPU

续表

内存	1GB
电子盘	8GB
防护	前面板 IP65 防护
USB 接口	2 个 USB2.0
以太网接口	2 路 M12
CANopen	支持 2 路 CAN 接口

2. 环境参数

HMI 环境参数见表 5.40。

表 5.40　HMI 环境参数

参数	值	单位
工作温度	−25 ～ 70	℃
储存温度	−40 ～ 85	℃
相对湿度	10 ～ 95	%

（二）车辆控制单元

车辆控制单元（VCU）通过 CANopen 与 ERM、HMI、RIOM 等设备交换数据。

车辆控制单元（VCU）具有下列基本功能：

① 控制列车总线系统上的数据通信。

② 管理多功能车辆总线。

③ 自校验。

④ 具有便携式测试单元（PTU）接口。

⑤ 具有 2 路 CANopen 接口。

VCU 配置了标准的串、并行接口与信号及通信设备连接，并有专用的处理器及存储设备转换通信数据格式并记录所有接口的交换数据，所有的记录数据可通过便携式测试单元（PTU）读取。中央控制单元机箱外观见图 5.25。

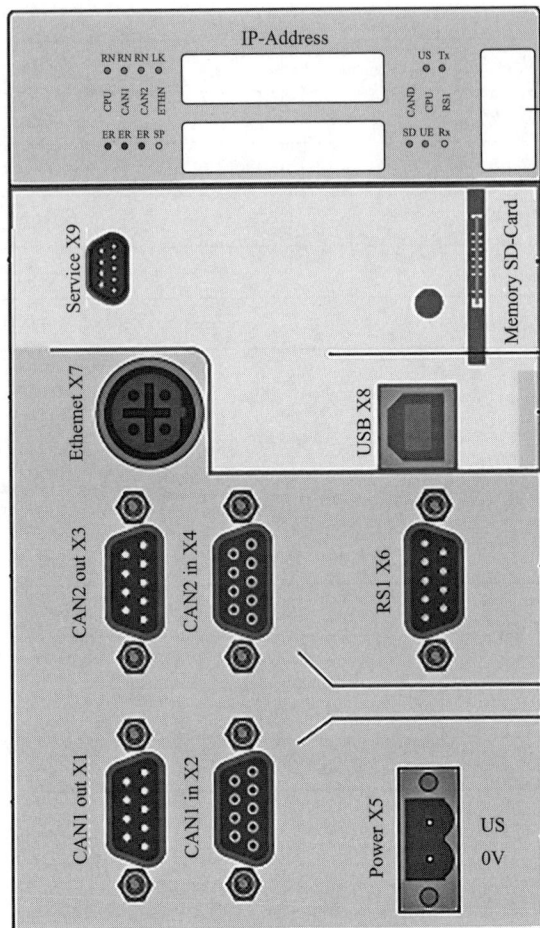

图 5.25　中央控制单元机箱外观

1. 硬件配置

CCU 硬件配置见表 5.41。

表 5.41　CCU 硬件配置

项目	配置
FLASH EPROM	64MB
FAST-RAM	64MB
编程接口	RS232/485
通信接口	2 路 CAN 接口 (公 / 母)、RS232(公)

项目	配置
重量 /g	1050
防护等级	IP40
工作温度 /℃	-40 ～ 70
存储温度 /℃	-40 ～ 85
测试要求	EN 50155、EN 50121、EN 61373 CLASS A

（三）远程输入输出机箱

考虑到有轨电车的安装空间有限，建议 RIOM 机箱采用 3U 结构，在振动、散热、EMC 屏蔽等方面性能稳定可靠。

RIOM 组包括电源板卡、GW（网关）板卡、DI（数字量输入）板卡、DO（数字量输出）板卡、AX（模拟量输入输出）板卡等。IO 板卡和 GW（网关）板卡通讯地址、设备地址通过背板设置。

RIOM 机箱根据内部板卡配置不同来区分型号，一般除了必要的电源板卡和网关板卡，其他 DI/DO/AX 板卡的尺寸相同，可以根据需要灵活配置。

RIOM 机箱外观示意图见图 5.26。

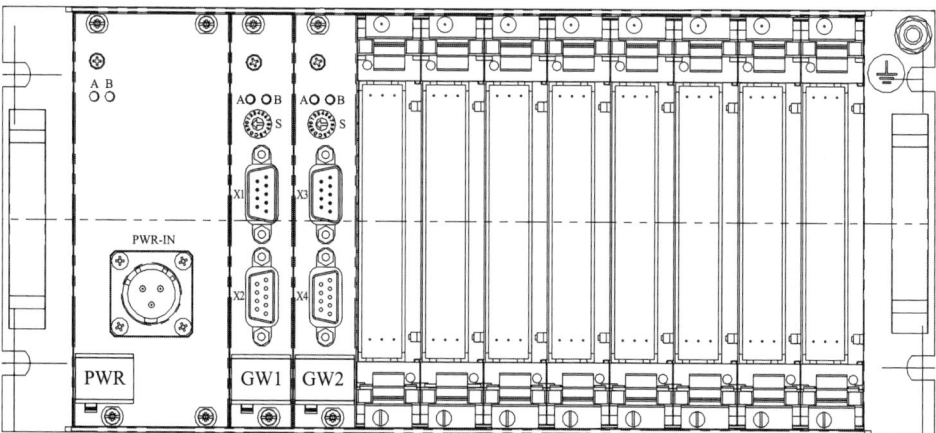

图 5.26　RIOM 机箱示意图

RIOM 机箱内各板卡参数见表 5.42。

表 5.42　RIOM 硬件配置

编号	板卡说明	备注
1	电源板	24V 供电
2	网关板	将背板的 I/O 板卡数据发送至 CANopen 网络
3	DI 板	单板 20 路通道 +2 路 PWM
4	DO 板	单板 16 路通道 MOSFET 输出
5	AX 板	1 路 36V 模拟量输入，4 路模拟量输入通道（0 ~ 10V/0 ~ 20mA 可选），2 路模拟量输出

1. 电源板

电源板设计为 DC 24V 电压输入，为整个 RIOM 机箱提供 DC 5V 和 DC 24V 电源。

电源板参数见表 5.43。

表 5.43　RIOM 电源板参数

参数	最小	典型	最大	单位	备注
输入电压	16.8	24	30	V	
输出电压	4.9	5	5.1	V	为内部电路板供电
输出功率	/	50	/	W	为内部电路板供电

2. 网关板

网关板主要的功能是实现车辆总线和背板 CAN 总线之间的通信协议转换，并支持 RS485 接口和以太网接口。

网关（GW）板电气参数见表 5.44。

表 5.44　RIOM 网关板参数

参数		数值	单位	备注
输入电压	标称值	5	V DC	
	允许波动范围	4.9 ~ 5.1	V DC	

3. 数字量输入板

数字量输入板卡内部集成 20 路 24V 数字量采集、2 路脉冲信号采集单元。通过 F 形插头内部集成的 CAN 通信介质与主控单元进行数据交换。

数字量输入（DI）板主要参数见表 5.45。

表 5.45 RIOM 数字量输入板参数

参数	最小	典型	最大	单位	备注
数字量输入（DI）板功率	/	2	/	W	
数字量电压采集（高）	16	24	30	V	
数字量电压采集（低）	0	/	10	V	
数字量采集电流（单通道）	0	11	17	mA	
数字量采集功率（单通道）	0	0.26	0.5	W	
脉冲信号采集电压（高）	11	/	16	V	
脉冲信号采集电压（低）	0	/	3	V	
脉冲信号采集电流（单通道）	0	/	4	mA	
脉冲信号采集功率（单通道）	0	/	0.064	W	

4. 数字量输出板

数字量输出板卡采用继电器和光耦作为开关元件，内部集成 16 路 MOSFET 输出。通过背板集成的 CAN 通信介质与主控单元进行数据交换。RIOM 数字量输出板参数见表 5.46。

表 5.46 RIOM 数字量输出板参数

参数	最小	典型	最大	单位	备注
数字量输出板功率	/	/	4	W	无负载
数字量输出电压	16	24	30	V	
数字量输出电流	/	400	600	mA	

5. 模拟量板

模拟量输入输出板卡内部集成 1 路 36V 模拟量输入，4 路模拟量输入通道（0 ～ 15V/0 ～ 20mA 可选），2 路模拟量输出。RIOM 模拟量板参数见表 5.47。

表 5.47　RIOM 模拟量板参数

参数	数值	单位	描述
输入级类型	/	/	差分输入
精度	1	%	满量程
分辨率	12	Bits	
输入电流	0 ～ 20	/	第 1 ～ 2 路 4 ～ 20mA 电流输入
输入电压	0 ～ 15	/	第 3 ～ 4 路 0 ～ 15V 电压输入
	0 ～ 36		0 ～ 36V 模拟量输入
输出电流	0 ～ 20	/	2 路 4 ～ 20mA
输出电压	0 ～ 10	/	0 ～ 10V 输出通道
	0 ～ 15		

（四）重联网关

在 Tc 车放置一个重联网关，该网关具备 CANopen 通信、WTB 通信以及网关路由功能。其功能符合 IEC 61375 和 UIC 556 规定，用于列车重联应用。WTB 网关提供了 1 个多口的交换机，供列车总线通信使用。它采用以太网进行通信能够大幅提升通信效率，同时有效地降低车辆网络的负载。

重联网关示意图见图 5.27。

重联网关主要技术参数见表 5.48。

表 5.48　重联网关技术参数

序号	参数名称	值	单位
1	工作温度	-40 ～ 70	℃
2	存储温度	-40 ～ 70	℃
3	相对湿度	95（最大）	%
4	输入电压（DC）	16.8 ～ 30	V DC

续表

序号	参数名称	值	单位
5	输入电流	5（最大）	A
6	功率	80（最大）	W
7	重量	4（最大）	kg
8	防护等级	IP40	
9	振动	GB-T 25119-2010、EN50155、EN61373 CLASS A	

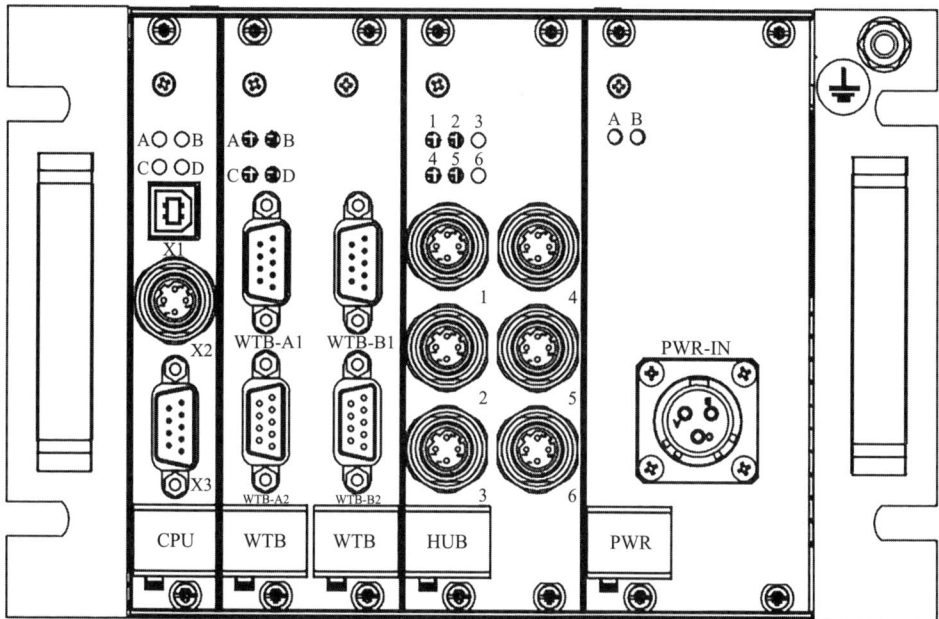

图 5.27　重联网关示意图

（五）事件记录仪

列车事件（数据）记录仪（ERM）集中完成 TCMS 的列车故障诊断功能。ERM 通过 CANopen 接口接入车辆网络。其主要完成的功能包括：

① 从网络中获取相关的各子系统的故障数据或者运行数据进行存储。

② 对某些特定的故障数据进行逻辑处理或增加一些附带信息发给 HMI 进行显示。事件记录仪前面板示意图见图 5.28。

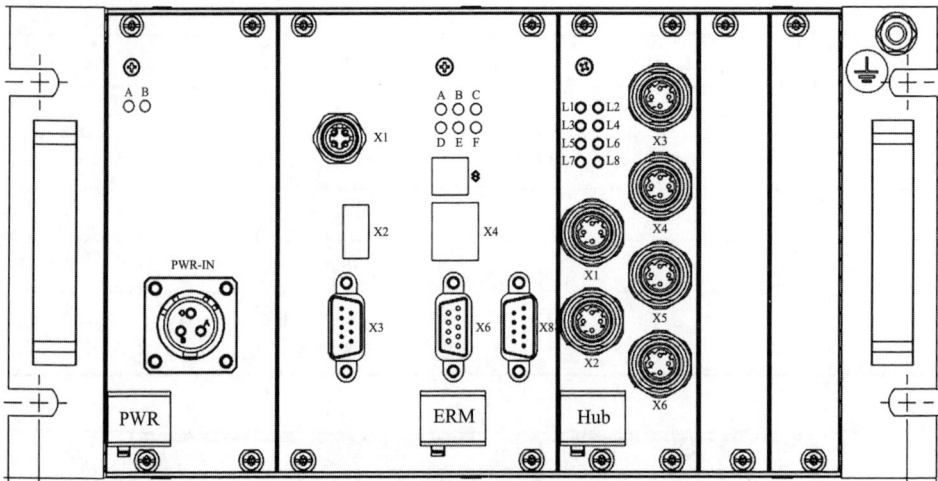

图 5.28　事件记录仪前面板示意图

事件记录仪主要技术参数如表 5.49 所示。

表 5.49　事件记录仪技术参数

项目	配置
额定供电电源	24VDC
CPU	500MHz
网口	1 个 10/100 Mb/s Base-T 网口 机箱内扩展 6 口交换机
EDOM	2GB 电子盘
PC-104	1 个 PC-104 扩展槽
面板接口	1 个 DB9（针座）用于串口， 1 个 DB9（针座）和 1 个 DB9（孔座）用于 CANopen 通信（可支持 2 路 CANopen 接口）， 1 个 USB 接口， 1 个以太网接口
设备 ID 设置	1 个 16 位设备 ID 设置旋转编码开关，可以设置主机 ID 号
防护等级	前面板 IP40
测试要求	EN 50155、EN 50121
振动冲击	EN 50155、EN 61373 CLASS A

六、系统主要功能

列车网络控制系统对列车牵引系统、制动系统、辅助系统、乘客信息系统、空调系统及门控系统等进行控制、监视、故障诊断和运行记录。

（一）控制功能

1. 牵引系统

① 牵引制动指令传输：TCMS 采集司机控制器牵引控制信号，包括运行方向指令（向前、向后、无方向）、牵引 / 制动指令（牵引、制动、牵引禁止）和牵引级位。

② 运行操作模式（洗车模式、快加速模式、反向运行）控制等。

③ 轮径设定。

④ 监视牵引系统状态：接收牵引控制器发送的状态信号。

⑤ 监视牵引系统故障显示。

⑥ 时钟同步。

2. 制动系统

① 牵引制动指令传输：TCMS 发送给 BCU 的控制信号，如牵引 / 制动指令（牵引、制动）和制动级位。

② 发起制动系统自检。

③ 监视制动系统状态。

④ 监视制动系统故障。

⑤ 监视与制动系统的通信状态。

⑥ 时钟同步。

3. 辅助系统

① 监视与 SIV 的通信状态。

② 时钟同步。

③ TCMS 接收 SIV 的状态信号：输入电压、输出电压、输出频率、输出电流、蓄电池电压、故障类型代码。

④ TCMS 接收 SIV 的故障信号：滤波电容过压、输出过压、输出过流等。

4. 乘客信息系统

① 站点（起始站、终点站、当前站）设置。

② 监视 PIS 的通信状态。

③ 监视每节车的乘客警报器状态。

④ 时钟同步。

5. 空调系统

① 监视空调系统的通信状态。

② 空调运行模式设定。

③ 制冷、制热目标温度设定。

④ 空调顺序启动控制。

⑤ 维护人员可通过 TCMS 的显示单元传输空调工作模式指令给空调系统。

⑥ TCMS 接收空调控制器的状态信号和故障信号，在显示单元特定界面进行显示或提示。

⑦ 时钟同步。

6. 门控系统

① 时钟同步。

② 监视车门控制器的通信状态。

③ 监视车门开关状态和故障状态。

7. 超级电容系统及其他

列车网络控制系统可以根据需求实现储能设备及其他车载设备的控制功能。

（二）监视功能

列车网络控制系统监视车载主要设备的状态，并在需要时通过显示器显示状态信息。在每个运行模式界面将显示如操作端、列车方向、列车速度、网压、牵引制动状态等信息。

（三）故障诊断功能

列车故障诊断功能由位于 Mc 车的 ERM 完成。该诊断系统用于对故障信息的识别和处理以及故障信息的输出。所有诊断信息以及列车故障信息能提供给整组列车。在该系统中，事件记录仪（ERM）通过列车总线接收从各子系统传来的故障信息，并附带一定的相关数据和相应的时间。

列车故障诊断系统是 TCMS 的重要组成部分，事件记录仪存储列车发生的事件和故障信息。其功能包括故障等级、故障记录、运行记录、事件记录、自诊断功能、数据上传 / 下载等 6 个部分。

列车故障诊断系统的诊断功能可以协助司机和检修人员进行工作。当故障发生时，提示司机采取适当的操作，并使维护人员更容易地查找并解决故障。

如果列车发生故障，将以文本信息在 HMI 上显示给司机。为此，各单元通过 CANopen 总线传输故障发生时的信息到 VCU 与 ERM。事件记录仪将日期和时间加到设备项的故障代码上，并将故障信息显示到 HMI 上。

在 HMI 上，每条纯文本信息都配有故障代码，根据不同的故障类别进行故障评估。故障类别和纯文本信息显示在 HMI 界面上。

每一报告的故障将至少包含以下信息：故障发生的时间；故障消失的时间；车号；故障出现的位置；故障代码；故障名称；故障等级；列车速度；供电电压。

1. 故障分级

列车控制和诊断系统将故障划分为 3 个级别。详细故障列表根据实际需求定义。

当检查到故障时，列车网络控制系统按照每个故障等级将采取定义好的动作。

一级故障信息——关键信息，对列车运营和服务会造成显著影响的列车事故和故障需要立即采取措施处理。

二级故障信息——次关键信息，对列车运营和服务不会造成显著影响的列车事故和故障在列车返回车辆段之后采取处理措施。

三级故障信息——非关键信息，对列车运营和服务不会造成影响的列车事故和故障可在列车日常维修时排除。

对于不同级别的故障，诊断系统提供不同处理方案，具体如下：

① 一级故障：需要列车操作人员立即注意或采取行动的故障被定义为严重故障。当此级别故障发生时，显示器"故障"信息闪烁，并在故障检查界面显示确认键。当操作人员按此键后，"故障"信息消失。确认后，故障在历史故障信息界面显示。故障信息界面同时显示故障处理提示，用于排除故障。

② 二级故障：需要维护人员注意的故障被定义为中等故障。不影响执行

乘客服务运行的故障为此级别。故障信息在故障界面显示。故障信息界面显示故障处理提示用于排除故障。

③ 三级故障：由列车操作人员触发的故障被定义为轻微故障。列车操作人员要注意的故障为此级别。故障不在操作人员的故障信息界面上显示，仅记录在故障日志中。

2. 故障显示

显示屏显示当前故障和历史故障。

3. 故障分析

用户可使用 PTU 软件对故障记录进行分析。

（四）记录功能

① 列车网络控制系统的记录功能由事件记录仪完成。

② 记录内容按记录方式分为两种类型：周期性记录和触发性记录，即运行记录和故障记录。

③ 事件记录仪具备非易失性存储器，列车网络控制系统断电后数据不丢失。

④ 维护人员可使用笔记本电脑通过以太网接口连接记录单元，下载记录，使用 PTU 软件进行记录分析。

事件记录仪的实际记录内容可根据实际需求进行定义。

1. 运行记录

① 记录频率：1 条 /100ms。

② 记录容量：每条数据 200 字节，至少记录 72 小时数据。

③ 记录项目：记录内容从车辆总线传输的数据中进行选择，包括网络信号和 I/O 信号，具体可根据实际需求进行定义。

2. 故障记录

① 记录频率：故障发生时记录。

② 记录容量：故障记录不少于 30000 条。

③ 记录项目：根据实际需求具体定义。

3. 记录下载

用户可使用笔记本电脑连接记录仪，下载记录数据。

4.记录分析

用户可使用 TCMS 提供的记录数据分析软件，以列表或曲线的形式查看和打印记录。

第五节　基于 WorldFIP 网络的地铁列车网络控制系统

一、车辆主要指标

（一）车辆编组

列车编组图见图 5.29。

图 5.29　列车编组图
Tc— 带司机室的拖车；Mp—带受电弓的动车；M—无受电弓的动车

（二）运行环境

① 海拔高度：不超过 1200m。
② 环境温度：-1.7 ～ 42.3℃。
③ 相对湿度：不大于 90％。

（三）冲击与振动

1.冲击

车辆上所有设备和悬挂部分按 IEC 61373—1999 标准要求承受各种力的冲击，设备任何部分不发生脱离，车体不发生永久性变形。

设备耐冲击振动性能指标见表 5.50。

表 5.50　设备耐冲击振动性能指标

项目	中央控制机箱	远程输入输出机箱
垂向	30m/s²	50m/s²
横向	30m/s²	50m/s²
纵向	50m/s²	50m/s²

2. 振动

车辆上的各种设备按 IEC 61373—1999 标准要求，能承受振动在纵向、横向和垂向三个方向上规定的振动频率的要求。

车辆的各种设备能承受车辆在联挂和正常运行时的冲击和振动，列车联挂速度小于或等于 5km/h。

列车纵向冲击率小于或等于 $0.75m/s^3$。

（四）供电条件

① 额定电压：DC 1500V。

② 变化范围：DC 1000V ～ DC 1800V。

③ 再生制动时：不高于 DC 1950V。

④ 受电方式：接触网受电弓受电。

⑤ 控制电压：DC 110V。

（五）电磁兼容

① 车辆及其电气设备的电磁兼容性符合 EN 50121 标准的规定。

② 在车辆设计中采取一切措施消除电磁辐射、感应、传导和静电释放等干扰对车辆上安装设备的影响。

③ 防止车辆上安装设备的电磁干扰影响其他车载设备在运营范围内以及附近系统的正常工作。

④ 在所有设备正常工作状态下，确保由列车产生的任何静态或交变的磁场不得干扰乘客的磁性介质物品的正常使用。

（六）车辆特性

1. 列车速度

① 最高运行速度：80km/h。

② 构造速度：90km/h。

③ 平均旅行速度：$\geqslant$ 35km/h。

2. 平均加速度

在超员情况下，在平直干燥轨道上，车轮半磨耗状态，额定电压为 DC 1500V 时，平均加速度为：

起动加速度（0 → 40km/h）：$\geqslant$ 1.0m/s^2。

平均加速度（0 → 80km/h）：$\geqslant$ 0.6m/s^2。

3. 平均减速度

在超员情况下，在平直干燥轨道上，车轮半磨耗状态，最高运行速度为 80km/h，从给制动指令到停车时，平均减速度为：

最大常用制动：$\geqslant$ 1.0m/s^2。

紧急制动：$\geqslant$ 1.2m/s^2。

（七）防火要求

车辆所用材料符合 DIN 5510 标准的规定，即采用阻燃或难燃材料，满足低烟、低毒的排放标准。

二、网络控制系统

（一）系统概述

TCMS 是一个列车信息采集、显示、记录的系统，它采集每节车上的子系统的数据，通过 FIP 网络送到主处理单元，再通过 CCU 将处理过的信息发送至各网络子设备，实现车辆的管理、监视和诊断等功能。例如，它为司机提供操作帮助等，也为维修人员提供维护帮助和事件记录管理，即维修人员可以使用维护电脑下载记录的数据，进行事件分析和故障处理。

（二）网络拓扑

列车网络控制系统（TCMS）按照 IEC 61375 标准规定的 WorldFIP 列车通信网络组建。它们根据等级结构配置分为列车网络和车辆网络，具体网络拓扑结构如图 5.30 所示。

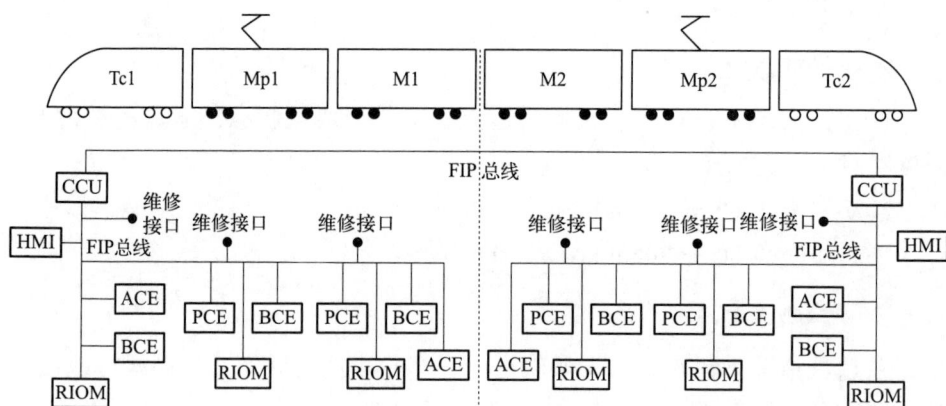

图 5.30　网络拓扑图

一辆 Tc 车、一辆 Mp 车和一辆 M 车组成一个基本编组单元。每个单元设有一个 CCU 接入 FIP 列车网络，位于拖车的网络设备还有一个人机界面（HMI）、两个远程输入/输出模块（RIOM）。每个动车装有一个 RIOM。每节车厢装有乘客信息系统 (PIS) 管理通信，PIS 由两个子系统组成，分别为视频通信和音频通信。TCMS 设备通过 FIP 网络连接，以确保在每个单元之间进行数据通信。

CCU 采用可编程的逻辑控制器，负责控制和管理数据在 FIP 网络中流动；HMI 提供运行和维护 TCMS 的人机交互界面；RIOM 提供二进制 I/O 接口和标准的 RS485 串行通信接口；牵引控制电子（PCE）单元、制动控制电子（BCE）单元和辅助控制电子（ACE）单元等设备均接入 FIP 网络，纳入 TCMS 的监视和管理。TCMS 通过 FIP 列车网络收集来接入 FIP 列车网络的设备的故障信息，并且通过 HMI 提供给司机和维护人员，它能记录信息、故障以及设备状态。

（三）通信系统网络连接方式

1. FIP 网络连接

WorldFIP 列车网络采用屏蔽双绞线将各设备连接，终端电阻为 120Ω。这些屏蔽双绞线遍布整辆列车，并将车辆间的 CCU 相连，形成列车总线。每组车（Tc、Mp、M）通过这些线缆将上述各个设备相连接形成车辆总线。图 5.31 所示为车辆总线连接示例。

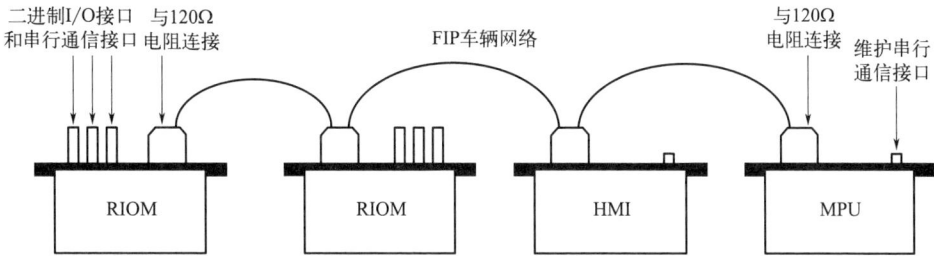

图 5.31　单个编组的网络电缆线路图

　　FIP 列车网络上各设备的 FIP 地址通过系列化的数据插头或低压二进制输入组合所定义。除制动控制电子（BCE）单元外，每个网络节点设备都有一个数据插头来定义其地址，它能够存储设备网络地址及其在列车上的位置。因制动系统的特殊性，制动控制电子（BCE）单元的地址是通过硬跳线来定义的。FIP 列车网络上每个单元的网络地址见表 5.51。

表 5.51　FIP 车辆网络地址列表

FIP 车辆	设备	车型	车号	标签	FIP 地址
网络 1 或 2	CCU	A	1	M P U 1	D#00
	RIOM	A	1	RIOM10	D#03
	RIOM	A	1	RIOM11	D#03
	RIOM	B	2	RIOM21	D#04
	RIOM	C	3	RIOM31	D#05
	PCE	B	2	PCE2	D#20
	PCE	C	3	PCE3	D#21
	ACE	A	1	ACE1	D#30
	ACE	C	3	ACE3	D#31
	HMI	A	1	HMI1	D#40
	BCE	A	1	BCE1	D#42
	BCE	B	2	BCE2	D#43
	BCE	C	3	BCE3	D#44

2. 串行通信接口的连接

与外围设备的串行通信接口通信由 RIOM 通过系统软件提供。设备变量通过相同的 RS485 串行通信接口连接。

串行通信接口交换数据建立在主 / 从机制上：RIOM 在串行通信接口上发送一个请求（设备地址标志），设备（与指定地址一致）反馈响应，以此判断 RIOM 与设备之间的通信是否中断。设备经过串行通信接口交换被 CCU 通过列车网络初始化。在应用软件的每个运行周期，CCU 通过 RIOM 发送一个请求询问串行通信接口。连接到串行通信接口的每个单元都有且只有一个地址。此外，相同类型的设备和有相同功能的设备可以共享组地址。通过 RS485 串行通信接口连接到 TCMS 上的有显示器、门控系统、音频系统和列车自动控制系统等。

串行通信接口上部分设备须单独定义地址，另一部分则须信息定义（组地址）。如表 5.52 所示为部分串行通信接口上设备的地址。

表 5.52　串行通信接口设备地址

| 设备 | A 车 | | | | | | | | B 车和 C 车 | | | |
| | RIOM11 | | | | RIOM10 | | | | RIOM21/31/41/51/61 | | | |
	LS12	LS13	LS14	LS01	LS12	LS13	LS14	LS01	LS12	LS13	LS14	LS01
FDU					X							
IDU 前	X/X								X/X			
IDU 后	X/X								X/X			
Door1A		X								X		
Door2A		X								X		
Door3A		X								X		
Door4A		X								X		
Door5A		X								X		
Door1B			X								X	
Door2B			X								X	
Door3B			X								X	
Door4B			X								X	
Door5B			X								X	

续表

| 设备 | A 车 | | | | | | | | B 车和 C 车 | | | |
| | RIOM11 | | | | RIOM10 | | | | RIOM21/31/41/51/61 | | | |
	LS12	LS13	LS14	LS01	LS12	LS13	LS14	LS01	LS12	LS13	LS14	LS01
ACU								X				
APU				X								X
PECU				X								X
ATC						X						

注：FDU—列车前端显示单元；IDU—车厢内部显示单元；Door—车门；ACU—音频控制单元；APU—音频功率单元；PECU—乘客紧急通信单元；ATC—列车自动控制系统。

3. 二进制的逻辑输入 / 输出（I/O）

设备的连接逻辑输入是通过 RIOM 周期性获得的，通过 FIP 列车网络连接到 CCU。相反，逻辑输出值通过 FIP 列车网络经 CCU 周期性地发送给 RIOM，以此控制物理输出。通过二进制 I/O 连接到 TCMS 上的有空调系统、照明、受电弓以及列车状态等。

4. 音频系统的接口

除了串行通信接口外，TCMS 为了执行数字音频信息自动播报（DVA）功能也与音频系统连接。在每辆 Tc 车上，使用特殊的调制线来连接 CCU 和 ACU，这个连接由双绞式屏蔽线组成。

第六节　基于 LonWorks 网络的列车网络控制系统

一、车辆概述

列车网络控制系统是列车的神经系统和指挥中枢，它实现了各子系统信息传输共享，协调中央控制系统与各子系统的控制、监视与诊断任务，汇总各子系统工作状态和故障诊断信息，提供信息显示和人机交互接口，完成整车级的控制、故障诊断和状态监视等工作。

二、车辆主要指标

（一）车辆编组

列车编组形式为：1 节动力车 + 若干节拖车 +1 节控制车，其编组拓扑如图 5.32 所示。

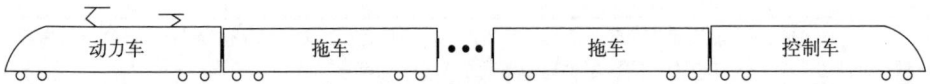

图 5.32　车辆编组图

（二）运行环境

① 海拔高度：不超过 2500m。

② 环境温度：−40 ～ 70℃。

③ 最湿月份平均最大相对湿度不大于 95%。

（三）车辆特性

① 速度：160km/h。

② 持续速度：95km/h。

（四）供电条件

电压制式 AC 25kV/50Hz。

（五）冲击与振动

列车正常运行时产生冲击和振动，设备的振动频率及振动加速度在 GB/T 21563—2018 中的 1 类 B 级所列范围内。

（六）电磁兼容

列车内部电磁干扰符合 GB/T 24338.4—2018 标准文件的相关要求。

（七）防火要求

采用的非金属材料的阻燃性能，须符合 EN 45545-2：2013 HL3 的有关规定。系统及系统自带的紧固件要进行充分的防腐处理，以满足环境要求。

三、网络控制系统

（一）系统概述

动力车、控制车 TCMS 由列车总线和车辆总线组成。列车级总线（WTB）还要贯穿所有拖车，每节车辆的车辆总线采用 MVB+ 以太网。拖车采用 LonWorks 网络，拖车网络通过 MVB/LonWorks 网关与动力车、控制车通信。

接入动力车与控制车控制网络的设备有中央控制单元、WTB/MVB/ECN 网关、输入输出单元、微机显示屏以及列车数据记录装置等；接入拖车控制网络的设备有车门系统、烟火报警系统、轴温系统以及供电系统等。

TCMS 能够完成对包括牵引系统、高压系统、辅助供电系统、列车供电系统、制动系统等在内的逻辑控制与状态监视以及故障诊断等。

（二）网络拓扑

拖车网络系统拓扑结构见图 5.33。

动力车、控制车网络控制系统采用两级总线式拓扑结构，分为列车级总线（WTB）和车辆级总线（MVB）+ 以太网，列车级和车辆级数据转换采用 WTB 网关。动力车、控制车的车辆级网络默认采用 MVB 传输控制数据，对于兼具 MVB 与以太网的设备，发送数据时，将相同的数据同时发送到 MVB 和以太网上，接收数据时，默认采用 MVB 接收，若 MVB 判断收到的生命信号在一定时间内没有变化，则转到用以太网收数据。部分设备不具有 MVB 接口，只采用以太网传输数据。

拖车网络控制系统采用两级总线式拓扑结构，分为列车级总线和车辆级总线，两级总线均采用 LonWorks 总线，其中车辆级采用 LonWorks 总线进行点对点通信，实现拖车各子系统间运行状态与故障诊断等信息的传输以及对各子系统的控制、状态及安全监测信息的实时查询。为保障系统的可靠性，列车级 LonWorks 总线采用双线热备冗余，以便在单线故障时 LonWorks 网关自动切换到信任线，从而保障通信的正常进行。

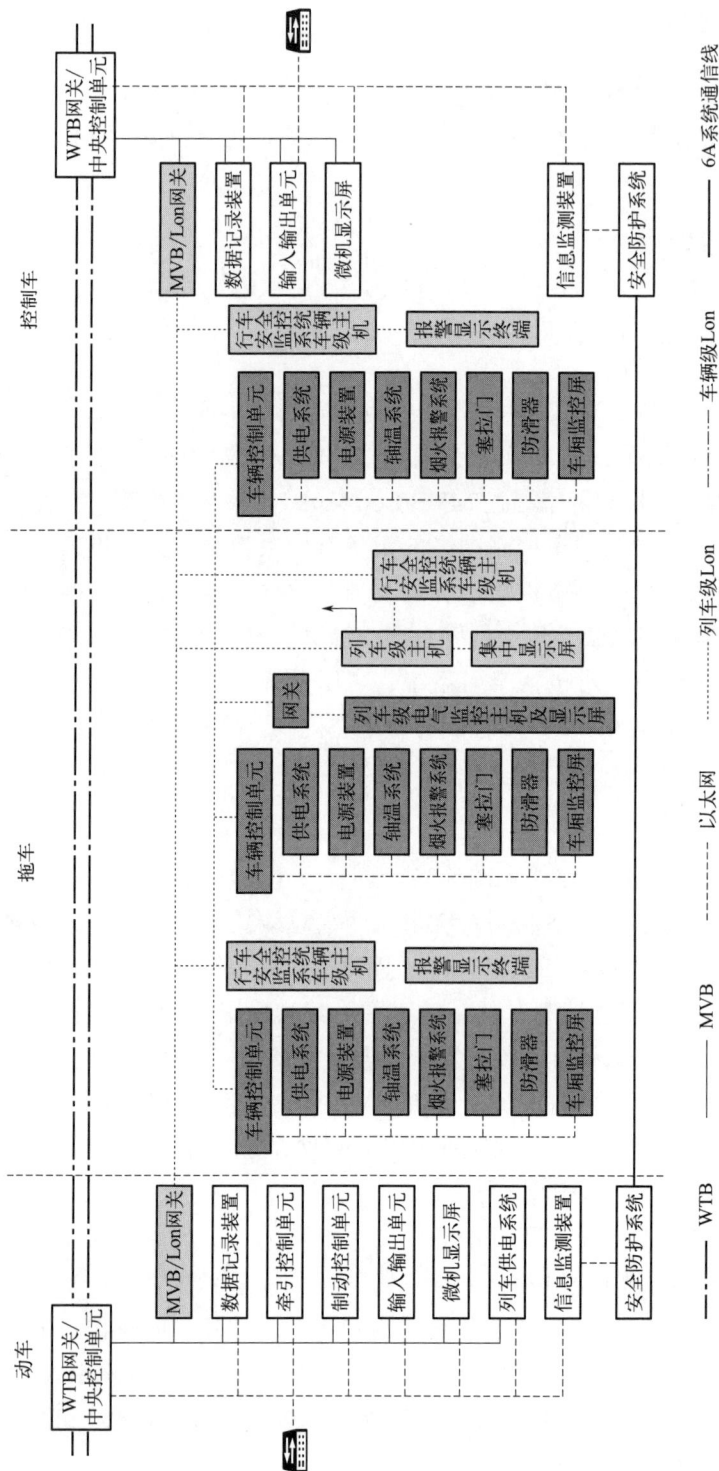

图 5.33 拖车网络系统拓扑结构

（三）系统功能

列车拖车网络控制系统能实现各子系统信息传输共享，完成对全列车的控制、故障诊断和状态监视等工作。根据列车级和车辆级两级总线的区分，系统功能可以分为车辆级监控和列车级监控。

1. 车辆级监控

拖车网络的车辆级监控系统由车辆控制单元、本车 PLC 模块、轴温报警、防滑器、火灾报警器、车下电源、车厢监控屏和塞拉门等子系统组成。车辆控制单元由网络通信节点和通信终端组成。通信接口主要有 RS485、RS232、LonWorks 等。通信终端通过内置网关将各子系统的 RS232 总线或 RS485 总线数据转换成 LonWorks 数据，并将数据传输到本车的车辆级 LonWorks 总线。车下电源直接将 LonWorks 数据传输到 LonWorks 总线。车辆级数据流如图 5.34 所示。对实时性要求较高的系统（比如车厢监控屏和塞拉门），为了减少数据传输的中间节点数量和缩短数据传输时间，采用直接通过串口总线与网络通信节点方式进行数据传输。

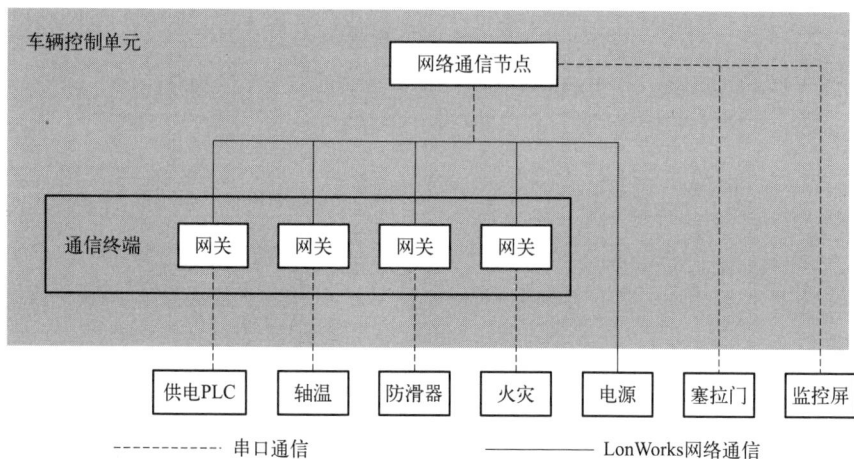

图 5.34　车辆级数据流

网络通信节点通过识别子系统数据中的地址代码，收集并整理本车厢各子系统状态信息并发送至列车级网络。同时，也可接收和整理列车级网络控制数据并分发至各个子系统执行。

2. 列车级监控

拖车列车级网络控制系统由列车级控制单元、行车安全列车级主机、各车辆控制单元、MVB/LonWorks 网关组成。各车厢车辆控制单元的网络通信节点实现车辆级与列车级数据交互，列车级数据流如图 5.35 所示。每间隔 1s 向列车级 LonWorks 总线发送本车的电气状态信息。根据各车车厢号的不同，从数据的地址代码中可以识别出数据来源的车厢号。所有网络通信节点以及列车级控制单元均自动接收列车级 LonWorks 总线上所有车辆的网络数据。同时，列车级控制单元在收到 LonWorks 网络数据后，对数据进行处理，并通过串口将数据发送至电气监控显示屏和行车安全系统列车级主机。行车安全系统列车级主机收到数据后，再对数据进行处理，通过独立的列车级 LonWorks 网络，与控制车 TCMS 的 MVB/LonWorks 网关进行数据交互，实现司机室显示屏能够监测拖车电气系统状态的功能。

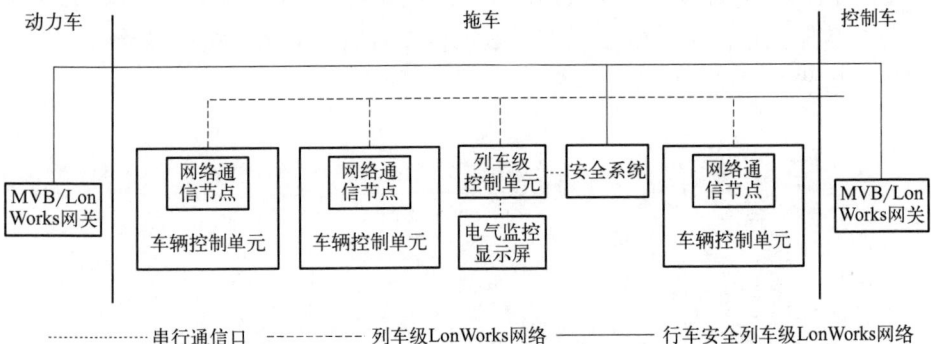

图 5.35 列车级数据流

四、LonWorks 优点

（1）实施便捷，布线灵活 LonWorks 总线采用二芯屏蔽双绞线作为传输介质，要求特性阻抗为 $102 \times (1 \pm 10\%) \Omega$，物理性能符合四类通信标准即可。该总线对线缆及配套接头的类型无特殊限制，兼容性强，实施简单便捷。双绞线直线通信距离可达 2700m，非常适用于列车编组内长距离通信。对于存在灵活编组需求的列车，若采用以太网构建列车级网络，其实现复杂度和成本较高；而 LonWorks 总线支持网络节点在运行中动态加入或退出，系统可自动识别与重组，具备优越的动态编组适应能力。

（2）网络利用率高，冗余可靠　LonWorks网络在带宽占用率高达60%时仍可稳定通信。在固定配置的车辆级网络中，列车编组的变动不会影响车辆级与列车级网络既定的双路冗余结构。即使某一处或多处列车级网络节点发生故障，其余节点仍可维持正常通信，表现出较强的故障容忍能力和系统恢复能力。

（3）环境适应性强　LonWorks具有良好的抗干扰机制，可对网络中的干扰信号实现有效避让。其通信协议支持优先级报文、接收确认与自动重发等功能，从机制上保障了关键数据的可靠传输与实时响应。同时，该技术对传输介质要求较为宽松，可在强振动、高湿度、宽温变等恶劣环境下保持稳定工作，非常符合轨道交通车辆复杂的运行环境需求。

（4）综合成本效益突出　LonWorks技术在成本和性能间取得了良好平衡。其硬件成本，特别是线缆与连接件成本较低；分布式架构降低了系统复杂性，节省了中央控制设备的投入。在长期运营中，模块化设计使得维护、更换和扩展更为简便经济，有效降低了全生命周期的总体拥有成本。

（5）传输性能匹配应用需求　其典型通信速率（78kbps～1.25Mbps）完全满足车辆级控制子系统对控制数据的传输需求。协议内置的仲裁与优先级机制确保了关键指令的实时性与确定性，虽绝对速率不及新型高速总线，但对于大量的分布式I/O控制应用而言，其性能是充分且高效的。

第七节　基于列车网络控制系统的车地无线传输系统

一、系统概述

车地无线传输系统可实现车辆实时数据在线监控和历史数据的地面存储及分析评估等功能。列车数据通过车载设备，由车地无线传输通道传输到地面服务器，地面服务器同时可集成子系统智能诊断结果，数据经地面服务器软件解析处理后存在数据库中，再经分析统计后以界面和报表等形式向用户展示车辆运营和故障诊断等汇总信息。通过对列车数据的实时监控处理、统计分析和数据挖掘，可实现对列车运行状况的全程跟踪及故障实时报警，为车辆智能运维等智能化应用提供决策支持。

二、系统架构

(一) 网络拓扑

车地无线传输系统架构如图5.36所示。各车载设备通过列车以太网总线直接或间接与三层以太网交换机相连，通过车载无线模块与地面搭建起的车地无线传输通道将运行、故障及状态数据等信息实时传输到地面服务器。车地无线传输通道采用TCP（传输控制协议）进行数据传输，传输周期为1s。系统支持各车载子系统将各自应用于大数据分析、故障诊断和预警分析的数据传回子系统服务器。各子系统分别对本系统数据进行大数据分析、诊断及预警后，将结果回传到车地无线传输系统的地面服务器。车地无线传输系统服务器接收到子系统传输的结果数据后，将这些数据同列车网络数据统一进行处理，最终以图形、报表等形式呈现给用户。

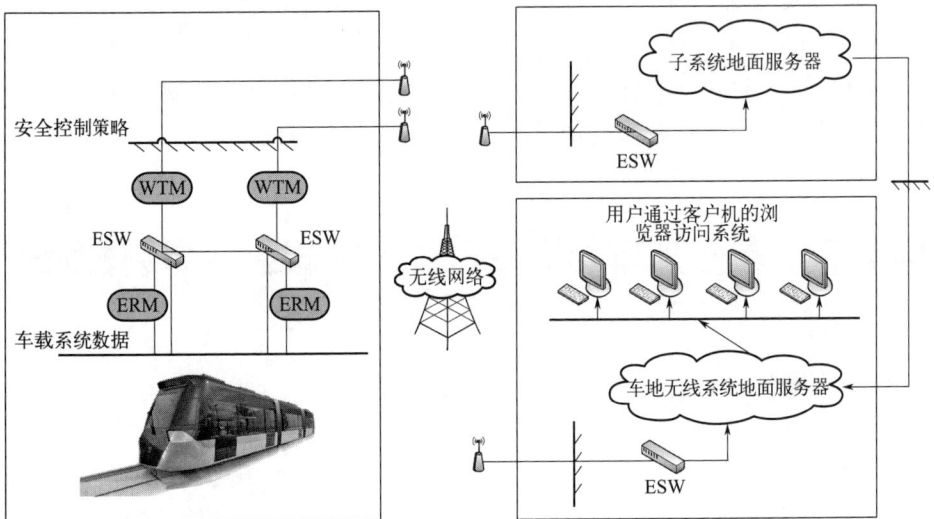

图5.36 车地无线传输系统网络拓扑图

(二) 系统配置

车地无线传输系统车载设备主要由2台ERM（事件记录仪）和2台WTM（无线传输模块）构成，地面设备主要由1台Web应用服务器和3台分布式数据库服务器构成。地面系统部署完毕之后，用户可在任意一台与服务器处于同一个局域网内的终端 PC 上通过浏览器访问系统软件，为车辆智能运维等智能化应用提供决策支持。

三、构成单元描述

（一）无线传输模块

无线传输模块（WTM）单元为车载设备的核心，其主要功能是采集列车总线上的数据，将总线上的数据通过内置的无线板卡和车载天线，由 4G/Wi-Fi 传输到地面服务器。WTM 前面板示意图见图 5.37。

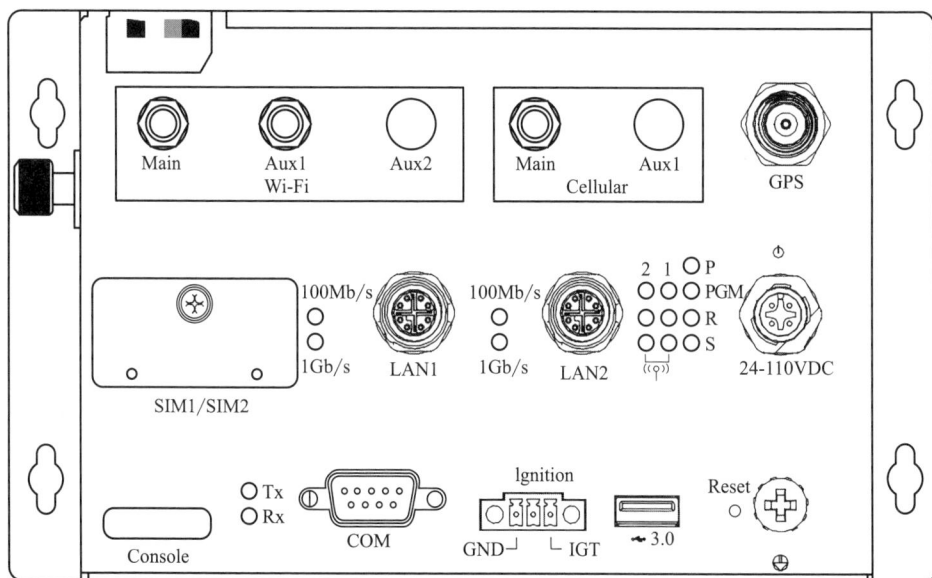

图 5.37　WTM 前面板示意图

WTM 满足以下规格参数（表 5.53）要求。

表 5.53　WTM 规格参数

环境	环境温度 /℃	−40 ～ 70
	储存温度 /℃	−40 ～ 70
	相对湿度 /%	95（最大）

续表

供电	16.8 ~ 32V（DC），标称值为 DC 24V
功率	小于 30W
防护等级	IP20
工作温度	EN 50155TX 等级 -40 ~ 70℃（箱体内部温度） -40 ~ 85℃（印制电路板周围）

（二）车载天线

图 5.38　车载天线外形

无线传输模块需要具有车载天线，实现与地面无线模块的通信。图 5.38 为某品牌三合一天线（包括 GPS 天线、4G 天线和 Wi-Fi 天线），自带合路器。

1. 安装尺寸

车载天线推荐安装在车顶，周围没有强电磁干扰，并且没有高障碍物阻挡。天线安装方向应符合车辆空气动力学要求，天线出线部位，应处于迎风面。图 5.39 为天线安装尺寸图。

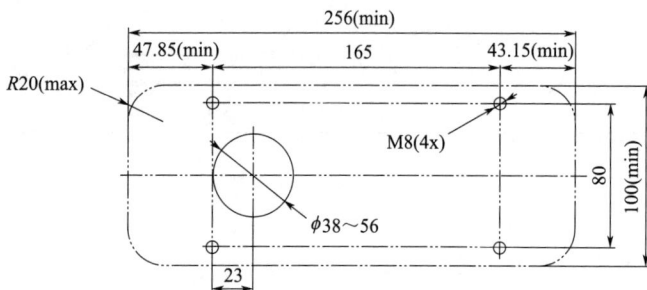

图 5.39　车载天线安装尺寸图

2. 接口说明

车载天线接口说明见表 5.54。

表 5.54　车载天线接口

接口名称	管脚	接线	描述
天线出线接口	Cell/Wi-Fi1	Wi-Fi 馈线	D-SUB9 针型
	Cell/Wi-Fi2	4G 馈线	
	GPS	GPS 馈线	

（三）服务器硬件配置与网络环境

为满足数据处理、解析、转发、存储、应用的需求，需要如下硬件资源。

1. 服务器资源配置需求

共需要 4 台云服务器主机，1 台作为 Web 应用服务器，3 台组成分布式数据库集群，具体配置如下（表 5.55）。

表 5.55　服务器配置参数

名称	配置要求（每台）		数量	备注
Web 应用服务器	处理器	CPU 类型	至强 E5	1 台	每台应用服务器包括关系型数据库和应用服务部署，提供用户的 Web 应用服务
		CPU 频率	2.1GHz		
		处理器描述	E5-2620 v4		
		CPU 缓存	20MB		
		支持 CPU 个数	2		
	内存	内存类型	DDR4-RECC		
		内存大小	16GB×4		
	存储	硬盘大小	2TB×3		
		硬盘类型	SAS		
		磁盘阵列	RAID 5		
	网络	网络控制器	集成千兆网卡		
	显示性能	显示芯片	集显		
	软件	预装操作系统	CentOS 7.x		
	说明：此配置为单台配置				

续表

名称	配置要求（每台）			数量	备注
分布式数据库服务器	处理器	CPU 类型	至强 E5	3 台	集群形式，支持后续增加节点，存储列车的实时状态数据、故障数据、子系统诊断结果数据
		CPU 频率	2.1GHz		
		处理器描述	E5-2620 v4		
		CPU 缓存	20MB		
		支持 CPU 个数	2		
	内存	内存类型	DDR4-RECC		
		内存大小	16GB×4		
	存储	硬盘大小	12TB×3		
		硬盘类型	SAS		
		磁盘阵列	RAID 5		
		光驱	DVDRW		
	网络	网络控制器	集成四口千兆网卡		
	显示性能	显示芯片	集显		
	电源性能	功率	750W		
	软件	预装操作系统	CentOS 7.x		
	说明：此配置为单台配置				

2. 控制终端需求

终端参数配置见表 5.56。

表 5.56　终端参数配置

名称	配置要求（每台）	备注
用户终端	不配备专用的终端，用户使用局域网内任何电脑都可以访问	终端用户通过局域网内的电脑使用 Web 应用，无须额外配置

3. 网络环境需求

网络环境需求见表 5.57。

表 5.57　网络环境需求

名称	配置要求		备注
互联网 1（传输同步数据用）	带宽	双向	用于向车门、空调、蓄电池子系统供应商的服务器传输采集的数据，同时子系统服务会将计算后的结果数据通过 Web API 方式返回
	传输时间	每天 0:00 ～ 23:59	
	支持访问类型	TCP、UDP 等常用的方式	
	IP	提供可被互联网访问的 IP	
互联网 2（用户打开外网链接页面用）	带宽	双向	用于内网用户打开车门、空调、蓄电池、受电弓监测子系统供应商的诊断页面链接
	传输时间	每天 0:00 ～ 23:59	
	数据量	按需	
	支持访问类型	HTTP	
	IP	不需要	

四、系统可靠性和安全性设计

（一）系统可靠性设计

车地无线传输系统作为列车与地面数据交互的重要桥梁，搭建有一套可靠的数据传输通道，以保证数据可靠落地，这是车地无线传输系统设计的重中之重。本节结合具体的数据传输过程，对系统的冗余设计、断点续传功能设计等可靠性设计方案进行简要阐述。

1. 车载数据传输到地面服务器的过程

车载设备将数据按照特定周期发往列车以太网总线，冗余的事件记录仪（ERM）负责对列车以太网总线上各车载设备数据进行采集汇总。在默认配置中，ERM1 作为主记录单元优先对外发送数据。当 ERM1 故障时，ERM2 自动接替 ERM1 工作，从源头保证车地无线传输数据的可靠性。2 台 WTM 分别与地面搭建起了 2 条无线传输通道，通过 3 层以太网交换机的应用，实现对 2 条无线传输通道优先级的配置以及对通道状态的监测。在正常情况下，由 ERM 发出的数据经由 WTM1 以 4G /Wi-Fi 的形式实时发往地面服务器，当该线路出现故障时，数据传输通道自动切换到优先级较低的传输通道。传输到地面服务器的数据经过地面服务器解析后，将以图形、报表等形式直观地呈现给接入地面局域网内的所有用户。其过程如图 5.40 所示。

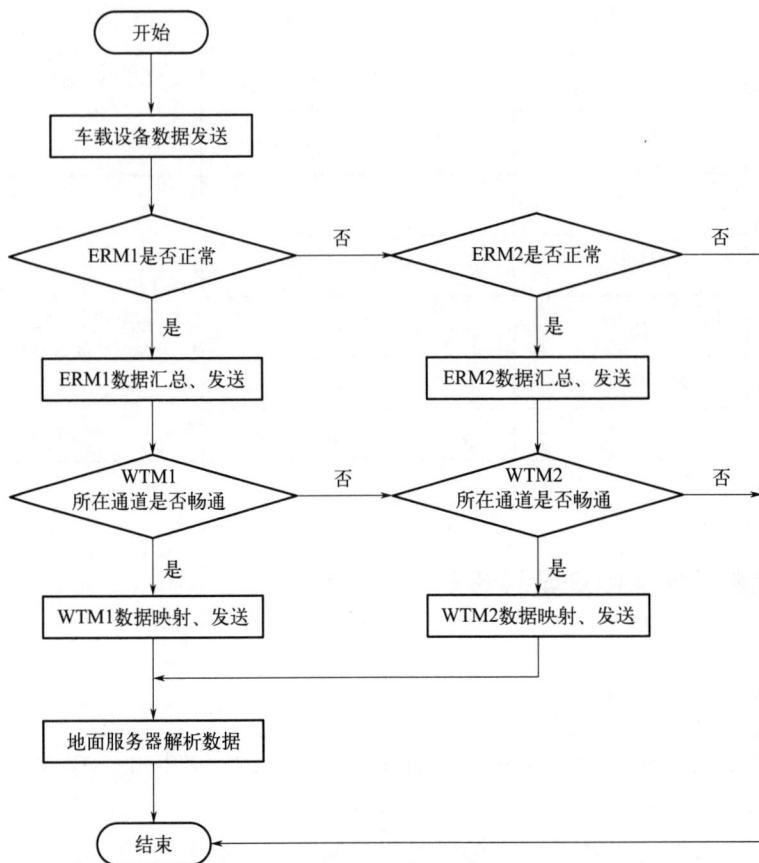

图 5.40　车载数据传输到地面的过程

2. 地面数据传输到车载设备的过程

车地无线传输系统可满足地面用户对连接到列车以太网总线上的车载设备进行维护的需求，并且支持在多列车同时在线的情况下，地面用户对不同列车的同一设备进行访问。用户通过局域网内的终端 PC 发出的数据经地面无线收发装置以 4G /Wi-Fi 的形式发往目标设备所在列车的车载 WTM。在默认配置中，WTM1 所在通道作为主传输通道，负责车地间数据的传输。当WTM1 所在线路故障时，数据传输通道自动转为 WTM2 所在通道。车载 3 层以太网交换机可实现对车地无线传输通道主传输链路的自动跟随。数据经地址转换后，通过列车以太网总线直接发往目的设备，进而完成对车载设备的远程维护，其过程如图 5.41 所示。

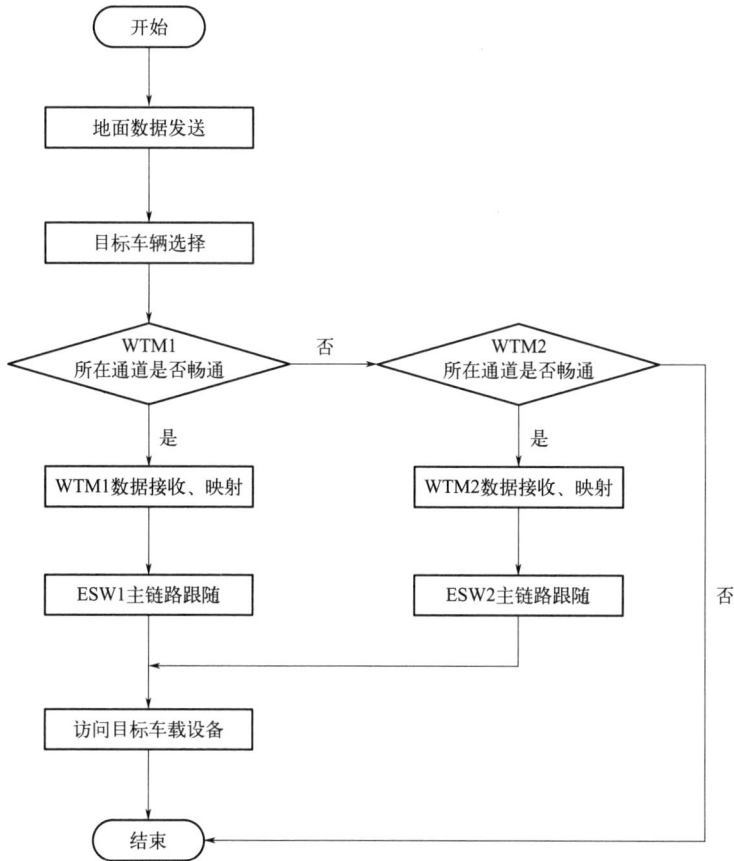

图 5.41　地面数据传输到车载设备的过程

3.断点续传功能设计

无线信号的强度与距无线基站距离的平方成反比，距离无线基站越远，无线信号越差。在车辆运行过程中，存在局部线路网络信号质量差，甚至无信号的情况，由此会导致数据传输质量下降，甚至中断。车载无线通信模块支持 4G /Wi-Fi 网络制式在预设条件下的冗余切换，该模块可同时接入两种网络，由此大大缩短了切换后因重建网络连接造成的切换时延，由通道切换造成的传输中断时延可控制在 2 个传输周期以内。对于因网络切换和网络信号消失造成的数据传输中断，ERM 支持对中断期数据的存储，当传输通道恢复后，系统将以 200ms 的周期（以先缓存先推送原则）优先将缓存区数据快速向地面服务器推送，缓存区清空后，系统重新恢复以 1s 的传输周期将车载数据向地面服务器派发。断点续传功能的设计保证了数据传输的连续性和完整性，提高了系统在数据传输阶段的可靠性，该功能模块控制逻辑如图 5.42 所示。

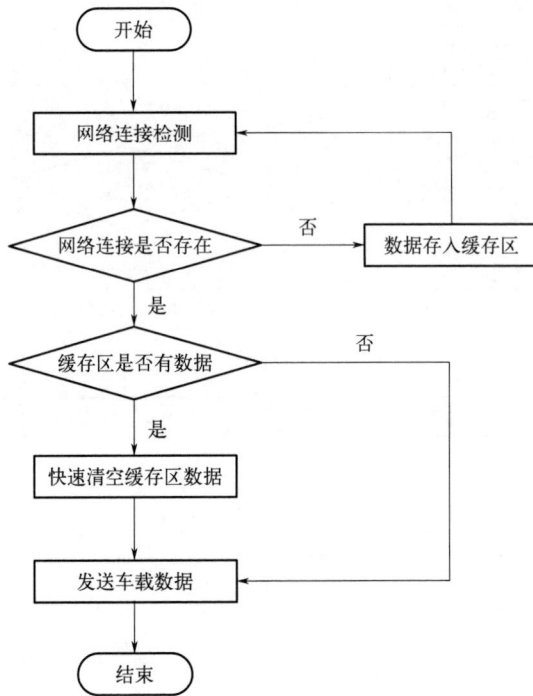

图 5.42　车载无线通信模块断点续传功能控制逻辑

（二）系统安全性设计

1. 车辆网络安全策略设计

车地无线传输系统支持地面服务器对车辆车载设备的远程访问，这为远程维护提供便利的同时，也带来了外部设备恶意访问车辆内网的风险。结合工业局域网接入点数量有限等特点，通过对 WTM 黑白名单的建立及基于通信类型、数据特征的安全控制策略的应用，可对允许接入车辆内网的白名单成员进行限定，甚至可以对特定特征的数据包进行限定，拒绝不在安全策略允许范围内的非法访问，一定程度上保证了车辆内网的安全性。

2.无线数据传输安全策略设计

车地无线通信采用动态加密机制，由 ERM 发往地面服务器的每一包数据均附有按照特定加密策略生成的动态密钥，只有能够正确解析密钥的地面服务器才能对数据正确解析，进而保证无线传输阶段数据的安全性。

五、系统软件

智能运维服务器远程数据监测软件实时接收 TCMS 通过无线网络传输的运行数据、故障数据和定值数据以及子系统传输来的处理过的智能诊断数据等，用户可在任意联网计算机通过浏览器访问 Web 应用，其主要功能如图 5.43 所示。

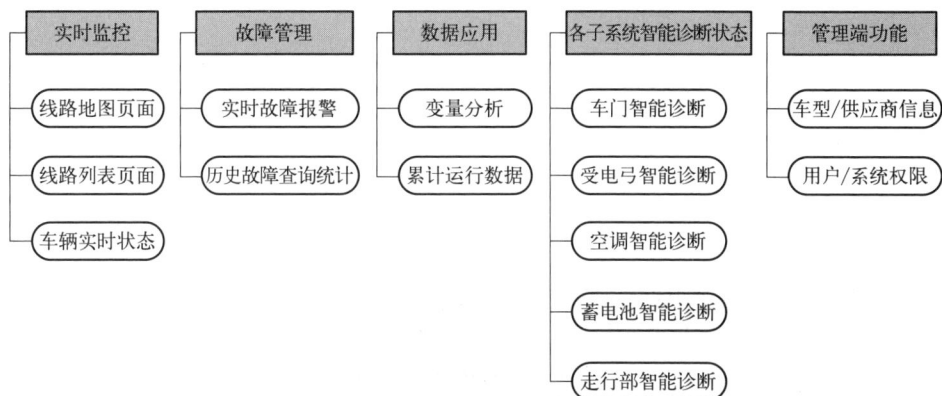

图 5.43 系统软件功能架构

（一）实时监控

1.线路地图页面

显示列车的实时位置、故障情况、实时温度、乘车率、运营里程和能耗的统计。点击地图上代表列车的标识，页面将会弹出当前列车速度、运行模式、站点等基本信息（图 5.44）。

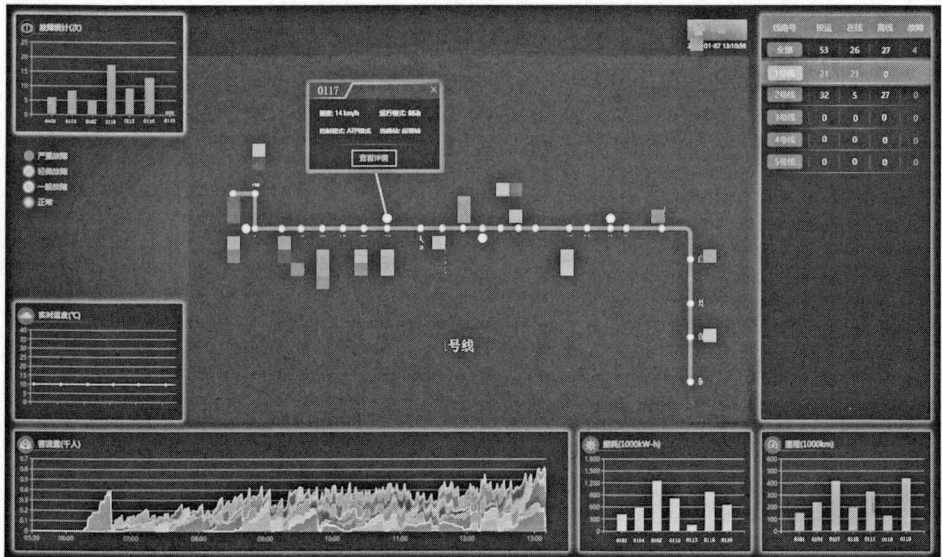

图 5.44　线路地图页面示意图

2. 线路列表页面

列表页面显示各列车的运行状态，包括载客量、速度、模式、当前站等信息，并有故障报警和状态异常概述内容（图 5.45）。

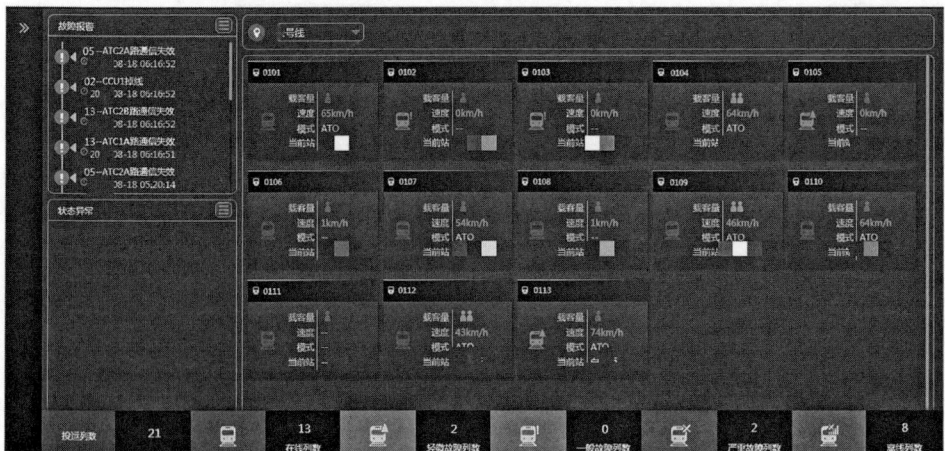

图 5.45　线路列表页面示意图

3.车辆实时状态

车辆实时状态（图5.46）显示某列车的实时运行状态，本页面提供车辆选择列表，在显著位置会展示列车部分重要的运行信息，包括站点信息，列车运行概况，通过仪表盘显示的速度、网压、网流、主风压力等值。在下方对整列车每节车厢的各个子系统设备状态和参数进行监控。通过Tab或鼠标按钮切换显示，每个切换页面显示内容如下：

基本状态：载客量和客室温度等。

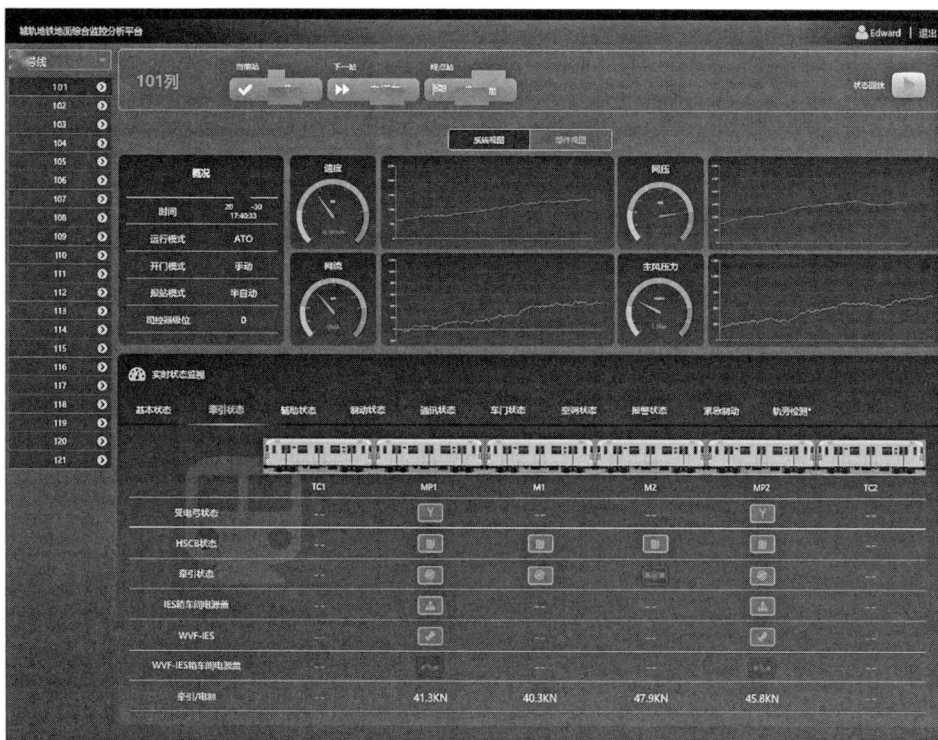

图5.46　车辆实时状态示意图

牵引状态：受电弓/受流靴状态、HSCB状态、通信丢失以及牵引电制动力等。

辅助状态：蓄电池充电机输出电压、蓄电池充电机输出电流和AC输出电压等。

制动状态：转向架1常用制动状态和转向架2常用制动状态等。

通讯状态：各网络设备的在线状态等。

车门状态：各客室车门状态等。

空调状态：空调机组状态、客室温度以及控制模式等。

报警状态：烟火报警和总风压低等。

紧急制动：各节车的紧急制动状态等。

轨旁检测：轮对尺寸和踏面缺陷等。

（二）故障管理

1. 实时故障报警

实时故障报警界面显示列车的故障报警情况。以列表的形式显示目前线路列车尚未处理的所有故障，显示每一条故障的列车编号、故障代码、故障名称、故障发生时间、故障系统、等级以及状态（图 5.47）。

图 5.47　实时故障报警示意图

2. 历史故障查询统计

历史故障查询统计界面以多个维度查询显示列车的故障统计，包括饼状图和柱状图，以及以列表的形式显示查询时间段内列车所发生的所有故障的具体信息，包括列车编号、故障代码、故障名称、故障发生时间、故障系统、等级以及状态（图 5.48）。

（三）数据应用

1. 变量分析

变量分析界面（图 5.49）可通过选择变量分析集、时间段查询显示该时间段内指定变量的变化情况。

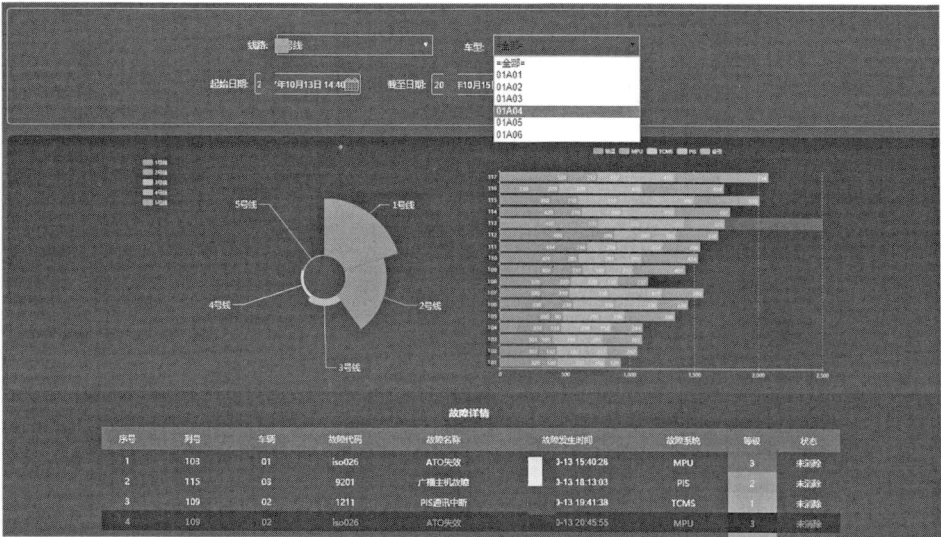

图 5.48　历史故障查询统计示意图

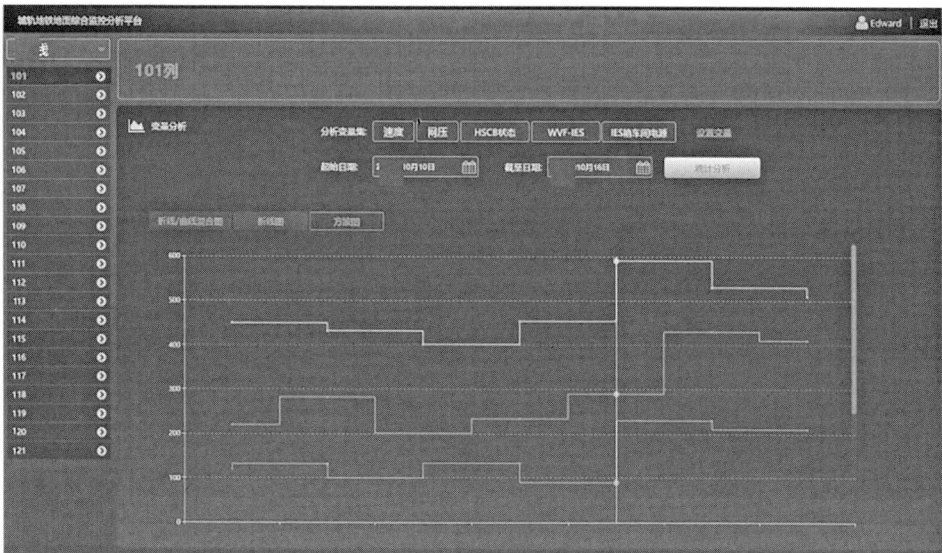

图 5.49　变量分析示意图

2. 累计运行数据

累计运营数据界面（图 5.50）可选择累计量，查询在该时间段内列车的累计量情况。

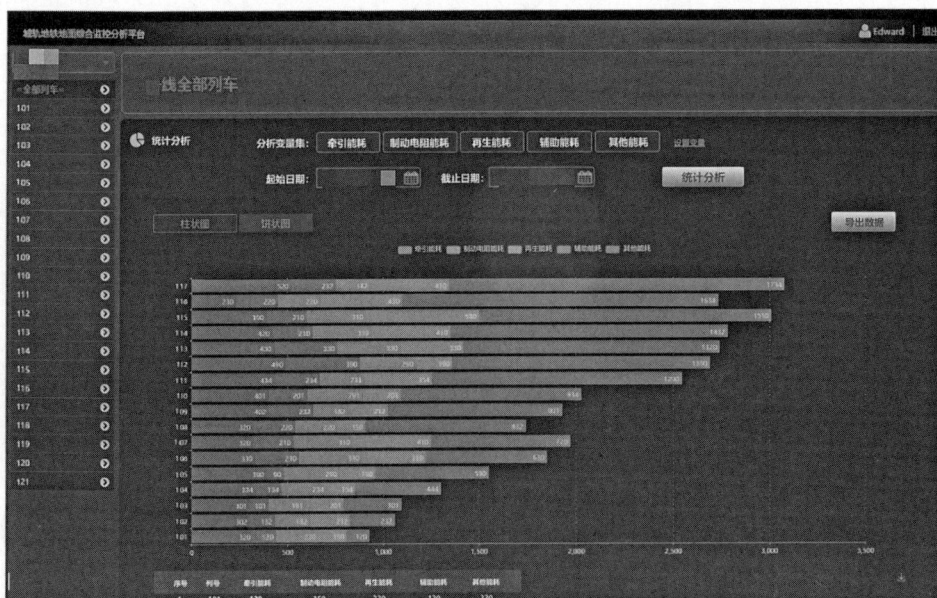

图 5.50 累计运行数据示意图

（四）各子系统智能诊断状态

系统提供子系统诊断预警页面（图 5.51），显示子系统云平台通过子系统智能诊断预警信息推送接口推送的预警数据，显示为列表形式，可以实时显示子系统推送的预警信息。各个子系统分开显示，可以用 Tab 键切换，列表提供若干个查询条件。

（五）管理端功能

1. 车型 / 供应商信息
车型 / 供应商信息界面（图 5.52）提供列车管理的功能。

2. 用户 / 系统权限
用户 / 系统权限界面（图 5.53）提供用户管理的功能。

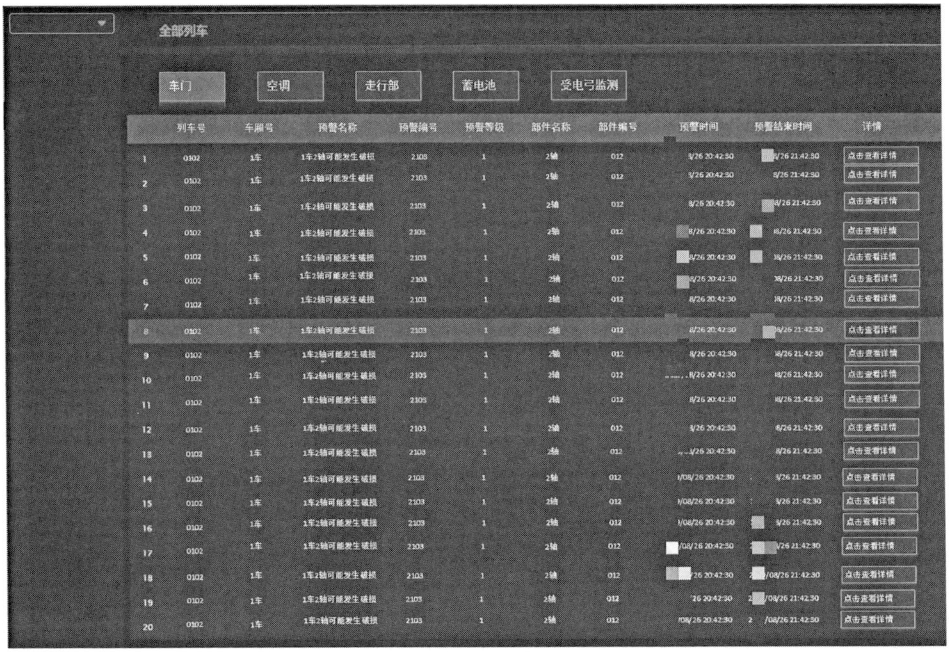

图 5.51　子系统诊断预警信息页面

图 5.52　车型管理示意图

添加用户信息 ×

用户名	👤	; ̣gming
密码	🔍	)1/21
是否有效	⚙	是
备注	✓	无

Close　✔ Save Change　✖ Delete

图 5.53　用户管理示意图

参 考 文 献

[1] 谢希仁.计算机网络［M］.北京：电子工业出版社，2021.

[2] 郑树彬.城市轨道交通列车网络控制技术［M］.北京：中国铁道出版社，2019.

[3] 赵慧，毕红雪，李熙，等.城市轨道交通列车网络控制及应用［M］.成都：西南交通大学出版社，2023.

[4] 常振臣，沙淼.高速列车网络控制系统原理与应用［M］.北京：科学出版社，2016.

[5] 陈桂平.城市轨道交通列车网络控制技术［M］.成都：西南交通大学出版社，2021.

[6] 陈特放，曾秋芬.列车微机与网络控制技术及应用［M］.北京：科学出版社，2012.

[7] 郭然.地铁列车 WorldFIP 网络通信系统可靠性分析与应用研究［D］.北京：北京交通大学，2014.

[8] 代娇.基于工业以太网的地铁列车通信网络实时性及仿真研究［D］.北京：北京交通大学，2016.

[9] 刘佳，任宝兵，马悦.工业以太网在城轨车辆中的应用研究［J］.铁道机车车辆，2022，42(6)：139-144.

[10] 陈立，郁兆旺.基于 LonWorks 通信的动车组拖车网络控制系统［J］.控制与信息技术，2019(5)：72-76，87.

[11] IEC 61375-2-3：2014，Electronic railway equipment-train communication network(TCN)-Part 2-3：TCN communication profiles［S］.

[12] IEC 61375-3-4：2014，Electronic railway equipment-train communication network(TCN)-Part 3-4：ethernet consist network(ECN)［S］.

[13] 胡正伟，冀云，焦芳芳，等.地铁列车网络控制系统典型 MVB 通信故障分析及处理［J］.机车电传动，2019，(04):144-149.DOI:10.13890/j.issn.1000-128x.2019.04.031.

[14] 敖斌.列车网络控制系统的应用与研究［D］.华东交通大学，2020.DOI:10.27147/d.cnki.ghdju.2020.000012.

[15] 刘佳，张福景，杜晓明.无接触网有轨电车车地无线传输系统研究［J］.城市轨道交通研究，2020，23(05):140-143+148.DOI:10.16037/j.1007-869x.2020.05.033.